中央编译局文库编辑委员会

主　　任：贾高建

副 主 任：魏海生　柴方国　季正聚　崔友平

委　　员（按姓氏笔画排序）：

　　　　　冯　雷　牟建君　杨雪冬　沈红文　张凤宝

　　　　　陈家刚　胡长栓　郗卫东　葛海彦

国家出版基金项目
NATIONAL PUBLICATION FOUNDATION

国家"十二五"重点图书

国际共产主义运动历史文献

第14卷

主　编　王学东
副主编　戴隆斌（常务）童建挺

第二国际第一次（巴黎）代表大会文献

本卷主编　童建挺　邢艳琦

中央编译出版社
CCTP Central Compilation & Translation Press

《国际共产主义运动历史文献》顾问委员会

贾高建　顾锦屏　张中云　胡文建　宋洪训
沈志华　洪肇龙

《国际共产主义运动历史文献》编辑委员会

主　　编：王学东
副 主 编：戴隆斌（常务）　童建挺
编　　委：（以姓氏笔画为序）
　　　　　王　瑾　吕瑞林　邢艳琦　许宝友　张文成　张文红
　　　　　陈新明　林德山　胡振良　姚　颖　晏　荣　崔海智
　　　　　彭萍萍　薛晓源

参加本卷译校工作的有（以姓氏拼音为序）

李兴耕　殷叙彝　李光谟　李俊聪　吴兴唐　校纪英　王　颖
童建挺　周思成

参加本卷编辑出版工作的有

苗永姝　薛迎春　郑　锦　薛晓源

丛书编辑统筹

苗永姝　郑　锦　李媛媛　董　妍

总 序

国际共产主义运动，是由以马克思主义为指导的无产阶级政党领导的国际性的无产阶级革命运动，其宗旨是推翻资产阶级统治和一切剥削制度，建立和发展社会主义制度，进而最终实现人的彻底解放，建立共产主义社会。

国际共产主义运动迄今已有一百六十多年的历史。19世纪40年代，马克思、恩格斯在创立科学社会主义理论的同时，努力把它与当时西欧无产阶级的革命实践相结合，于1847年6月创建了第一个国际性的无产阶级政党——共产主义者同盟，亲自拟定并于1848年2月公开发表了同盟纲领《共产党宣言》。这标志着国际共产主义运动的兴起。

自从共产主义者同盟建立以来，历经第一国际（国际工人协会）、第二国际、第三国际（共产国际），国际共产主义运动由小到大、由弱到强，从西方推进到东方、从欧洲扩展到全球，终于突破资本主义链条上一个又一个薄弱环节，取得了社会主义由一国到多国的胜利。二战后社会主义阵营的建立、民族解放运动的胜利进军、社会主义国家革命与建设的重大成就，为国际共产主义运动史书写了辉煌的篇章。20世纪末，由于东欧剧变、苏联解体，国际共产主义运动遭遇了严重挫折。但是，历史并没有因此而终结。由《共产党宣言》奠基的国际共产主义运动仍在曲折中前进。各资本主义国家中的共产党、工人党仍在不断探索无产阶级取得解放的道路；中国等社会主义国家仍继续高举社会主义伟大旗帜，为完善社会主义、最终实现共产主义而不懈奋斗。

国际共产主义运动一百六十多年跌宕起伏的发展历程，积累了卷帙浩繁的文献档案，留下了丰富的历史遗产。深入发掘和充分利用这些文献档案，对于我们准确地了解和把握国际共产主义运动的发展进程及各个时期的特点，科学地研究和总结国际共产主义运动丰富且宝贵的经验教训，具有极其重要的意义。特别是无产阶级国际组织，作为国际共产主义运动的重要载体，其文献档案对于国际共产主义运动史研究更是具有特殊的重要意义。

早在1984年春，中国国际共产主义运动史学会就发起编辑出版《国际共产主义运动史文献》。当时由中共中央编译局、中国社会科学院马列主义毛泽东思想研究所和近代史研究所、中共中央党校和中国人民大学等单位共同组建了编辑委员会。编委会商定：这套文献主要收编共产主义者同盟、第一国际、第二国际、第三国际、共产党和工人党情报局这五个国际组织已发表的全部文献档案，包括历次代表大会、代表会议和其他重要会议的记录、决议和有关文件；收编材料力求齐全；凡外国有选编完整的版本者，根据外国版本翻译；凡文件散见于外国不同出版物者，尽力搜集完整，组织力量统一编译；文件完全按照原件翻译，译文力求准确，不作修改删节，以便读者根据完整、准确的第一手材料了解这些国际组织的历史。在当时代管全国哲学社会科学基金的中国社会科学院科研局的资助下，经过编辑委员会、编译工作者和中国人民大学出版社的共同努力，这套文献于1986年开始陆续出版，截至1997年共出版了21卷。

到上世纪末，文献的编辑出版工作遇到了巨大困难。首先是编委会发生了重大变故，主编林基洲、副主编王颖和校纪英相继谢世；其次是出版经费难以为继。为继续出版这套文集，中国国际共产主义运动史学会多方努力，组成以会长顾锦屏为主编的新编委会，从全国哲学社会科学规划办公室争取到一笔资助，于1999—2001年又出版了两卷。此后，因缺乏经费，编辑出版工作完全陷于停顿。

2010年，在中共中央编译局和中国国际共产主义运动史学会的鼎力支持下，中央编译出版社以这套文献申报国家出版基金项目，获得立项资助。中共中央编译局对此项目高度重视，在国家出版基金资助的基础上，给予了相应的资金支持，组建了新编委会，成立了专门机构负责文献整理和编辑工作，并将这套文献纳入"中央编译局文库"出版规划。

经新编委会研究决定，这套文献定名为《国际共产主义运动历史文献》，在其前身《国际共产主义运动史文献》的基础上重新编辑出版。通过进一步广泛搜集资料和适当改变编辑方式，新《文献》的资料更详尽、收文更齐全。例如，在原《文献》的某些卷次中，对已出版的马克思主义经典著作中译本只列目录，不收正文，而新《文献》则全部依据最新的中译本收录，以方便读者查阅。此外，《国际共产主义运动历史文献》扩大了文献资料的搜集和选材范围，采用开放式结构，规模暂定60卷，约2500万字。

中共中央编译局和中国国际共产主义运动史学会对这套文献的编辑出版工作给予了强有力的支持，中央编译出版社为这套文献的立项和出版做了大量艰苦细致的工作，文献的前两任编委会和编译工作者在十分困难的条件下为这套文献奠定了良好的基础，中国人民大学出版社为这套文献的重新编辑出版提供了帮助，在此一并表示衷心感谢。

《国际共产主义运动历史文献》
编辑委员会
2011年12月20日

编辑说明

在国际共产主义运动史上，第二国际是继共产主义者同盟、第一国际之后的第三个无产阶级国际组织。它在"从西欧完成资产阶级的和民族的革命开始向社会主义革命过渡的时代"（《列宁全集》中文第 2 版第 26 卷第 274 页），促进了马克思主义的广泛传播，推动了各国工人阶级群众组织的建立和发展，给国际无产阶级提供了重要的经验教训。

1889 年 7 月 14—20 日在巴黎彼得雷莱大厅（后移至罗什舒阿尔大街巴黎幻景大厅）召开的国际社会主义工人代表大会为第二国际的成立大会。来自德国、法国、波兰、瑞士、比利时等 19 个国家和地区的 391 名代表到会，至 17 日代表人数增加到 407 人，其中 223 名法国人，184 名外国人。欧洲许多著名的社会主义活动家，如德国的李卜克内西、倍倍尔、伯恩施坦、蔡特金，法国的盖得、瓦扬、拉法格，俄国的普列汉诺夫、拉甫罗夫等，都出席了这次大会。恩格斯对大会的筹备提出了许多指导意见，但因忙于整理《资本论》第三卷的工作未能出席。翌日，由法国可能派召集、代表了国际工人运动的另一个派别——改良主义派——的同名大会也在巴黎朗克里街 10 号工商联合会大厅召开，606 名代表出席会议，其中 524 名为法国代表，外国代表 82 人，来自 14 个国家，主要是英国社会民主联盟和工联的代表。比利时和意大利等国工人同时派代表出席两个大会。这两个代表大会又分别被称为马克思主义者代表大会和可能派代表大会。

李卜克内西和瓦扬在开幕当天被选为马克思主义者代表大会主席。

大会拒绝了一些国家代表提出的不惜任何代价与7月15日开幕的可能派代表大会合并的建议，听取了有关国家工人运动发展状况的报告，讨论了"国际劳工立法，规定工作日"、"实现劳动保护要求的途径和手段"、"废除常备军，实行全民武装"等议案并通过了相应的决议。根据倍倍尔的提案通过的关于国际劳工立法的决议要求为实行八小时工作日、禁止使用童工和夜工、禁止实行实物工资以及为工人参加工厂检查机构而斗争，并指出这些要求不是目的本身，无产阶级的最终目的是推翻资本主义制度。根据美国代表布希的提案通过的关于经济斗争和政治斗争问题的决议指出，工人不仅要进行经济斗争，还要参加政治斗争，争取普选权并利用议会。大会通过的关于庆祝五一的决议，规定在1890年5月1日举行国际性示威游行，要求各国政府实行八小时工作日和实现这次代表大会的一切其他决议。此外，大会还讨论了各国党之间相互关系和未来国际的组织形式问题，并决定在瑞士或比利时召开下一次代表大会。可能派代表大会同样听取了关于各国工人运动发展状况的报告，讨论了与马克思主义派代表大会相似的议题，并通过了相关决议。

两个代表大会各自代表了当时国际工人运动中马克思主义派和改良主义派两种不同倾向。两个大会都没有作出建立新的国际无产阶级组织的决议，没有制定正式的章程和共同纲领，没有选举任何常设的领导机构，但是马克思主义派国际代表大会的召开以及它所作出的在瑞士或比利时召开下一次代表大会的决议，实际上标志着第二国际的建立。从此，每隔几年召开一次国际代表大会就成为第二国际的主要活动方式。1891年8月，第二国际第二次代表大会在比利时布鲁塞尔召开，可能派和出席巴黎可能派代表大会的有关组织也派代表参加。

本卷收录的内容包括三个部分：（1）马克思主义者代表大会有关文献，包括1889年《阶级斗争》和《黎明》杂志波兰印刷厂在日内瓦印制的《国际社会主义工人代表大会（Ⅰ）——组织委员会的报告）》（Congrès International Ouverier Socialiste Ⅰ: Rapport de la Commission d'Organisation, Paris, 1889, Imprimerie polonaise de la *Walka Klas* et du Przedswit à Genève）；1889 年法国巴黎新闻印刷厂印制的《巴黎国际社会主义工人代表大会（1889 年 7 月 14—21 日）》（Congrès International Ouverier Socialiste de Paris［du 14 Juillet au 21 Juillet 1889］, Imprimerie de la Presse, 1889, Paris）中收录的组织委员会的呼吁，与会代表、社会主义党派和工人协会名单以及贺电和贺信；德国纽伦堡韦尔莱因与康普印刷出版公司 1890 年出版的《巴黎国际工人代表大会记录（1889 年 7 月 14—20 日）》（Protokoll des Internationalen Arbeiter‐Congresses zu Paris, abgehalten vom 14. bis 20. Juli 1889, Nürnberg, 1890, Druck und Verlag von Wörlein & Comp.）；（2）可能派代表大会纪要，根据 1891 年社会主义工人联合会全国委员会出版的《巴黎国际社会主义工人代表大会纪要（1889 年 7 月 15—20 日）》（Compte‐Rendu du Congrès International Ouverier Socialiste tenu a Paris du 15 au 20 Juillet 1889, puplié par le Comité National, 1891）翻译；（3）附录为 1888 年 11 月 6—10 日于伦敦召开的国际工会代表大会报告，根据 1888 年该代表大会和英国工联议会委员会授权伦敦 C. F. 洛沃思公司印制的《国际工会代表大会报告（1888 年 11 月 6、7、8、9 和 10 日于伦敦纽曼街圣安德鲁大厅举行）》（Report of the International Trades Union Congress. Held in St. Andrew's Hall, Newman Street, London, on November 6, 7, 8, 9, and 10, 1888, printed by C. F. Roworth）翻译。

本卷是根据中国人民大学出版社 1989 年出版的《第二国际第一次代表大会文件》中译本进行编辑的。本卷主编对照原文对原中译本的明显错误作了修正，依据中共中央编译局编译马克思主义经典著作的标准重新统一了人名、地名、组织机构名、报刊名等专用名，增加了对原书中一些名词和引语的注释,并将1889年法国巴黎新闻印刷厂印制的《巴黎国际社会主义工人代表大会(1889年7月14—21日)》以及1888年11月在英国伦敦举行的国际工会代表大会的相关材料收入本《文献》。前者中收录的组织委员会的呼吁,与本书收录的组织委员会的报告大致相同,但个别措辞以及人名有所不同;而与会代表、社会主义党派和工人协会名单以及贺电和贺信,提供了较为详细的代表及贺电和贺信所来自的组织的名单,并且与德文版会议记录的记载在个别地方有所不同,因此,我们一并刊出,供读者对照。后者则为在巴黎召开的这两次大会提供了直接的背景资料。书中文献的脚注,凡未加说明的都是原文本编者所注;中文本译者或编者所加的注,均注明"——译者注"或"——编者注"。

目　录

马克思主义者代表大会文件 ·················· 1
巴黎国际社会主义工人代表大会（1889年7月14—21日）
　组织委员会的报告 ························ 3
巴黎国际社会主义工人代表大会（1889年7月14—21日）
　组织委员会的呼吁 ························ 12
与会代表、社会主义党派和工人协会名单 ············ 16
贺电和贺信 ······························ 37
巴黎国际社会主义工人代表大会记录
　（1889年7月14—20日）···················· 39
　前　言 ······························ 39
　第一次会议（7月14日，星期日）·············· 42
　第二次会议（7月15日，星期一上午）············ 49
　第三次会议（7月15日，星期一晚间）············ 59
　第四次会议（7月16日，星期二上午）············ 62
　第五次会议（7月17日，星期三上午）············ 77
　第六次会议（7月17日，星期三晚间）············ 87

第七次会议（7月18日，星期四上午） …………………… 101
第八次会议（7月18日，星期四下午） …………………… 119
第九次会议（7月19日，星期五上午） …………………… 141
第十次会议（7月20日，星期六上午） …………………… 166
第十一次会议（7月20日，星期六下午） ………………… 212
巴黎国际社会主义工人代表大会代表和他们所代表的
　工人政党、小组和组织名单 ……………………………… 227

可能派代表大会文件 ……………………………………… 237
巴黎国际社会主义工人代表大会纪要
　（1889年7月15—20日） ………………………………… 239
议　　程 ………………………………………………… 239
第一次会议（7月15日下午） …………………………… 239
第二次会议（7月16日上午） …………………………… 257
第三次会议（7月16日晚间） …………………………… 274
第四次会议（7月17日上午） …………………………… 279
第五次会议（7月17日晚间） …………………………… 284
第六次会议（7月18日上午） …………………………… 287
第七次会议（7月18日晚间） …………………………… 290
第八次会议（7月19日上午） …………………………… 294
第九次会议（7月19日下午） …………………………… 298
第十次会议（7月20日上午） …………………………… 302
第十一次会议（7月20日晚间） ………………………… 305
告别宴会 ………………………………………………… 310

附录　国际工会代表大会报告
　　（1888年11月6—10日于伦敦） ·················· 311

前　言 ··· 313

国际工会代表大会致工会联合会及工会理事会官员 ········ 315

参加1888年11月于伦敦举行的国际工会代表大会
　　代表的姓名和住址，协会名称及成员人数 ············· 317

主席致开幕词 ·· 327

会议记录 ··· 354

　第一天（11月6日，星期二） ··························· 355

　第二天（11月7日，星期三） ··························· 357

　第三天（11月8日，星期四） ··························· 362

　第四天（11月9日，星期五） ··························· 366

　第五天（11月10日，星期六） ·························· 369

国际工会代表大会议程和提案 ······························· 373

　会议议程（1888年11月9日，星期五） ················· 373

　会议议程（1888年11月10日，星期六） ················ 376

马克思主义者代表大会文件

巴黎国际社会主义工人代表大会[①]
(1889年7月14—21日)组织委员会的报告

在资产阶级革命100周年的时候,法国社会主义者认为必须明确表示,工人革命必将到来,这次革命将在资本主义社会的废墟上宣布人人在劳动以及生活资料和享受资料面前平等。

因此,法国的工会和社会主义组织在波尔多代表大会和特鲁瓦代表大会上决定在国际博览会期间举行一次国际代表大会。

资产阶级反动派曾以为已经把无产阶级的团结淹没在血泊之中,但是这次将是一个极好的机会,无产阶级要表明:这种团结不可能由于公社遭到镇压和国际被取缔而受到损害,因为它是资本主义生产和交换的必然后果,它蔑视一切迫害和经得起一切失败。

为了筹备这次代表大会,设在波尔多的工会全国委员会和设在特鲁瓦的社会主义联盟执行委员会在巴黎成立了一个由各工人团体和社会主义团体的代表组成的委员会。这个委员会在它的第一次会议上邀请巴黎各工会和社会主义团体派遣代表参加它的工作,以显示它所担负的团结事业的性质。所以,我们的委员会对一切抱有善意的人是敞开的,从而应当被认为是法国社会主义无产者的真正代表机构,尽管他们之间有着细微的差别,但是一个共同的思想——无产阶级的国际团结把他们联合在一起。

[①] 即马克思主义者代表大会。——译者注

在波尔多代表大会之后不久,在伦敦召开的国际工会代表大会也通过决议于1889年在巴黎举行国际代表大会;尽管法尔雅代表受到250多个非可能派工会的委托出席了大会,但是大会仅仅委托可能派筹备这次代表大会,而没有考虑到这是不正当地干涉了法国的分裂,剥夺了一切非可能派的无可争辩的权利。

外国社会主义者对于在同一年、在同一城市并行召开两个国际代表大会理所当然地感到不安,他们设法使两个代表大会合而为一。根据德国社会主义者的倡议,今年2月28日在海牙举行了一次秘密的国际代表会议。出席会议的有:

倍倍尔和李卜克内西,德国社会民主党代表;

谢勒尔和赖歇耳,瑞士社会党代表;

安塞尔和沃尔德斯,比利时社会党代表;

克罗尔和多梅拉·纽文胡斯,荷兰社会党代表;

保尔·拉法格,法国工会全国委员会和法国社会主义联盟执行委员会代表。

丹麦社会党的代表和英国社会主义同盟的威廉·莫里斯由于缺席而表示抱歉,并声明,他们将赞同所通过的有利于社会主义者国际团结的决议。

社会主义工人联盟,即可能派,同法国的其他社会主义者和工人一样同时受到邀请,它拒绝派代表出席海牙代表会议,理由是它不愿意使它从伦敦代表大会得到的委托受到讨论,它打算把这一委托变为它的私有物。这就是把召开一次国际代表大会的义务变成凌驾于欧洲各社会主义政党的意志之上的一种权利。

但是,伦敦工会代表大会无权通过对社会主义政党有约束力的决议,因为虽然有社会主义者参加了这次代表大会,但这并不是一次社会主义代表大会,而不过是掌握在**工联**的议员们手中的一次工会代表大会，他们甚至威胁要把外国代表们从他们所租用的大厅里驱逐出去。而且他们预先采取措施，以便把德国和奥地利的社会主义政党以及一切非体力劳动者的社会主义者排除在代表大会之外。

因此，社会主义者对于这样的代表大会所作的委托可以不加考虑……至于法国的社会主义组织，它们决定不参加可能派召开的国际代表大会。它们的决定所依据的主要事实是：可能派由于公然投靠资产阶级政党，并且在巴黎和外省充当了形形色色的部长们的选举代理人，已丧失了全部独立性；一个社会主义政党如果放弃这种独立性，就一定会背弃自己的使命。

尽管有这些理由，海牙代表会议基于国际和睦的思想，对于可能派所得到的委托的有效性并没有表示异议，只限于确定一些条件，出席海牙会议的社会主义政党能够按照这些条件参加国际代表大会。

可能派在他们的第一封通告信中把国际代表大会看做是他们的事情，把确定代表大会的日期和议事日程、规定审查代表资格的方式（这种方式使他们可以随心所欲地决定允许哪些法国代表参加）的权利窃为己有。这种无理要求遭到代表会议全体代表的一致拒绝。代表会议通过了如下决议：

"下面签名的人建议法国社会主义工人联盟根据1888年伦敦代表大会授予它的全权，协同法国及其他国家的工人组织和社会主义组织召开巴黎国际代表大会。

由工人组织和社会主义组织的全体代表签名的关于召开代表大会的通知书，应该尽快告知欧洲和美洲的工人阶级和社会主义者。

在这个通知书中应该声明：

1. 巴黎国际代表大会定于1889年7月14—21日举行；

2. 各国的工人和社会主义者都可以在符合每个国家的政治法令的条件下参加代表大会；

3. 代表大会在审查代表资格证和确定议程方面将是有最终决定权的。议程暂定如下：

（1）国际劳动立法。法定工作日。白班、夜班和假日劳动，成年男工、女工和童工的劳动时间；

（2）对大小工厂以及家庭工业实行监督；

（3）实现这些要求的手段和途径。"

比利时代表受委托正式向可能派转达海牙代表会议的决议。

沃尔德斯公民在完成了他到可能派委员会去的使命以后来到我们的委员会。他告诉我们，可能派拒绝让法国工人和社会主义者同他们一起在召开国际代表大会的通告信上签名，也就是说拒绝承认代表大会有权直接审查代表资格。

工会全国委员会、社会主义联盟执行委员会和代表大会组织委员会一致决定遵守海牙的决议。

外国社会主义者十分强烈地希望团结，他们力图使可能派改变他们的拒绝态度。他们向同可能派保持友好关系的英国民主联盟呼吁，请他们施加影响，促使可能派接受海牙代表会议的正当要求。同国际代表会议的代表一样，民主联盟的意见也没有被可能派接受。代表大会组织委员会由于所进行的调解而被迫没有采取行动，这一点反而被可能派利用了。他们几乎到处搞阴谋，在资产阶级报刊上散布对我们组织委员会的诽谤和背信弃义地攻击我们的代表大会，并且派遣代表到外省、比利时、西班牙和葡萄牙去，不惜任何代价搜罗他们的代表大会的追随者。

面对可能派的这种难以克服的顽固态度以及他们分裂国际无产阶级（如同在很长时间内分裂法国无产阶级一样）的决心，欧洲各社会主义政党决定继续前进，让可能派去承担召开我们竭力避免的对峙的代表大会的责任，欧洲各社会主义政党和我们一起发表如下的通知书：

巴黎国际社会主义工人代表大会

（1889年7月14—21日）

欧洲和美洲的工人和社会主义者：

有法国各工业中心的200多个工会的代表参加的波尔多工人代表大会以及有代表法国工人阶级和革命社会主义的联合力量的300个工人团体和社会主义小组的代表参加的特鲁瓦代表大会决定，国际博览会期间在巴黎召开全世界无产者都能够参加的国际代表大会。

欧洲和美洲的社会主义者高兴地欢迎这个决议，他们满意地感到他们将有可能共聚一堂并明确地提出工人阶级在国际劳工立法方面的要求，这个问题将在本年9月由欧洲各政府代表召开的伯尔尼代表会议上讨论。

资本家邀请富人和掌权者到万国博览会来欣赏和赞叹一番工人的劳动产品，而工人却在人类社会从未有过的最大财富之中陷于贫困境地。我们，社会主义者，致力于解放劳动、消灭雇佣奴隶制和建立一切工人不分性别和民族一律有权享用他们的共同劳动创造出来的财富的社会制度，我们邀请这些财富的真正生产者于7月14日在巴黎同我们聚会。

我们号召他们巩固兄弟联系，这种联系能把各国无产者的努力集合在一起，从而加速新世界的开始。

"全世界无产者，联合起来！"

德国——社会民主党：奥·倍倍尔，狄茨，弗罗梅，格林贝格，哈尔姆，库恩，威·李卜克内西，麦斯特，萨博尔，舒马赫，辛格尔（国会议员）。

英国——社会主义同盟：威·莫里斯，弗·基茨，工人协会：罗·

邦·肯宁安·格雷厄姆（下院社会主义者议员），威·帕涅尔，乔·贝特曼，海·泰平，汤姆·曼；艾尔郡矿工联合会：詹·基尔·哈第。

奥地利——社会主义工人党：尤·博普，维·阿德勒，艾·克拉利克，阿·秦腊姆，诺·霍夫曼，J. 克罗伊策，J. 温尼希，G. 波珀尔（维也纳）；J. 马卡尔特，H. 弗勒金格，K. 扎姆斯（因斯布鲁克）；A. 魏格尼斯，J. 西格（林茨）；A. 弗里梅耳，T. 海因茨，V. 维纳尔，A. 博策克（施泰尔）；K. 施内魏斯，A. 克洛法奇，阿·索博特卡，约·希贝什（布吕恩）；V. 施图茨，F. 多泽克，T. 涅梅切克（布拉格）；F. 泽德尼切克，R. 扎霍尔科（普罗斯尼茨）；A. 盖林，C. 吉卡尔，J. 拉克斯（的里雅斯特）；J. 达尼路克（伦贝格）；斐·阿德瑠（克拉根福特）；C. 里格尔（布拉曹）；约·威美尔曼（耶格恩多夫）。

比利时——根特社会主义工人党：安塞尔，万贝韦伦。

西班牙——社会主义工人党：帕布洛·伊格列西亚斯，弗朗西斯科·迭戈。

法国——法国工会联合会和同业小组：雷·拉维涅；法国社会主义同盟：G. 巴蒂塞。

希腊——希腊社会主义者小组：普拉东·E. 德拉库利斯（雅典社会主义者机关报《阿尔登》编辑）。

荷兰——社会民主党：多梅拉·纽文胡斯（议员）；克罗尔。

匈牙利——社会主义工人党：莱奥·弗兰克尔。

意大利——阿米尔卡雷·契普里安尼（社会主义革命者组织）；阿尔迪西奥·萨米托（西西里岛社会主义小组）；尼奥基·维亚尼（米兰社会主义小组）。

挪威——挪威社会民主党：卡尔·耶珀森。

波兰——斯·门德尔松（"阶级斗争"派）；L. 阿涅莱夫斯基（华沙"无产阶级"派工人委员会）。

葡萄牙——卡尔瓦柳（社会主义工人协会）。

俄国——俄国社会民主主义者联合会：维拉·查苏利奇，普列汉诺夫，阿克雪里罗得，斯捷普尼亚克。

瑞典——社会民主党：奥古斯特·帕尔姆，亚尔马·布兰亭，阿克塞尔·丹尼尔森。

瑞士——布兰特（格吕特利联盟副主席）；社会主义工人党：亚·赖歇耳，A.施泰克。

海牙代表会议提出的议程：

（1）国际劳动立法。从法律上调整工作日（白天劳动，夜间劳动，假日，成年男工、女工和童工）；

（2）对工厂、作坊以及家庭工业实行监督；

（3）实现这些措施的手段和途径；

（4）废除常备军和武装人民（巴黎组织委员会补充提出的问题）。

海牙代表会议决定：

1. 巴黎国际代表大会定于1889年7月14—21日举行；

2. 各国的工人和社会主义者都可以在符合每个国家的政治法令的条件下参加代表大会；

3. 代表大会在审查代表资格证和确定议程方面将是有最终决定权的；

4. 每一个工会和社会主义团体都有权派一位代表参加代表大会。

代表大会组织委员会：

巴黎工会联合会：布莱，贝塞，鲁塞尔，费兰。

市参议会社会主义小组：多马，阿尔丰斯·安贝尔，龙格，绍维埃尔，瓦扬（市参议员）。

巴黎社会主义组织：瓦扬，盖得，德维尔，雅克拉尔，克雷潘，马隆，拉法格。

众议院社会主义小组：巴利，卡梅利纳，克吕泽烈，费鲁耳（议员）。

通讯处：

法国书记：贝塞，巴黎，让·雅·卢梭街，劳动介绍所，鞋匠工会委员会。

外国书记：保尔·拉法格，巴黎（市郊）勒佩勒。

* * *

在我们发表我们的第一封通告信之前，比利时工人党代表大会在若利蒙开幕了；可能派急忙派遣他们的一位代表到那里去，想对海牙决议打开一个缺口；尽管这位代表作了种种努力，若利蒙代表大会以 39 票对 33 票通过决议，派一位代表参加可能派的代表大会，却以 55 票对 22 票通过决议参加我们的国际代表大会。

丹麦社会民主工党在 5 月 23 日的会议上通过了如下决议："大会对于将在巴黎召开两个国际代表大会深表遗憾，并决定：只要这两个代表大会保持原状，丹麦社会民主工党就不参加其中的任何一个；但是大会责成党的委员会对发生争执的党尽可能施加影响，以便使两个代表大会合并。"

只有英国民主联盟同欧美所有的社会主义组织相对抗，支持可能派，但它并不企求由于它的出席而使缺乏一切国际社会主义因素的可能派代表大会具有国际的性质。

因此，两大洲的工人现在只能认为，只有一个代表大会可以宣布是他们的代表和他们的喉舌，因为只有这个代表大会是由各地的社会主义政党召开的，只有这个代表大会将包括全世界无产阶级中有觉悟的、决心在公有制基础上确立劳动和人类的解放的那一部分的代表。

　　　　　　　　　　＊　　＊　　＊

为了避免一切误解和挫败最后时刻的阴谋，组织委员会希望让国际社会主义者了解在举行代表大会前所进行的和解和团结的尝试的经过。

代表组织委员会并受其委托：

　　　　　会议主席：**多马**

　　　　　书　　记：**贝塞，雅克拉尔，**

　　　　　　　　　　拉法格，瓦扬

附记：我们刚刚接到法尔雅公民的更正，这篇更正曾寄给《工人党报》，但没有被刊登出来。法尔雅公民肯定地说，他没有投票赞成把组织国际代表大会的权力交给可能派的提案，不仅如此，这样的提案从来没有被提交伦敦代表大会进行表决。他可以作证并且随时准备作证。

巴黎国际社会主义工人代表大会
(1889年7月14—21日）组织委员会的呼吁

欧洲和美国的工人和社会主义者：

由来自法国各个工人活动中心的200多个工会的代表组成的波尔多工人大会，以及由代表法国革命社会主义和全法工人阶级的300多个工人团体和社会主义者小组代表组成的特鲁瓦大会，决定在博览会期间于巴黎召开一次全世界无产阶级的国际工人大会。

这一决议已经得到了欧美社会主义者的热烈欢迎，他们希望能够联合起来，起草工人针对国际劳动立法问题的请愿文件。国际劳动立法问题将是本年9月在伯尔尼召开的欧洲各国政府代表大会的主题。

资本家阶级邀请权贵们来欣赏和赞叹万国博览会，而这个博览会却是工人们的作品，正是这些工人们，在人类社会积累起空前巨大的财富时，仍然在贫困中呻吟。我们社会主义者，致力于实现工人的普选权、废除工资和创造能使所有人不分性别和国籍地享受共同劳动创造的财富的新秩序，我们诚邀生产者们于7月14日来巴黎参加大会。

"全世界无产者，联合起来！"

德国——社会民主党：奥·倍倍尔，狄茨，弗罗梅，格林贝格，哈尔姆，库恩，威·李卜克内西，麦斯特，萨博尔，舒马赫，辛格尔（国会议员）。

阿尔萨斯—洛林——阿尔萨斯—洛林社会共和主义者协会：雅克

拉尔。

美洲——布宜诺斯艾利斯社会主义小组：亚历山大·佩雷。

英国——社会主义同盟：威·莫里斯，弗·基茨；工人协会：罗·邦·肯宁安·格雷厄姆（下院社会主义者议员），威·帕涅尔，乔·贝特曼，海·泰平，汤姆·曼；艾尔郡矿工联合会：詹·基尔·哈第。

奥地利——社会主义工人党：尤·博普，维·阿德勒，艾·克拉利克，阿·秦腊姆，诺·霍夫曼，J. 克罗伊策，J. 温尼希，G. 波珀尔（维也纳）；J. 马卡尔特，H. 弗勒金格，K. 扎姆斯（因斯布鲁克）；A. 魏格尼斯，J. 西格（林茨）；A. 弗里梅耳，T. 海因茨，V. 维纳尔，A. 博策克（施泰尔）；K. 施内魏斯，A. 克洛法奇，阿·索博特卡，约·希贝什（布吕恩）；V. 施图茨，F. 多泽克，T. 涅梅切克（布拉格）；F. 泽德尼切克，R. 扎霍尔科（普罗斯尼茨）；A. 盖林，C. 吉卡尔，J. 拉克斯（的里雅斯特）；J. 达尼路克（伦贝格）；斐·阿德瑙（克拉根福特）；C. 里格尔（布拉曹）；约·威美尔曼（耶格恩多夫）。

比利时——根特社会主义工人党：安塞尔，万贝韦伦。

西班牙——社会主义工人党：帕布洛·伊格列西亚斯，弗朗西斯科·迭戈。

法国——法国工会联合会和同业小组：雷·拉维涅；法国社会主义同盟：G. 巴蒂塞。

希腊——希腊社会主义者小组：普拉东·E. 德拉库利斯（雅典社会主义者机关报《阿尔登》编辑）。

荷兰——社会民主党：多梅拉·纽文胡斯（议员），克罗尔。

匈牙利——社会主义工人党：莱奥·弗兰克尔。

意大利——阿米尔卡雷·契普里安尼；阿尔迪西奥·萨米托（西西里岛社会主义小组）；朱泽培·德夫兰切斯基，菲利波·鲁尔维蒂，恩里科·塞萨纳，尼奥基·维亚尼（米兰社会主义小组）。

挪威——挪威社会民主党：卡尔·耶珀森。

波兰——斯·门德尔松（"阶级斗争"派）；L. 阿涅莱夫斯基（华沙"无产阶级"派工人委员会）。

葡萄牙——卡尔瓦柳（社会主义工人协会）。

俄国——俄国社会民主主义者联合会：维拉·查苏利奇，普列汉诺夫，阿克雪里罗得，斯捷普尼亚克。

巴黎俄国工人协会，苏黎世俄国社会主义出版物协会，《社会主义者》杂志编辑部，彼得堡革命社会主义小组，常驻外国的"民意"小组：皮埃尔·拉甫罗夫。

瑞典——社会民主党：奥古斯特·帕尔姆，亚尔马·布兰亭，阿克塞尔·丹尼尔森。

瑞士——布兰特（格吕特利联盟副主席）；社会主义工人党：亚·赖歇耳，A. 施泰克；瑞士职业工会：梅尔克。

由海牙会议列入议程的问题

（1）劳动的国际立法。工作日的法律规定。白班，夜班，假日加班，成年男工，女工，童工。

（2）大工业与小型工业以及家庭工业的车间监督。

（3）使上述要求获得成功的途径和方式。

（4）废除常备军和民兵（巴黎组织委员会附加的议题）。

海牙会议已决定：

1. 巴黎国际工人代表大会将于7月14—21日举行。

2. 该大会欢迎各国工人和社会主义者参加，不过问他们各自不同的政治环境。

3. 大会在制定日程和审查代表资格方面拥有最高权力。

4. 所有工会和社会主义小组均有权派一名代表出席。

代表大会组织委员会：

巴黎工会联合会：布莱，贝塞，鲁塞尔，费兰。

市参议会社会主义小组：多马，阿尔丰斯·安贝尔，龙格，绍维埃尔，瓦扬（市参议员）。

巴黎社会主义组织：瓦扬，盖得，德维尔，雅克拉尔，克雷潘，马隆，拉法格。

众议院社会主义小组：巴利，卡梅利纳，克吕泽烈，费鲁耳（议员）。

与会代表、社会主义党派和工人协会名单

德　国

奥古斯特·倍倍尔（国会议员和萨克森州议会议员）
卡·贝克尔
爱德华·伯恩施坦
F. 布森本德尔
威廉·博克
J. 布鲁恩斯
斐·狄克曼
亚当·迪特里希
丹尼尔·埃卡特
F. 艾尔哈特
F. 埃瓦尔德（柏林市参议员）
理查德·费舍
埃米尔·弗莱施曼
卡尔·弗罗梅（国会议员）
H. 福尔斯特
A. 格克
弗里德里希·盖特·格洛克
K. 格林贝格
弗里德里希·哈尔姆
奥古斯特·海涅
弗·希尔施
恩斯特·希尔默
弗兰茨·霍夫曼
阿道夫·霍夫曼
格奥尔格·霍恩
埃·伊雷尔（女公民）
F. 约斯特（黑森州议会议员）
赫·云格
奥古斯特·卡登
J. 肯芬霍伊尔
亚历山大·凯尔斯滕
古·凯斯勒
F. E. 基尔希纳
F. 克洛斯
H. 克嫩
W. 克尔纳
弗里茨·库奈尔特（柏林市参议员）
F. 莱吉恩
卡尔·列曼
威廉·李卜克内西（国会议员）
特·卢茨
恩斯特·迈

亨利希·麦斯特（国会议员）	K. 舒尔采	福尔马尔（黑森州议会议员）
海·弥勒	L. 舒马赫	保尔·瓦格纳
A. 帕施基	特·施瓦尔茨	胡果·瓦尔德斯基
普凡库赫	F. 施瓦尔茨	约翰奈斯·韦德
奥·普法伊弗	W. 施韦泽	F. 韦施
莱·普法伊弗	奥·许茨	J. 维尔瑙
卡尔·平考	马丁·泽吉茨	卡尔·韦内格尔
保·赖斯豪斯	尤利乌斯·塞茨	威廉·韦尔纳
胡果·勒迪格	布鲁诺·佐默尔	特·岑克尔
保尔·席曼	W. 施托勒	克拉拉·蔡特金（女公民）
W. 施米特	A. 斯特龙茨	约瑟夫·茨温纳
弗·施奈德	卡尔·乌尔里希	
巴·施赖伯	V. 瓦伦霍尔茨	

阿尔萨斯—洛林

阿尔萨斯—洛林社会共和主义者协会——V. 雅克拉尔博士

英　国

米恰姆支部（社会主义同盟）——T. 库珀
诺威奇支部（社会主义同盟）——F. 内特洛夫
哈默史密斯支部（社会主义同盟）——H. B. 塔尔顿
社会主义同盟委员会——F. 基茨和威·莫里斯
曼彻斯特支部（社会主义同盟）——约翰·里特森
加茅斯支部（社会主义同盟）——托查蒂（女公民）

北肯辛顿支部（社会主义同盟）——莱恩

伦敦东区支部（社会主义同盟）——G. G. 沙克（女公民）

国际工人俱乐部——W. 威斯特

哈默史密斯激进派俱乐部——托查蒂

布卢姆斯伯里社会党人——达尔德

威尔士社会党人——德雷肯

新罗德激进派俱乐部——哈利迪

东芬斯伯里激进派俱乐部——爱·艾威林

霍克斯顿工人联盟——K. 唐纳德

苏格兰工人党——O. 吉布里

艾尔郡矿工——基尔·哈第

设菲尔德社会党人——J. E. 卡彭特

工人选举协会——肯宁安·格雷厄姆（下院议员）

阿根廷共和国

布宜诺斯艾利斯社会主义小组——亚历山大·佩雷

奥地利

维也纳——鲁道夫·波科尔尼

尤里乌斯·博普

埃米尔·克拉利克

维克多·阿德勒博士

布吕恩——约翰·希贝什

布拉格——威廉·科贝尔

耶格恩多夫——约瑟夫·弗兰茨

北波希米亚——赫尔曼·迪特尔
　　阿尔特汉斯

比利时

根特工人合作协会——安塞尔
根特冶金工人——王德尔赫根
布鲁塞尔宣传小组——T. 梅斯
根特棉纺织工——J. 塞费尔斯
根特亚麻纺织工——C. 拜依尔特
根特纺织工人——托凯尔特
根特宣传小组——斯陶特马斯
布鲁塞尔工人联合会——塞扎尔·德巴普
中部机械工人——塞尔瓦斯
比利时工人党总委员会——让·沃尔德斯
根特棉纺织工——哈丁
安特卫普联合会——哥特夏克
"劳动"合作社——莫尔特曼斯
博里纳日——德夫伊索

波希米亚

斯拉夫同盟捷克支部——格奥尔格·哈布罗夫斯基

保加利亚

布鲁塞尔保加利亚学生联合会——马尼

丹　麦

丹麦社会党——P. 克里斯滕森

　　　　　　A. C. 迈耶

阿马雷和厄斯特布罗社会主义联谊会、哥本哈根雕刻者工会、哥本哈根德国和瑞典工人联谊会——尼古拉·L. 彼得逊

西班牙

社会主义工人党——帕布洛·伊格列西亚斯

《社会主义者》杂志编辑部——何塞·梅萨

美利坚合众国

社会主义工人党——布希

纽约德国工会联合会——F. E. 基尔希纳

纽约犹太工会联合会——L. L. 米勒

纽约犹太工会联合会——J. 巴尔斯基

衣阿华联合兄弟会——卡尔·阿勒斯

芬　兰

尼古拉斯·芬恩

荷　兰

荷兰社会党——J. A. 福尔图恩

　　　　　　W. H. 弗利根

W. P. G. 赫尔斯丁格尔

多梅拉·纽文胡斯（议员）

匈牙利

匈牙利工人党——莱奥·弗兰克尔

　　　　　A. 伊尔林格尔

布达佩斯鞋匠——R. 博普

意大利

世界人民联盟（拉丁分部）及其在意大利、西班牙、葡萄牙和罗马尼亚的许多小组、分部和支部　——阿米尔卡雷·契普里安尼

伊莫拉：劳动之子；伊莫拉联盟；革命社会主义党

　　　　　　　　——阿米尔卡雷·契普里安尼

博洛尼亚：J. B. 洛利小组，工人小组；社会主义小组；工人协会

　　　　　　　　——阿米尔卡雷·契普里安尼

普雷达皮奥社会主义联盟

　　　——阿·契普里安尼，安·科斯塔（议员）和克罗切

圣阿尔坎杰洛：青年社会主义者小组；社会主义者联盟

　　　——阿·契普里安尼，安·科斯塔（议员）和克罗切

桑坦德革命社会主义小组

　　　——阿·契普里安尼，安·科斯塔（议员）和克罗切

福林波波利的阿·契普里安尼社会主义小组

　　　　　　　——阿米尔卡雷·契普里安尼

拉文纳：人权小组；拉文纳省社会主义联盟；路易丝-米歇尔社会主义妇女小组；社会主义妇女小组；工人国际协会；拉文纳联盟；国际

小组　　　　　　　　　　　——阿米尔卡雷·契普里安尼
　　坎皮亚诺社会主义联盟　　——阿米尔卡雷·契普里安尼
　　马萨社会主义支部　　　　——阿米尔卡雷·契普里安尼
　　圣里纳尔多社会主义小组　——阿米尔卡雷·契普里安尼
　　切塞纳社会主义协会　　　——阿米尔卡雷·契普里安尼
　　两个圣托马索社会主义小组——阿米尔卡雷·契普里安尼
　　圣乔治社会主义小组　　　——阿米尔卡雷·契普里安尼
　　阜姆圣马蒂诺社会主义小组——阿米尔卡雷·契普里安尼
　　圣马科角社会主义联谊会　——阿米尔卡雷·契普里安尼
　　萨维尼奥：社会主义联盟；"劳动之子"联谊会；两河口社会主义
联谊会　　　　　　　　　　　——阿米尔卡雷·契普里安尼
　　甘贝托拉社会主义联谊会　——阿米尔卡雷·契普里安尼
　　布德里奥社会主义工人联谊会——阿米尔卡雷·契普里安尼
　　卡斯特尔-圣-彼得罗社会主义联谊会
　　　　　　　　　　　　　　——阿米尔卡雷·契普里安尼
　　博罗涅塞堡社会主义小组　——阿米尔卡雷·契普里安尼
　　卡斯特罗卡罗社会主义联谊会——阿米尔卡雷·契普里安尼
　　卢戈社会主义联盟　　　　——阿米尔卡雷·契普里安尼
　　孔塞利切社会主义联盟　　——阿米尔卡雷·契普里安尼
　　马萨伦巴达社会主义联盟　——阿米尔卡雷·契普里安尼
　　富西尼亚诺社会主义联盟　——阿米尔卡雷·契普里安尼
　　科蒂尼奥拉社会主义联盟　——阿米尔卡雷·契普里安尼
　　圣帕特里齐奥社会主义联盟——阿米尔卡雷·契普里安尼
　　圣波蒂托社会主义联盟　　——阿米尔卡雷·契普里安尼
　　阿方西内国际联谊会　　　——阿米尔卡雷·契普里安尼
　　里米尼："劳动之子"联谊会；巴枯宁无政府主义者联谊会；3月

18日无政府主义者第一联谊会；3月18日无政府主义者第二联谊会；3月18日无政府主义者第三联谊会；5月27日无政府主义者联谊会

——阿米尔卡雷·契普里安尼

斯巴达库斯无政府主义者联谊会，阿米尔卡雷·契普里安尼无政府主义者联谊会 　　——阿米尔卡雷·契普里安尼

圣马力诺共和国阿米尔卡雷·契普里安尼无政府主义者小组

——阿米尔卡雷·契普里安尼

帕尔马：人民同盟；工人政治协会；独立战争老兵；"博爱与人性"；"人民"；"人权"；"解放"；面包师；劳动者；自由与劳动；剃头匠和假发师；约瑟夫·马志尼；孚日省；民主主义；七镇工人总会

——阿米尔卡雷·契普里安尼

巴勒莫无政府主义行政联谊会——阿米尔卡雷·契普里安尼

米兰多拉：社会主义小组；加里波第战役老兵

——阿米尔卡雷·契普里安尼

弗利国际联盟　　——阿米尔卡雷·契普里安尼

罗马涅革命社会主义党，弗利代表大会
　——契普里安尼，安·科斯塔，巴尔杜奇，皮塞利，瓦尔杜奇

米兰的米兰社会主义同盟　　——安·科斯塔

拉文纳工人委员会　　——安·科斯塔

《未来太阳》杂志　　——安·科斯塔

那不勒斯"正义、自由和劳动者"协会　　——安·科斯塔

联邦民主协会；卡斯泰洛城"思想与行动"组织

——安·科斯塔

罗马社会主义联盟　　——安·科斯塔，梅利诺

弗利《请愿》杂志　　——G. 皮塞利

雷焦艾米利亚的意大利工人党　　——G. 皮塞利

埃及亚历山大城的"铁与火"无政府主义小组 ——C. 皮基

瑞士苏黎世"解放"工人协会

——O. 贝尔托亚，E. 梅利纳里

里窝那"劳动解放"组织；社会主义联谊会

——F. 奇尼，厄齐奥·福拉博斯基

亚历山大意大利工人党（皮埃蒙特）　　——G. 克罗切

佩萨罗无政府主义联谊会　　　　　　　——S. 梅利诺

罗马社会主义联盟　　　　　　　　　　——S. 梅利诺

挪　威

挪威社会党——卡尔·耶珀森

克里斯蒂安尼亚①工人联合会——J. 奥尔森

　　　　　　　　C. 贝格嫩

波　兰

纽约奥斯维塔社会主义革命小组——费利克斯·达钦斯基

"阶级斗争"派；《阶级斗争》和《晨曦》杂志编辑部

——玛丽亚·扬科夫斯卡娅

伯尔尼波兰国际社会主义革命与华沙无产阶级社会主义革命党工人中央委员会——斯坦尼斯拉斯·门德尔松

巴黎无产阶级革命社会主义联谊会与斯拉夫协会（波兰分会）——莱昂·维尼亚尔斯基

---

① 今奥斯陆。——编者注

罗马尼亚

布加勒斯特印刷工人及其机关刊物《谷登堡》;布鲁塞尔的罗马尼亚和保加利亚社会主义小组——马尼

布加勒斯特工人联谊会和巴黎罗马尼亚学生联谊会——拉科维茨

布加勒斯特马鞍工协会——普罗科皮乌

罗马尼亚工人小组——A. 塞乌列斯库

布加勒斯特印刷工人及其机关刊物《谷登堡》——D. 沃伊诺夫

俄 国

《社会主义者》;巴黎俄国工人协会;圣彼得堡革命社会主义组织;苏黎世的俄国出版发行协会;赞同民意党纲领的社会主义者小组;日内瓦的亚美尼亚社会主义小组——彼得·拉甫罗夫

俄国社会民主主义者联合会——普列汉诺夫

拥护"民意派"纲领的三个小组——贝克

伦敦工人国际教育协会——菲力浦·克兰兹

纽约以色列手工业者联合会——巴尔斯基,路易·米勒

瑞 典

瑞典社会党——C. 帕尔姆格伦

O. 阿拉尔

瑞 士

瑞士社会民主党——L. 施拉格

瑞士行业工会联合会——A. 梅尔克

格吕特利联盟——保·布兰特、约·福格尔赞格尔

巴塞尔乡格吕特利支部——S. 格施温德

纳沙泰勒格吕特利支部——H. 霍斯特

法 国
外 省

塞特搬运工工会——安东·阿弗尔

菲雅克社会主义委员会——安特雷格

阿莱斯社会工人联合会及其他小组：革命社会主义工人组织；社会主义山岳党协会；赛文山脉《社会主义》杂志；"前卫"小组；"思想自由与独立"小组；"既不靠上帝也不靠主人"小组——阿罗，肖韦

社会主义共和党人罗讷省委员会——阿尔尚，C. 博丹

波尔多女裁缝工会——莱昂·阿雷科

里尔制铁造型工工会——路易·奥桑

巴卡兰（波尔多）社会主义学习会"平等"小组——沙·阿雷科

塞特搬运工联合会——巴尔曼

北部省和加来海峡省矿工工会——巴利（塞纳省议员）

特罗伊便帽制造工工会——G. 巴蒂塞

维耶尔宗工人工会联合会；冶金工人；玻璃工人；陶瓷工人；木匠；石匠和砖瓦匠；挖土工人——博丹

拉格雷斯莱（卢瓦尔）纺织工人工会及相近的同业工会
　　　　　　　　　　　　　　　　　　　——贝律兹

贝济耶等工会联合会；鲁昂省西部地区社会主义工人联盟——贝塞

工人党里昂总会；第4选区社会主义工人选民联盟；第4选区"解

放"组织；第 5 选区集产主义者小组；第 6 选区"先锋"组织；沙尔平"平等"小组；维勒班工人党小组；圣克莱尔社会主义小组；罗讷省集体主义青年小组——贝西-普拉斯

特鲁瓦冶金工人联合会；特鲁瓦木鞋工人和套鞋工人联合会；特鲁瓦全行业男女工人联合会——Ch. 比施勒

里昂 54 个工会联合会：里昂纺织工人总会；玻璃模压工人组织；玻璃工联盟；螺栓工人及同类工联盟；乐器工人组织；裁剪工人组织；装订工和弯边工；制鞋工人；砖瓦匠；男女机织工；钟摆工及同类工；技工及同类工；鞣革工和整革工；细木工；钟摆工；铜器制造者；锅匠；汽车司机和火车司机；水泥工人；木器工人；白铁匠和铅皮工；铸工；套鞋工；头巾工；咖啡馆侍者；摩洛哥皮鞣制工；造纸工—调校工；伞柄工；木地板工人；斜条绦带织造工匠；管子工；金属抛光工；阀门工；里昂鞍具工；锁匠；水晶雕琢工；礼服裁缝；宝石雕琢工；制革工；墙纸裱糊工人；染布工人；金属器皿制造工；编草工；纺织工人联盟；木板工；织罗纱工人；印刷工；丝绒工人联合会；吹玻璃技工；篾匠；锻工—锤工；细面条加工者；绦带织造工匠；制帽工人——布拉什，法尔雅，加布里埃尔，佩罗南

塞特马车夫和汽车、电车售票员工会——埃蒂耶纳·博内

里昂"既不靠上帝也不靠主人"小组——博诺特

图卢兹社会主义联盟——布斯凯

拉塞勒（阿列）团结工人工会；杜尔达-拉吉勒团结工人工会；马利科讷社会学习小组（工人党）——邦万

博韦社会主义小组；克雷伊冶金工人联盟——阿·布沙尔

塞特泥瓦工工会——马尔克·布雷萨克

里昂社会主义革命青年中央委员会；里昂第 5 选区革命委员会
——布勒耶，杜普拉

兰斯"无政府主义行动"组织——布吕内

卡尔莫矿工工会——卡尔维尼亚克

波尔多面包师——沙尔·卡拉

波尔多尖兵小组（工人党）；白玻璃工人——J.卡拉代克

尼斯挂面工人工会——C.卡兰

罗阿讷印染工工会——朱利安·沙巴

波尔多工人党"团结"小组、"先锋"小组

——希拉克（在圣佩拉热狱中）

马赛58个工会联合会：印刷工和石印工；泥瓦匠；联合大理石工；商船水手；马蹄铁匠；细木工；磨工；各省清洁工和街边小贩；港口和码头工人；站台和仓库工人；烟草工人；编草工；漆船工；中心市场搬运工；锁匠；木锯工；礼服裁缝；铁器匠；冷石雕刻工；箍桶匠；联合箍桶匠；排字工；造纸工—装订工—纸板工；铺砌工—夯路工；理发师；鞍具工—马具工；圣路易港口和码头工人；烟草工人；鬃毛纺纱工；编草工；马萨古斯编草工；模压工—泥芯工；"瓦泰尔"厨师联合会；联合马车夫；海关职员；糖果工人和糕点工人；鞋匠；鞋匠的刀子；鞣革工—摩洛哥皮鞣制工；木器工人；商店雇员；咖啡店、餐馆和旅店雇员；旅店—餐馆雇员；甜烧酒商雇员；市镇清洁工雇员；鬃毛纺纱工；铁匠；装配工—技工；面包工人；出纳员和木箱制造工人；铺砌工；鞣革工；木匠—捻缝工—钻工；发货工；赶大车工人；农地车辆司机；铁锅炉工；画纸糊墙工；机械锯工——克莱蒂安，特雷梭，吉莱，路易·让蒂，伊萨雷内

蒂济（罗讷）纺织工人——科尔热

塞恩（瓦尔）共和激进派委员会联合会；土伦"人类"小组

——克吕泽烈

蒙吕松工人共和主义者联合会（工人党）——库尔蒂尼翁

圣康坦青年无政府主义者组织——库尔图瓦

塞特高级细木工组织——克拉苏

珀蒂-库尔甘第一、第二、第三委员会；波尔特-尼约莱委员会；"工人觉醒"小组；新法兰西小组；封第内特小组第一委员会；工人党中央委员会；圣皮埃尔"战斗"小组（工人党）——A. 德尔克吕兹（市参议员）

图卢兹社会主义学习小组与工会联盟——阿尔方·德尔马

罗阿讷联合会地区委员会；纺织工人工会；学习小组；社会主义青年；挖土工工会；鞣革工工会；砖瓦匠工会；染布工工会；织布浆纱工工会；罗阿讷浆纱工工会——路易·德洛姆，德塞涅，盖依-西蒙，吉约姆·默尼耶，让·帕罗，韦尔涅

工人党北方联合会，74 个小组和工会：阿尼什，安娜比斯，安斯唐，阿尔芒蒂耶尔，阿斯克，阿韦讷莱索贝尔，巴奇，巴约勒，班图，博万，博瓦，贝尔特里，布西耶，布里亚斯特，勒卡多，利德里，沙佩勒，达尔芒蒂耶，舍朗，克鲁瓦，锡索瓦恩，埃尔基涅格姆-利斯，法舍，法弗里，大费里耶尔，小费里耶尔，弗莱尔，方丹-欧-皮尔，阿吕安，海勒姆，海姆哈尼奇，乌普里涅，拉努瓦，莱尔，莱岑尼，里尔，卢斯，利斯-勒-拉努瓦，马鲁瓦那，莫努瓦，蒙桑-巴罗伊，讷维尔，涅普，奥夫什，基维耶，雷蒙，龙查安，龙克，鲁斯特-瓦伦丹，鲁贝，圣伊莱克，桑迪诺尔，图尔宽，维塞里，瓦斯，瓦特罗，维尼希耶斯——G. 德洛里，A. 勒佩尔（鲁贝市参议员，劳资调解委员会副主席）

塔拉尔纺织工人工会及相近的同业工会——博斯特·德芒热

卡斯特尔工人工会联合会；木装饰工人联合会（卡斯特尔）；格洛尔赫木匠联合会（塔恩省）——德尼

塞特木匠和锯木工工会——德马兹

蒙吕松团结工人工会；冶金工及相近的同业工会（蒙吕松）；玻璃工工会（蒙吕松）——J. 多尔莫瓦（蒙吕松市参议员）

亚眠社会主义委员会（工人党）——迪塞尔夫

里昂机械工人——迪莫捷

波尔多"瞭望船员"小组（工人党）；注册海运人员工会联合会——杜邦

塞特海员和渔民工会——费利克斯·艾斯吉让

里昂革命中央委员会——阿德里安·法尔雅

勒阿弗尔团结工人同盟——塞巴斯蒂安·福尔

南特社会主义工人委员会——路易·费兰

纳博讷社会主义协会——费鲁耳，奥德省议员

贝兹内（阿列）团结工人工会；贝兹内工人社会主义联谊会；蒙特维奇（阿列）工人共和主义联谊会；蒙特维奇工人联合会；多伊联合工人联合会；拉瓦维-勒-米内斯社会主义工人联合会（克勒兹省）（工人党）——拉乌尔·弗雷雅克（科芒特里市政府秘书）

沃邦—尚齐（加来）工人党委员会；监察委员会（加来）
　　　　　　　　　　　　　　　　　　——富克斯

圣康坦木工工会——莱昂·加德鲁瓦

马赛烟草工人——格罗

马赛"自由思想"工人小组；《激进阿尔及尔》小组
　　　　　　　　　　　　　　　　　　——茹尔·盖得

利摩日"先锋队"小组——阿里斯蒂德·于梅尔

里昂第三区"苍蝇"小组——雅凯

塞特五金工人工会——路易·让诺

加来木工工会："联合长刨"（加来）——亨利·瑞德

库尔（罗讷）家具制作工工会；蒂济纺织工人工会（罗讷）及其

他29个附属团体——拉歇兹

阿韦龙（迪卡兹维尔）矿工工会——安东·拉孔布

全国工人同盟（波尔多）——拉菲特

里昂第三区选举联盟——朗德兰

圣康坦纺织工人工会——朗格朗

庞坦社会主义工人联盟——拉皮埃尔

波尔多工商业行政管理人员工会——拉沃

社会主义小组中央委员会；法国工人同业工会小组和工会联盟全国委员会——拉维涅

谢尔（布尔日）社会主义共和党人中央委员会——路易·勒博，吉尔贝·普雷肖

亚眠纺织工人工会——勒费弗尔

科芒特里五金工人工会；冶金工工会；矿工工会；共和主义联谊会；科芒特里社会主义图书馆（工人党）
——S. 勒唐（蒙吕松市参议员）

阿尔奈勒迪克（科多尔）制锉工匠工会——茹尔·莱维特

蒂勒工人联盟；社会共和主义委员会（蒂勒）；"进步之友"小组——马塞兰·马洛里

圣旺革命社会主义委员会——马凯尔

马孔社会主义委员会——马尔莫尼耶

兰斯第三区平均主义者——马蒂厄

里昂第三区革命小组——约瑟夫·米歇尔

马尔多雷（罗讷）纺织工人工会——埃米尔·蒙科尔热

塞纳和塞纳—瓦兹（欧贝维利耶）水晶玻璃切割工——莫塞

阿诺奈（阿尔代什）纺织工人联合工会；里昂社会主义工人联盟——亨利·内沃

卢瓦尔（圣艾蒂安）矿工工会——安东·奥坦

搬运工工会舒瓦西勒鲁瓦分会——波莱

兰斯工人党社会主义小组联盟；印刷工人学习联谊会；呢绒工业工会；监察委员会；第1、2、3、4区"保卫工人"组织——佩德龙

圣旺市政委员会——佩尔南，梅尔

里昂"既不靠上帝也不靠主人"小组——亚历山大·佩罗

南特工人工会联合会：装配工；车工；屋面工；锅炉工；砖瓦匠；雕刻工；汽车工人；模压工；铸工；木匠—浆纱工；锻工；鞣革工；鞍具工——约瑟夫·皮龙，里戈

阿尔代什（阿诺奈）"自由思想"组织——亨利·普拉斯

圣法尔若伐木工工会；社会主义学习小组（圣法尔若）；布雷诺反教权社会主义联盟（约讷省）——埃利·普瓦尔布朗克

维埃纳纺织工人工会——蓬塞

圣康坦"哨兵"；"平民"（工人党）——维克多·雷纳尔

里昂鞋匠——里什朗

格勒诺布尔三个区的革命中央委员会——罗伯斯托

上卢瓦尔和多姆山省（圣弗洛里讷）工会联合会——鲁日

阿诺奈独立党人——鲁永

波尔多20个工会联合会：铸工—模压工；细木工；木器工；锯木工；面包工人；裁剪工人—裁缝；男服女裁缝；吉隆特铺砌工；精炼工；糕点工人—玻璃制造商；码头煤炭工人；行政和工商业雇员；玻璃工人；船上装货工；技工；商行；弹球工；工厂主；乔木木匠；平等者小组；劳资调解委员会监察委员会——卢

罗讷河口（马赛）矿工——萨巴蒂埃

加来冶金工人工会；法国织罗纱工人联盟；石灰炉委员会；加来社会主义图书馆——萨朗比耶（市参议员，劳资调解委员会委员）

塞特渔民——索韦尔

洛蒙（吉伦特）社会学习小组——西奥塔

塞特印刷工工会——塞内加

莱鲁维尔（默兹）苏梅工会：矿工和挖土工和采石工——西弗特

拉尔布雷勒（罗讷）丝绒织工；塔拉尔社会主义小组；塔拉尔纺织工人工会——路易·索尔

上维埃纳（利摩日）社会主义联盟——亨利·苏拉

阿列（蒙吕松）社会主义联合委员会——蒂西耶

（马赛）革命社会主义联盟——特雷梭

圣阿芒（谢尔）社会主义革命小组；圣阿芒葡萄种植工人及同类工联合会；圣阿芒粉刷工—油漆工；木匠；砖瓦匠和琢石工；白铁工；长锯工；维耶尔宗革命社会主义者委员会——瓦扬（巴黎市参议员）

塞特啤酒桶和葡萄酒瓶工人——皮埃尔·瓦拉

奥尔良社会主义小组——维亚尔

里昂社会主义工人联盟——让·维默内

塞纳河畔布洛涅社会主义"自由思想家"联盟——马舍雷

众议院社会主义小组——布瓦埃，卡梅利纳

巴　黎

巴黎珠宝业工人工会；第 3 选区革命中央委员会——斐迪南·亚当

"革命"，社会主义学习联谊会（工人党）——安布尔

第 11 选区社会主义联谊会——安德里厄

厂房砌炉工工会——昂克蒂尔

利穆松共和主义联谊会（巴黎）——佩莱格里·巴朱

砖瓦工工会——博代

第 1 区集体主义者联谊会（工人党）——贝迪耶

革命社会主义者自由联谊会——贝斯

第 5 区选民中央委员会；社会主义联盟委员会——布瓦塞伏瓦塞

塞纳琢石工与锯石工工会——布莱

第 14 区革命社会主义者选举委员会——布萨盖

钻孔工人——雅克·毕罗

阿韦龙省社会主义小组（巴黎）——卡尔梅尔

阿尼耶尔"平等"组织；第 2 选区集体主义者联谊会（工人党）——卡梅斯卡斯

理发工人团结组织——沙勒龙

中央革命委员会——绍维埃尔（巴黎市参议员），格朗热，瓦扬（巴黎市参议员）

拉丝工人——路易·希雷

糕点工与厨师工人联合会——科马耶

第 5 区琢石工与锯石工联合会——孔伯莫雷尔

裁纸工和裁缝工会联合会——库尔贝

第 20 独立小组——当热

木匠联合会——德尔马

硬石锯工联合会——德拉科特

第 18 革命集体主义者联谊会（工人党）——德雷尔

第 15 委员会（亚瓦尔区）——德格罗让

工人党巴黎总会——G. 德维尔，茹尔·盖得，保尔·拉法格

"四条道路"革命委员会——尼古拉·丹内

塞纳省木匠工会，劳资调解委员会监察委员会——杜布瓦

塞纳省马车夫工会——迪比克

大理石雕刻工与细木工工会联合会——杜普雷、吉永、莱韦耶

"拉雪兹老爹"社会主义革命委员会——若尔日·费兰

"权利"组织：房屋油漆工——盖夫

第11区委员会——盖勒

第4革命集体主义者联谊会（工人党）——热尔博

第3集体主义者联谊会（工人党）——热瓦

咖啡馆服务员工会——古宗

贝尔维尔革命委员会——格雷尼尔

第14区琢石工与锯石工工会——吉约-普帕尔丹

房屋油漆工法国工人总工会——卡恩

第20区革命选举中央委员会——埃罗

"公社"小组——伊纳尔

第3公社——雅诺

大木活木匠联合会——拉歇

裁缝工人联合会——拉科斯特

第9区革命社会主义者联谊会——马克西米利安

第5革命集体主义者联谊会；第5社会主义学习小组（工人党）——莱内

格勒内勒区社会主义选举委员会——洛朗松

吹玻璃工人社会主义选举委员会——欧仁·勒孔特

汽水制造工人联合会——伦茨

第20区革命委员会——勒帕热

圣法尔若区社会主义选举委员会——勒珀

第14选区革命集体主义者联谊会（工人党）——洛姆

挖土工、打井工和矿工工人联合会——利涅尔

穷苦人工会——卢斯

第5选区社会主义者革命委员会——梅尔西埃

内克区社会主义者选举委员会——马尔沙

圣法尔若区社会主义者革命委员会——梅瑟

陶器画工联合会——蒙索

房屋细木工联合会——蒙唐

第20选区琢石工与锯石工联合会——帕特里科

《鞋匠工人》杂志——波利康

第20选区革命委员会——雷内尔

妇女工会——里加尔（女公民）

社会主义者评论——韦伯·鲁瓦奈

沙罗讷革命社会主义者选举委员会——卢梭

"缝纫"：男女裁缝同业公会小组——鲁塞尔

码头待雇者小组——西居雷

第11选区雏菊委员会——斯蒂埃夫纳

理发师工人联合会——特罗凯

教育学习小组——瓦莱特（女公民）

第17选区"起义者"——吕西安·魏尔

巴黎市政委员会社会主义者小组——多马，安贝尔，龙格

贺电和贺信

德国：**阿恩施塔特**；**柏林**：柏林及其近郊的家庭手工业者，冶金工人，砖瓦匠，白铁工；**汉堡**：汉堡、阿尔托纳及其近郊工人，汉堡和阿尔托纳琢石工和工人；**德累斯顿**：德累斯顿和桑多细木工（瑞士-萨克森），萨克森第4、5、6选区；**莱比锡**：在伟人祠集会的社会主义者；**格吕纳**（萨克森）：选举联合会；**维尔茨堡**；**吕贝克**：模压工；**美因河畔法兰克福**；**勃兰登堡**；**布格施泰特**：选举协会；**科隆**；**达姆施塔特**；**格劳豪**；**哥达**；**埃尔姆斯霍恩**；**福斯特**；**哈特曼斯多夫**：哈特曼斯多夫和开姆尼茨生产者协会；**海尔布隆**（符腾堡）；**霍亨施泰因—恩斯塔尔**；**迈森**（萨克森）：细木工；**纽伦堡**；**波兹南**；**龙斯多夫**；**施拉赫滕湖**：库巴里佩的柏林工人俱乐部；**施内贝格**：萨克森第19选区；**旺茨贝克**：鞋匠；**茨维考**；**伦敦**：德国社会民主党人；**博依茨福特**：布鲁塞尔德国社会民主党人。

奥地利：**维也纳**：维也纳纽扣镟工和砌路工，维也纳马蹄匠，弗洛里斯多夫社会主义者；**克拉曹**：北波希米亚社会主义者；**摩拉维亚-俄斯特拉发**；**赖兴贝格**（波希米亚）。

匈牙利：**布达佩斯**。

瑞士：**巴塞尔**：德国社会主义者；**洛桑**：自由斗士；**日内瓦**：日内

瓦工人中央委员会；**圣加仑**：德国社会主义者。

意大利：**罗马**：社会研究社。

西班牙：**马德里**：社会主义工人党全国委员会。

葡萄牙：**里斯本**。

荷兰：**特恩富岑**：社会主义宣传俱乐部。

瑞典—挪威：**克里斯蒂安尼亚**①；**卑尔根**。

英国：**伦敦**：共产主义者协会。

丹麦：**哥本哈根**。

---

① 今奥斯陆。——编者注

巴黎国际社会主义工人代表大会记录

（1889年7月14—20日）

前　言

在写前言的时候先要表示**歉意**，对未能及时和完整地出版这个纪录表示歉意。这种情况下最好的道歉就是明白无误地表述情况和事实。

原始记录只保存在**巴黎**，在德国由我负责编审，由**韦德**翻译成德文。

这次代表大会之后紧接着开始了**法国的竞选活动**，并且一直延续到当年秋天才结束，而负责整理大会原始文本的**盖得**又不得不把全部精力投入竞选的宣传鼓动工作；这样，工作被推迟了好几个月。而当原稿终于从巴黎拿到的时候，韦德却倒下了。对于韦德来说，工作就是真正的乐趣；他以火一般的热情全身心地投入工作，以致往往在接到新的任务之前，就已经完成了自己的额定工作。

就这样，这位满怀生活热情和斗争乐趣的朋友，在他正处于最好的和最愉快的创作年华时，死亡突然降临。

我在这里不想谈**党**失去韦德受到了什么样的损失。但对出版德文版的大会记录来说，他的去世确实是灾难性的。

原稿很乱，有些已经散失而必须花费心血加以补充。同时，现在谁来完成把它翻译成德文的任务呢？

在此期间**我们**德国人也投入到**竞选活动**中去了——我已全被工作占

满而帮不上这个忙了。那就想办法来解决吧。许多精通法文的同志承担起尚未完成的一半以上的工作。就这样做了,因为**不得不**这样做。尤其对我来说,这也并非易事,这需要人们对我的信任。

尽管有种种困难和阻碍,德文版还在法文原文之前出版了。

尽管有这样那样的不足之处,这个大会记录有很高的价值。它内容丰富,闪耀着生机勃勃、满怀胜利信心的征服世界的精神,这是贯穿**第一次国际工人议会**的精神。

关于**代表大会的意义**,我不准备详细论述。我只打算向那些对大会会务领导不满意的人作些解释:大会出席的盛况远远超过巴黎的筹备工作者的最大胆的估计,结果准备工作不足。这确实是一种 embarras de succès——**成功带来的麻烦**。**下一次**国际工人代表大会将从已取得的经验中受益,包括对会务的领导和处理。比如说,将来可以把除决议案以外的**报告印出来**提交代表大会,这样可以节省念报告的时间,而把它用来进行讨论。一切都得学习,要领导好一个应用多种语言的、**真正的**国际性会议,使大会参加者能在充满兄弟般情谊和容忍的气氛中协商,这并不是小事。

将来关于**办事处的组成**要**事先**通知,当然不能抢在代表大会作出独立决定之前。特别重要的是必须组织**一个合格的翻译人员班子**。

对于荷兰一家党报对德国出席会议的代表特别是对我的恶意攻击,我不想作答,以保持党内的和平;同时因为我希望,攻击者应会在这段时间里认识到这种攻击是失当的和不公平的。此外,任何个人的不良情绪都不可能抹杀这样一个事实:在法国革命 100 周年的日子里在巴黎召开的国际工人代表大会,**是 19 世纪最伟大的文化胜利和最伟大的文化事件**。它意味着一个**新时代**的开始,这个新时代跟那些沿着旧轨道运动的阶级国家的日常政治的众多所谓"新的和最新的"时代不能同日而语,它**意味着跟过去的决裂**。

代表大会点燃的不是**短暂的火焰**,这在**今年的 5 月 1 日**已经得到证明:去年在巴黎**结成了和平、自由和平等的永久性联盟的世界无产阶级**,采取了第一个强有力的全球范围的行动。

威·李卜克内西
1890 年 6 月 2 日于博斯多夫

第一次会议

（7月14日，星期日）

用红色装饰起来的会议大厅——**彼得雷莱大厅**9时就坐满了人。在主席台的红色幕布上闪耀着用金字写的**马克思**的语录：

全世界无产者，联合起来！

左右两边有两块牌子，一边写着"工人政党"，另一边写着"革命中心委员会"；在后者上面写着法国有代表性的最重要城市的名字。两块牌子上面都挂着红旗。

中间挂着第三块标语牌，上面写着：

以1848年6月，1871年3月、4月和5月的巴黎的名义以及巴贝夫、布朗基和瓦尔兰的法国的名义，向来自两个世界的社会主义工人们致敬！

在前方，可以看到表达各地参加社会党的全体工人的目标和要求的口号：

从政治和经济上剥夺资本家阶级的所有权，实行生产资料社会化！

保尔·拉法格致欢迎辞

10时，**保尔·拉法格**公民以巴黎组织委员会（它的书面报告已分发）的名义，向法国各地代表和国外代表表示衷心的欢迎。他特别向德国代表致意，后者不顾国内处境造成的困难，还是派来了很大的代表团，以显示社会主义的德国和社会主义的法国之间不存在由两国沙文主义者激烈煽动起来的愚蠢的仇恨和盲目的狂热。集合在这个大厅里的来自欧洲和美洲的代表，他们在这里不是代表他们的不同祖国，他们不是在三色旗或其他任何一国的国旗之下团结起来的，他们是在红旗，在**国际无产阶级的旗帜**下团结起来的。他们聚集在这个大厅里，不是在**资本主义**的法国，也不是在**资产阶级**的巴黎，而是在国际**无产阶级**、国际**社会主义**的首都中的一个。

资产阶级正在庆祝它的**革命100周年**。这个革命曾宣布过，它要确立人们之间的正义、自由和平等。但是除了对工人进行最残酷、最无节制的剥削之外，这场革命没有带来任何更好的结果。资产者只是打倒了贵族，而为自己取得社会统治权。他们摧毁了**封建的巴士底狱**，仅仅是为在全国建立资本主义的**劳工巴士底狱**，资产者把无产阶级的男人、妇女和儿童赶到那里去受过度劳动的折磨。出席1889年国际社会主义者代表大会的代表们，通过这次集会就已表明，他们要做的事跟1789年的革命有些不一样。他们不跪倒在1789年的"人权和公民权利"面前——这种所谓的权利仅仅是资产者钱袋的权利。18世纪革命的资产者派出使者在欧洲传布这样一种教义："给各国人民以博爱！向暴君们宣战！"现在集合在这个大厅里的是一种新思想的信徒。他们这些年来向文明国家的工人们宣传："你们都是兄弟，而只有**一个**敌人：私人资本——不管是普鲁士的、英国的、法国的或是中国的。"他们的不倦宣传尽管受到资本家阶级的种种经济压迫和政治压迫，但已经做到使两个世界的社会主义者趋向思想上的统一。本国和国际范围的生产力的发展和组织，为社会改革做了准备；这种改革将使欧洲和美洲的文明民族融合为由自由生产者和共同劳动创造的财富的占有者组成的统一民族。

选举开幕会议主席、副主席和书记

接着，拉法格在全场鼓掌声中宣布大会开幕，并提议选举一名主席。被提名的有德国国会议员**李卜克内西**和巴黎市参议员**瓦扬**。**拉法格**建议选举这**两位**为主席，并由他们共同主持第一次会议。"这是**德国和法国社会主义者团结的兄弟联盟**的一个证明。"（长时间暴风雨般的掌声）

被选为副主席和书记的有：意大利的**科斯塔**议员和**契普里安尼**，比利时的**安塞尔**，匈牙利的**莱奥·弗兰克尔**，俄国的**彼得·拉甫罗夫**，荷兰的**多梅拉·纽文胡斯**以及法国的**费鲁耳**议员。

开幕会议两位主席的讲话

瓦扬公民同意和李卜克内西一起共同履行主席职责，他向大会发表了如下讲话：

"我感谢你们给予我这样的荣誉，让我和我的朋友、大家都熟悉的德国国会议员李卜克内西一起来主持这次盛大的国际社会主义者代表大会开幕会议。同时，你们指定我们两人以国际社会主义的名义向代表们致意，他们从各个国家来到这里，为的是以各国人民的名义确认一项社会主义的团结公约，这个公约将成为他们共同行动和他们解放的开始。你们委托我代表法国全体革命社会主义者向从国外赶来的，同我们团结在一起的弟兄们表示欢迎，并向他们祝贺，因为他们来到这里的人数是如此之多，并显示出如此的果敢。当然要特别向令人深为感动的**来自德国的庞大代表团**表示祝贺，他们在这里代表着世界上最强大的有组织的社会主义者的力量。

鉴于各国君主和统治阶级的扼杀自由和发动战争的准备活动，我们必须强调**国际和平的必要性**，表示我们维护和平的意志，并用各国人民的民主防卫政策来取代军国主义，取代掠夺和占领政策。各国人民要用武装组织起来，除对外保卫独立外，还要对内保障安全和自由发展以免受到破坏。

我们坚决要求，掌握权力和资本的老爷们作出**保护劳动和劳工的保证**。但是这些人总认为这样是缩小他们的特权而加以拒绝。现在当务之急是通过一条**国际法律**，迫使这些老爷为工人规定少一点恶劣、多一点人道的生存条件；当务之急是通过规定**最低工资**来保障无产阶级不受饥挨饿，通过**限制劳动时间**来防止劳累致死。只有通过这些初步的和必要的改革才能创造条件，使无产阶级通过反对私人资本的特权和统治的有组织行动得到真正解放。

我们将会在讨论过程中提出更多的其他要求，因为我们所要争取的**目标**，对所有国家的有阶级觉悟的无产者，对那些派出代表参加这里显示团结的大会的社会主义者来说，都是明白无误的：尽管道路可能有曲折，但最终要达到由社会占有劳动手段和劳动资料，简言之，达到**在社会民主主义的人民国家中建立法律上的和事实上的平等**。

但不论这些讨论将要取得怎样的结果，跟已真正达到的成果——这次代表大会的召开——比较起来，其意义要小得多。

还没有一次法国全国社会主义者代表大会汇集了如此众多的代表，有这么多来自巴黎和其他工人中心的代表，来自全国性工会组织和地方工人组织的代表。还没有一次国际社会主义者代表大会聚集了如此众多的国际社会主义的代表，他们从社会主义世界的各个地方赶来，有的地方正在流血战斗，有的政府和资本统治正在施展种种阴谋。公社播下的种子已开始萌芽。所有聚集在这里的法国和其他国家的代表们心中只有**一个形象**，只有**一个愿望**：永远地确认**统一联盟**，确认**各国社会主义者团结公约**；这是一项已经通过兄弟般团结的这个简单事实而缔结的，经我们宣誓无论在顺境还是逆境中都要信守的条约。

这次代表大会，它的成就和意义超出了我们大家的希望，将成为**各国人民历史上的一次重大事件**。它以光辉的方式开创了一个新时代，一个国际无产阶级和社会主义自觉地、系统地伸张被压迫的权利和有计划地采取一致行动的新时代。它是可靠的和决定性的胜利的保证。社会的国际共和国万岁！"（长时间的鼓掌）

李卜克内西公民感谢对他的信任："能在这里讲话和看到理想的实现，是我一生中最引为自豪的时刻，这个理想融汇在这样一句话中：**全世界无产者联合起来！**同时我感到特别高兴的是，我作为**德国**社会民主党的代表，跟我的朋友，**法国**社会民主主义的代表瓦扬肩并肩地站在一起。在我们两个兄弟民族相互厮杀的可怕战争之后，我们在一定程度上代表我们两大民族：社会民主主义的德国和社会民主主义的法国紧握起双手。（两位主席在与会者热烈的欢呼声中相互握手）德国和法国的**敌对**，一直是欧洲政治和社会进步的主要障碍。法国和德国的**兄弟和睦**是和平、文明和社会主义的胜利。各国劳动人民的代表聚集在革命的发源地，相会在这个大厅里，全都被无产阶级解放**这一**理想和团结这一情感所鼓舞，这赋予这个**工人的议会**以伟大和平事业和划时代文化事件的意义。在我以德国社会主义者的名义正式向德国**之外**的同志们致以兄弟敬礼的同时，我现在要把我们法国朋友拉法格和瓦扬向大会发表的激动人心的国际主义的欢迎词翻译给我的德国同志们（发言人扼要介绍了两人的致辞，接着说）：我同意前面发言人的看法。这次大会是世界无产阶级国际合作的出发点。不论大会可能通过的决议如何，大会的主要意义在于**我们聚集在一起这个事实**，也在于来自不同国家的工人代表进行了个人接触，他们认识到彼此虽然国家和语言不同而奋斗目标却是共同的，他们兄弟般地携起手来缔结 Pacte d'Union——国际无产阶级的神圣联盟公约。

摈弃民族偏见，摈弃谋求**统治**和**剥削**的利己欲望，**无产阶级**将实现自由、平等和博爱的理想。这个理想是今天要纪念其 100 周年的那次伟大革命的英雄人物提出来的，但它跟获得统治权的资产阶级的利己主义发生了矛盾，因而至今不可能实现。

这次不是我所参加的第一次国际工人代表大会。1869 年我在**巴塞尔**。我们结束工作时，要确定下一次大会的地点和时间。法国的一位代表以法国同志的名义邀请我们第二年去**巴黎**——巴黎那时将不再有波拿巴。在赞同的欢呼声中邀请被接受了，我们在高呼'**明年相会在巴黎**'声中相互道别。

那位法国代表就是**瓦尔兰**。

第二年——1870 年——来到了，战争发生了——可惜我们没能阻止它，波拿巴倒台了，**公社**建立了，**瓦尔兰**和其他参加大会的法国代表一样，尽到了他在委员会和战场上的职责。公社**失败了**，瓦尔兰，高贵、英勇的瓦尔兰，被丧失人性的胜利者俘虏了，并遭受残酷的虐待。对此，他报以坚定沉着和顽强沉默。他被拖着通过被他的弟兄们鲜血染红的大街达几小时之久，直至残暴的敌人自己也感到疲乏不堪。他的最后一句话是对野兽般的资产阶级社会的诅咒，说完就被枪杀在墙下。

公社殉难者的鲜血是革命的种子。工人运动在各地，也在德国发展壮大，尽管资产阶级始终以为可以用污蔑和血泊扼杀它。

20 年之后，我们发现瓦尔兰的邀请得以实现，它现在比瓦尔兰，比我们当时所梦想的更**名副其实**：一个**国际工人议会**，除巴黎和法国的工人代表外，还有数以百计的外国无产阶级的代表，其中有 80 多名来自德国。

联盟公约不需要签订了——它实际上**已签订了**！

在我们进入会议正式议程之前，我还想提请注意一点：这次大会对所有争取无产阶级解放的真诚战士都是开放的。**凡是愿意共同参加解放**

事业的人，都不会被拒之门外。"

（李卜克内西在讲话中，特别在讲话结束时有些话是用法语说的。讲话之后紧接着是一致的长时间的鼓掌欢呼：社会主义的德国万岁！国际万岁！）

确定代表资格审查委员会人选

接着**代表资格审查委员会**的人选得以确定，按国籍区分组成如下：德国——福尔马尔，盖尔，格克；法国——拉维涅，盖得，瓦扬；俄国——拉甫罗夫；波兰——门德尔松；瑞士——布兰特（格吕特利工人联盟副主席）；意大利——科斯塔和契普里安尼；西班牙——梅萨；斯堪的纳维亚——彼得逊；比利时——斯陶特马斯和斯特芬斯；荷兰——多梅拉·纽文胡斯；奥地利德语区——阿德勒博士；奥地利斯拉夫语区——希贝什；匈牙利——弗兰克尔，英国——威廉·莫里斯；北美合众国①——阿勒斯；罗马尼亚——马尼。

办事处宣布，收到了各种各样的提案，其中有一份是**拉甫罗夫**公民的，他受委托作**关于俄国局势的总报告**。他由于身体状况时好时坏，请求允许在下次会议上作报告。他的请求被接受了。

在对会议议程调整作长时间的讨论后（参加讨论的有**杜普雷、卡梅斯卡斯、安塞尔、倍倍尔**和**梅尔利诺**公民），大会决定，星期一上午9时继续开会。

---

① 原文如此，即美利坚合众国。——编者注

讨论两个代表大会合并的问题

来自柏林的**韦尔纳**公民宣称，他和许多代表都受到委托，希望尽一切可能使**两个代表大会合并**。他建议，组成一个五人委员会推动此项工作。

伯恩施坦公民指出，在代表委托权审查之前，组织任何一个委员会都是不可能的。他补充说，我们已一再表示了希望实现统一。

科斯塔公民声明，所有意大利代表拿到的都是参加两个代表大会的委托书，并愿尽力使两个大会**合并**。如果不讨论这个问题，那么对他们的委托就没有完成。因此他坚持要立即对此事作出决定。

李卜克内西公民认为，在大会议程尚未完全确定下来之前，不可能做什么事。四个月以来为寻求统一作了一切努力。障碍不在我们方面，而在对方。在这种情况下，我们怎样向我们的朋友法国社会主义者提出一再被他们拒绝的统一的要求呢？这等于把枪口对准他们的胸膛。我们德国人赞成统一，我们赞成召开**一个独一无二的国际代表大会**。但是否能达到目的不取决于我们。我们过去始终、现在仍然伸出我们的手。**但愿有人能握住它！**（全场鼓掌）

第二次会议

（7月15日，星期一上午）

由于代表人数的不断增加而使会议大厅——彼得雷莱大厅——显得狭小了，于是大会移到罗什舒阿尔大街**巴黎幻景大厅**举行。会议于10时开始，**代表资格审查委员会**的各位报告人作了报告。

确认代表人数

念到名字的代表一个接一个地被确认为大会成员。

每个代表在被念到名字时就站起来并回答:"到!"每念到一个名字人们就鼓掌表示欢迎。当念到李卜克内西、倍倍尔、拉甫罗夫、多梅拉·纽文胡斯、阿德勒博士的名字,以及提到法国、德国、英格兰和苏格兰矿工代表时,掌声特别热烈。

被确认的代表人数如下:

法国	221 人
德国	81 人
英国	22 人
比利时	14 人
奥地利	8 人
匈牙利	3 人
荷兰	4 人
俄国	6 人
瑞典	3 人
挪威	1 人
丹麦	3 人
瑞士	6 人
波兰	5 人
西班牙	2 人
罗马尼亚	5 人
美国	4 人
葡萄牙	1 人

捷克	1 人
保加利亚	1 人
总计	391 人①

大会发言

德国报告人**福尔马尔**公民声明，社会民主党的 81 名代表是由除波兹南省之外的全国各地选举产生的。代表的选举是用各种方式进行的。在公开集会上，即我们视为用正常方式选举的，只举行了 125 次，许多次选举大会代表的集会被禁止或解散了。为使代表选举生效，就采用了选举名单的办法；选举名单被送到车间、农场和工厂进行分发，每一张名单拥有 5000 名选举人的姓名。代表分配有两种形式：一种是仅由政治信念相同的人在一起选举产生的代表，另一种是同一职业的工人的经济组织或工会组织的代表。有的代表一个工会组织，有的代表一个地区或一个选区——尤其是国会议员或州议会议员。总的说来，参加国际代表大会选举的人跟参加国会选举的人一样多。当选者中间有国会的 11 名现议员和 4 名前议员，不久前进行过罢工的 3 名矿工全权代表，2 名来自威斯特伐利亚，1 名来自萨克森王国。（热烈鼓掌）他们之中还有 1 名大学生，以及 1 名生活在美国的德裔社会主义者的代表和 1 名纽约社会主义工会的代表②。

---

① 这个统计截至 7 月 15 日为止是正确的，但在以后几天内由于新的代表的来到而又变得陈旧了，造成一个不完整的图像。请参看后面的有关材料。
② 这两名美籍德国人未列入福尔马尔提供的 81 名德国人名单之内，在上述名单中算做美国代表的名额。

瓦扬公民作法文翻译并补充说，这是在紧急状态法和戒严统治下的强大的工人示威。德国工人们克服种种阻挠和迫害来到巴黎，同全世界的工人建立兄弟般的情谊。这提供了一个新的和鲜明的证据：旧的社会世界已被彻底地宣判走向灭亡、面临灾难，在此我们要肩负起完成我们全部义务的使命。（热烈鼓掌）

　　李卜克内西公民说，他参加过多次一个国家的和国际性的大会，但都无法同这次大会相比。"一个国家的大会谈不上，因为它的范围仅限于一国之内。国际工人协会早先的几次代表大会也没有类似的情况。**国际工人协会**只是提出了宏伟的**未来草图**——关于一般性的建立工人兄弟关系和建立工人组织的计划，但由于运动发生新的情况，这一计划在多数国家内不可能达到完全实现的程度。在古代的战役和围城中，冲锋战士把长矛投出去，到达敌人的队伍，越过敌方的城堡，然后发动大部队进击。同样，国际工人协会已把国际解放斗争的长矛远远地投向资本主义的军队和堡垒，接着无产阶级发起冲击，取回这根长矛，并去击溃敌人的军队和攻克敌人的堡垒。但国际工人协会在向各国工人指明共同目标以及共同行动和斗争的必要性之后，就完成其使命了。**国际工人协会没有死亡**，它已经**转移**到各个国家的强大工人组织和工人运动中去了，**它继续活在这些组织和运动中。它继续活在我们中间。这次大会就是国际工人协会的事业**。

　　国际工人运动已经日益壮大，无法局限在一个单一的和统一的组织的框框里。但国际工人协会的种子已在工人们的心中很好地发芽生长，国际团结的思想已主导当前每个工人组织和每个工人运动。像国际工人协会这样的组织，**现在还有可能建立起来**，但它用不着重新建立——**它存在着**，在比它的创始人所敢于希望的更为广大的范围内存在着：它包括**全世界整个有阶级觉悟和目标明确的无产阶级——一支宏大的军队**。在这个军队里各个国家的有组织的工人组成自己的军团，但所有的军团只属于**一个统一的军队**！

全面地实现国际工人协会的**纲领**，越来越好地建立各国的组织，日益紧密地系牢国际团结的纽带，这些就是**我们的**义务，就是所有来到这里参加这个伟大的国际工人议会的无产阶级使者的义务。

英国的宪章运动者过去曾有过一个'工人议会'。不管宪章运动本身的规模有多大，那个工人议会仅仅包含**英国**工人的代表。过去的那几次**国际代表大会**跟**这次**代表大会也无法相比，因为过去大部分国家的代表是很不充分的，有些甚至没有代表，不可能如实地反映国际工人运动的状况。而我们这次大会代表着全世界**整个**工人运动。即使还称不上完备无缺的话，那么也达到如此的规模，足以使我们毫不自夸地说：这是**一次世界工人议会，是世人未曾见到过的第一次工人议会**。

各国工人无限信赖地注视着我们。从大家目光中闪现出的激情告诉我们：这种信任是不会落空的。"

瓦扬公民讲了同样精神的话，他回顾了 **71 年公社的国际特征**。这次大会将在劳动解放斗争的历史上具有划时代的意义。发言人要求不要浪费任何时间，即刻选出一个**主席团**，它也由各国代表组成，是代表大会的具体而微小的**缩影**。他本人放弃被选为本次大会主席。（一致同意）

推选大会主席团，任命大会工作人员

主席团由下述人员组成，名次按下列顺序排列：瑞士——布兰特；德国——倍倍尔和李卜克内西；法国——拉法格和瓦扬（代表社会主义组织），贝塞（代表巴黎工会），拉维涅（代表地方工会）；意大利——契普里安尼和科斯塔；荷兰——多梅拉·纽文胡斯；英国——莫里斯、马克思·艾威林女公民和肯宁安·格雷厄姆；西班牙——伊格列西亚斯；匈牙利——莱奥·弗兰克尔；斯堪的纳维亚——彼得逊、耶珀森和帕尔姆格伦；阿尔萨斯—洛林——雅克拉尔；俄国——拉甫罗夫；波兰——门德尔松；德意志奥地利——博普；比利时——德巴普和安塞尔；美利坚合众国——阿勒斯；罗马尼亚——马尼；芬兰——芬恩。

根据拉法格公民的建议，补充法国、德国、英格兰和苏格兰的矿工代表：拉孔布，狄克曼，埃尔哈特，斯托勒，基尔·哈第。

被任命为**书记**的有：扬科夫斯卡娅和蔡特金女公民，德维尔、盖得、费鲁耳、龙格、多马、弗罗梅、韦德、盖尔和伯恩施坦公民。

翻译人员：法译英——马克思·艾威林女公民和莫里斯；英译法——龙格；德译英——克兰兹；法译德——福尔马尔；法、英译德——李卜克内西和伯恩施坦。

其他国家的代表声明不需要翻译，因为他们有的懂法文有的懂德文。

接着宣读来自不同国家，多数是来自德国的贺电和贺信。

宣读贺电和贺信

收到的电报有：

德 国

阿恩施塔特；**柏林**——柏林家庭手工业者；**柏林**——柏林及郊区五金工人总联合会；**柏林**——泥瓦工人（格罗特曼）；**柏林**——柏林及郊区白铁工人联合会；**汉堡**——汉堡、阿尔托纳及郊区的工人；**汉堡**——石工；**汉堡**——汉堡—阿尔托纳区的翻砂工人；**德累斯顿**——在萨克森瑞士（桑多）工作的德累斯顿木工；**德累斯顿**——萨克森第四、第五和第六选区；**莱比锡**——在伟人祠集会的社会主义者；**格吕纳**（萨克森）——选举联合会；**维尔茨堡**——一些工人；**吕贝克**——翻砂工人；**美因河畔法兰克福**——工人团体；**勃兰登堡**——工人团体；**布格施泰特**——选举联合会；**开姆尼茨**——四重奏协会；**科隆**——一些工人；**达姆施塔特**——社会民主党人；**格劳豪**——一些工人；**哥达**——一些工人；**埃尔姆斯霍恩**——一些工人；**福斯特**——一些党员；**哈特曼斯多夫**——手工业工人专业协会；**海尔布隆（符腾堡）**——许多工人；**霍亨施泰因—恩斯塔尔**——一些工人；**迈森**——一些木工；**纽伦堡**；**波兹南**；**龙斯多夫**——伦内普区选民集会；**施拉赫滕湖**——库巴里佩的柏林工人俱乐部；**施内贝格**——萨克森第十九选区；**旺茨贝克**——一些鞋匠；**茨维陶（或茨维考？）**①——一些同志；**伦敦**——共产主义工人教育协会会员；**博依茨福特（布鲁塞尔）**——布鲁塞尔德国社会民主党人。

奥地利

维也纳——参加联合会的纽扣旋工和铺路工人；**维也纳**——马掌工人；**维也纳**——弗罗里斯多夫的社会主义者；**克拉曹**——北波希米亚的社会主义者；**摩拉维亚-俄斯特拉发**——社会主义派工人；**赖兴贝格（波希米亚）**——一些同志。

匈牙利

布达佩斯。

---

① 此份文献对这个地名并不确定，在"组织委员会的呼吁书"中此处为茨维考，见本卷第37页。——编者注

瑞 士

巴塞尔——德国社会主义者；**洛桑**——自由战士；**日内瓦**——日内瓦工人中央委员会；**圣加仑**——德国社会主义者。

意大利

罗马——社会研究社。

西班牙

马德里——社会主义工人党全国委员会。

葡萄牙

里斯本。

荷 兰

特恩富岑——社会主义宣传俱乐部。

瑞典—挪威

克里斯蒂安尼亚①；**卑尔根**。

英 国

伦敦——共产主义工人教育协会。

---

① 今奥斯陆。——编者注

丹　麦

哥本哈根。

法　国

纳博讷；劳美；马赛。

* * *

代表大会收到贺信如下：

柏林：莱辛社会民主主义读书俱乐部表示同全世界的工人团结一致，要求反对资本以保护劳动，反对阶级政府的挑衅性政策以保护各国人民。

柏林：受过教育的家庭佣工向大会表示兄弟般的敬意并祝愿大会取得成就。

萨勒河畔劳姆堡：市社会主义小组衷心祝愿大会取得圆满成功。

波兹南：受波兹南工人的委托，阿布达拉祝愿大会为无产阶级利益而取得最佳成就，并说明了波兹南没有派代表参加的原因。

盖斯多夫：萨克森的捷克流亡者表示确信：无产阶级一旦消除民族区别而团结在一个世界组织之内，就能挣脱自己的锁链。他们因此表示决心：同国际无产阶级战斗在一起，胜利在一起，同时向大会呼吁："在斗争中前进！"

沃韦（瑞士）：德国工人联合会向大会表示完全的赞同，并祝愿社会民主主义的正义事业兴旺发达。

苏黎世：裁缝工人同业协会对大会的工作表示最热烈的关切，同时对未能派代表参加表示遗憾。协会认为任何劳动保护立法，如果不同时适用于家庭手工业，就只是一种拼缀的货色；它期待工人的代表大会能提出新的建议，期待工人在奋斗中只信任自己的力量，期待这次大会能促进各国工人的国际合作。

维也纳：木工同业联合会向大会致以社会主义的问候。国际社会主义工人代表万岁。

圣维特（克恩滕）：社会主义小组表示祝贺和致以兄弟般的问候。全世界社会主义者和无产者团结万岁。

大瓦代思（匈牙利）：一些工人的呼声表达了他们对代表大会及其工作衷心拥护的感情，同时希望这次大会的工作能对匈牙利的无产阶级组织起有利的推动作用。

布宜诺斯艾利斯（阿根廷）：乌勒受同志们的委托向大会致以兄弟般的敬礼，衷心祝愿它工作成功。

格拉斯哥：格拉斯哥社会主义联盟的同志对未能派代表参加大会深表遗憾，同时向大会表示兄弟般的情感，祝愿大会取得成功。

伦敦：哈默史密斯的一次人数众多的集会的参加者向大会表示同情。

纽约—布鲁克林：布鲁克林及其郊区的劳工总联合会表示赞同大会的决定并致以最良好的祝愿，希望大会能为劳动的解放向前推进一步。

蒙彼利埃：保尔·曼克女公民表示坚信，妇女的解放只能同无产阶级的解放一起实现。大会将为国际无产阶级的成功统一奠定基础。曼克女公民对未能参加大会工作表示遗憾。

巴黎：第十八区（蒙马特尔）的社会主义革命小组向大会表示它的同情，同时热烈呼吁作出关于在公社社员墙前举行游行的决议。

塞特：搬运工人工会表示对大会的赞同和良好的祝愿，同时提出与会议日程问题有关的一系列要求。

* * *

还宣读了**克莱拉克**公民的一封信，信中说他不能来参加大会工作，因为他在狱中。

沃尔德斯公民以比利时代表团的名义，请求立即讨论**两个代表大会的合并问题**。比利时工人党全国委员会已就此事写信给两个大会。沃尔德斯公民坚持要求宣读这封信。

但这时已经 4 点钟了，在确定晚上 8 时继续开会之后代表们纷纷离开会场。

第三次会议

（7 月 15 日，星期一晚间）

布兰特公民担任会议主席，他感谢大家通过他而给瑞士自由国家的荣誉。瑞士在其目前坚持的争取生存的斗争中，不断寄希望于被布兰特公民称之为姐妹共和国的法兰西共和国。他在这里特别向法国致意，并不是要号召一个民族去反对另一个民族。瑞士事实上是由不同民族组成的国家，这些民族在同一法律的保护下在和平和自由中共同和睦相处。被派遣来参加这次大会的代表们，代表着瑞士无产阶级的整体，（鼓掌）瑞士无产阶级对这种大规模的劳动人民的聚会表示很大的兴趣和同情，因为正是瑞士**对一项有关国际劳工保护法的倡议**作出了自己的贡献。全世界工人组织和社会主义政党的这次巴黎的聚会是和平的保证，只有组织在政党之内的**工人们才能认真地争取**这样的和平，**同样**也只有他们才能为争取**各国人民的自由和幸福而奋斗**。（欢呼）

宣读贺电和贺信

接着宣读中午之后收到的电报和贺信。

法国报告人**拉维涅**公民通告又有新的代表到达。其中有一位卢瓦尔

地区矿工工会的使者**奥坦**公民，他带着强制性的委托书——只能参加"**马克思主义者**"的代表大会。（鼓掌）

乔治·M. 休公民宣读了由**赛米尔·龚帕斯**主席签署的美国劳工联合会的贺信，内含一项声明说：联合会因**八小时工作制运动**认为十分必要派一名代表来参加大会；声明还劝说同可能派大会统一，劝说要极其小心谨慎地对待将要作出的所有决议。

德巴普公民宣读了**比利时工人党**全国委员会致两个代表大会的信，全文如下：

致巴黎国际社会主义者代表大会主席团成员和代表会议

公民们！

比利时工人党坚信把全世界所有社会主义工人力量组成一个统一的联盟的迫切的必要性，它以此来履行一个紧迫的义务，即向你们提出请求：跟你们并肩前进，共同努力把在巴黎召集的两个社会主义者代表大会合并为**一个**大会。

这关系到整个社会主义无产阶级的最高利益。**只存在一个**国际社会主义无产阶级，而**不存在两个**；只存在一个国际社会民主党，而不存在两个。这就是说：一个大会已完全足够，而两个大会对今天来说是一种削弱的因素，对明天来说就是一种危险。再谈导致召集两次代表大会的那些事由也是无益的。已发生的就让它过去。十分紧迫和非常必要的是，不能让那种维护私人资本的特权和统治的政党有任何机会来为工人力量的一场分裂表演拍手叫好。

所有国家在巴黎的代表大会上都有代表；大家都想本着国际社会主义精神建立兄弟般的谅解。但愿能促成两个代表大会的合并，使这种谅解能如愿以偿地实现。

所有的社会主义工人小组都正努力争取在实现社会主义理想的道路上共同前进和紧密联合。这是相当多的人的决定，而我们是一个民主的政党，所以必须服从。这是比利时工人党所要求的，也是它要向两个代表大会的每一个作说明的。

如果真的不幸这个要求没能达到，那么比利时工人党要向代表们声明：必须不惜一切代价防止由于召开两个大会而造成的对立尖锐化。比利时工人党要求给予它这样的荣誉，由它来邀集1890年或1891年的下一次国际社会主义者代表大会。如果两个集会都能接受这项建议，将可以结束两个国际社会主义者代表大会并存的局面。

比利时工人党向你们致兄弟的敬礼，并且邀请其他外国的社会主义者政党，为建立一个全体社会民主主义者的牢固的和坚定的组织而共同努力。

代表比利时工人党总委员会

书记　古斯塔夫·德夫埃特

1889年7月9日于布鲁塞尔

拉法格公民报告说，**基尔·哈第**公民代表着6万苏格兰矿工。

讨论议事规程和会议时间安排

以大会办事处的名义，主席提出下述提案：

（1）报名发言需要提出书面要求。（一致通过）

（2）按人头进行表决，但一个国家的整个代表团为某一特定情况进行按国表决者除外。

（3）每天上午9时至下午2时开会，星期三晚上8时举行一次晚间会议，星期六晚上召开一次大型公众集会，星期天举行闭幕宴会。

沃尔德斯公民认为绝不能按人头进行表决，因为这样势必造成法国人取得大会的明显多数。他质问,办事处出于何种理由建议这种表决方式。

瓦扬公民代表办事处回答说,在一次国际性代表大会上国别是没有任何意义的。在这里不再有法国人、德国人、比利时人等之分,而仅仅是一个伟大的国际社会主义者大家庭的成员。

凯斯勒公民认为即使作为例外也不允许按国别进行投票。这里只有一个唯一的无产阶级,既没有大小民族之分,也没有多数取胜或少数失败的问题。他还提到按人头进行表决的一个实际方面的理由。如果采用别的方式进行表决的话,**每一个国家的代表都要另行集会**,在他们内部就表决的问题取得意见一致,这就会白白地浪费许多宝贵的时间。

倍倍尔公民不同意这种意见,认为必须保留在某些情况下按国别进行表决,以使一些社会主义政党,例如处于非常法之下的德国社会民主党,有可能与它们无法承担责任的某些决议脱离关系。

大会以绝大多数票通过下述提案:一般按人头进行表决,在某个国家代表一致要求的情况下,作为例外允许按国别进行表决。

在一次长时间的讨论中,以**吉约、布吕内和杜普雷**公民为一方,要求晚间的会议在大些的礼堂召开,以利于宣传鼓动;以**布瓦埃·昂蒂德、瓦扬和倍倍尔**为另一方,认为一次国际性代表大会有另一种完全不同的任务:使各地工人对共同行动取得一致意见。对此,大会接受了办事处关于会议时间安排的建议。

在把**统一问题**列入下次会议首要议程之后,会议休会。

第四次会议
(7月16日,星期二上午)

德维尔公民担任主席。他要求保持最大程度的安静。他决心完全执行大会根据所有与会者的利益确定的议事规程。因此,他不考虑请没有提**书面**要求的人发言；相反，列入发言人名单的报名者保证有机会能发言，只是要按次序来。马上要开始讨论的首先是**两个大会的合并**问题，**只讨论**这个问题。

在宣读了贺电和贺信之后，主席建议每个发言者的讲话时间限制在 5 分钟或 10 分钟之内。大会决定限制在 5 分钟之内，但根据拉法格公民的请求，报告人可以作为例外，他们的发言时间不受限制。

讨论两个代表大会合并的问题

安德烈亚·科斯塔公民指出，除已派代表的社会主义工人组织之外，**意大利工人党中央委员会**（它有 1 万多名支持者，虽然大部分是农民）派**克罗切**公民作为代表。此外，**罗马** 12 个工人小组发来一份电报，表达了他们要求恢复国际工人协会的愿望。从有利于两个代表大会的合并出发，科斯塔公民表示衷心赞同比利时工人党的信和美国联合会的贺信。他希望另一个大会能对此表示同意，并希望最后取得真诚的谅解。

沃尔德斯公民又回到表决方式的问题上，因为瓦扬公民没有说服他。他表示支持比利时工人党的动议。按照他的意见，大会有促进合并的使命。大会如能完成这一项使命，就没有更大和更为重要的事了。他以比利时（他所代表的）、荷兰、意大利以及几乎所有非法国的代表的名义要求合并。他说，我们是一个民主的政党，要服从多数的决定。现在多数是要求合并，这就必须实现合并，个人的不同意见要服从它。但是在合并方案并未实现的情况下，他要求给比利时人 1890 年或 1891 年在比利时召开**下一次国际代表大会**的荣誉，这样做会以某种方式埋葬分裂，这种分裂状况在很长一段时间内一直不可避免地延伸到其他一些国家，造成各地都出现分裂的因而没有力量的无产阶级队伍。

契普里安尼公民赞同沃尔德斯公民的说法。没有统一，无产者就始终是雇主的奴隶。我们需要一个统一的大会。在这样的大会上，个人的敏感和领袖欲就没有位置了。个人性质的论战必须平和下来。工人大家庭的统一，对反对布朗基分子、波拿巴分子和其他反动分子的斗争是绝对必要的。意大利人接到了一项紧迫任务：为实现统一而投入全部力量，以避免在这个革命国度出现无产阶级分裂的笑话。契普里安尼公民最急切地要求大会着手提出和解的建议，因为可能派代表大会同样代表着工人政党。最后他高呼："统一一定要实现！"

德巴普公民觉得很惊讶，合并方案没有像信件通过邮局一样被顺利地送往目的地。他表示失望，因为他看到事情拖延不决。他确信，两个大会的召集人都是愿意统一的；但他认为，这个大会作为社会主义气氛更浓和更加成熟的大会，应当能更好地把握事物的进程，更能由此而证实它对社会主义的坚定性。加之这个大会比另一个大会早开一天，因而能为统一多做点什么。德巴普公民清楚地知道，不和（积怨）是不可能马上消失的，但人们可以在不失个人尊严的情况下肩并肩地共同站在一个统一的大会上。他希望，法国人能在外国代表们在场的情况下顺从统一的意见，效法巴黎的由持不同社会主义观点的代表参加的地方代表大会作出的良好的同志合作的榜样。

杜普雷公民说：关于合并问题，人们已经谈论得非常多了。但是有人探讨过，革命的社会主义者是否能跟若弗兰这样的卡代分子[①]合并吗？我们的外国朋友们到法国来，是为了同工人的和革命的法国取得谅解，而不是同资产阶级激进主义和机会主义的同盟取得谅解。如果说，

[①] 当布朗热主义的危险在法国出现时，资产阶级共和派建立了一个"人权社"，所有共和国的保卫者都得参加。可能派参加了共和派的资产阶级大杂烩，并由此而公开成为资产阶级政党和政府的机会主义侍从。"人权社"在卡代街成立，因此参加法国政府的各党党人被称为卡代分子。

比如像先进的德国社会党人那样的一些人看到我们是如何在朗克和克列孟梭的同伙面前卑躬屈膝，那他们对我们会有什么想法呢？社会党人不能到可能派分子那里去，因为后者只不过是**资产阶级政治家**，因为外国社会党人也并没有做过跟资产阶级统一这样的事。尽管如此，在可能派中间有坚信社会主义的人，这一点是没有人怀疑的。但是希望这批人**走到我们这边来**，而让其他人留在那里。

李卜克内西公民提醒说，在比利时人和意大利人**之前**，在开幕式上**柏林**的代表们就首先谈到了建议合并的事。德国人从那之后一直在促进合并，至今仍持这种立场。但这里涉及寻找一个**合适的方式**的问题，要不伤害任何人的感情，不触犯任何人的尊严，也不引起任何猜疑。如果没有这样的方式，合并只能是在社会党人中间扔了一个新的爱丽斯苹果。① 要求**不惜任何代价**去合并是完全不可能的。这样一种要求意味着**对大会召集人的谴责性投票**，而他们完全履行了他们的义务并尽一切努力来促进统一。统一无疑是十分美好的事；但是不能把事情弄成对那些应对目前尚未实现和解负责的人有利，而使那些像海牙会议和巴黎组织委员会等一样尽力促进和解的人蒙受损失。发言人叙述了巴黎国际代表大会的来历。他回忆道，起先德国社会民主党受圣加伦会议的委托召集一次国际代表大会。大会正在顺利准备时，得知英国工联要在1888年在伦敦召开一次国际代表大会。德国社会民主党马上放弃了它筹备的大会，以参加伦敦的大会，并且确有信心地认为，英国工联议会委员会会接受适用于这样一些国家的条件，即由于公众生活的不正常状况而不能向那些强大的工人组织代表提供正规的委托书。然而议会委员会却提出这样一些要求，使德国人和奥地利人都无法参加这个大会。如果按照伦敦所要求的条件提出委托书的话，那在上述两个国家中将导致所有工人

---

① 希腊神话中的金苹果，意指引起不和或分裂。——译者注

组织遭到解散、其财产遭到没收的后果。德国社会党人为达成可接受的条件同英国工联议会委员会进行的联系徒劳无功。后者认为自己的要求是公正的，但这造成的实际**后果是有步骤地排挤德国和奥地利**。瑞士人和美国人对这样一个大会持原则性的、明确的保留态度，对此提出了抗议。用这种方式搞起来的伦敦大会及其决议，对德国社会党人来说不可能有任何一点价值。但德国人对**在伦敦决定的**、它的组织只代表法国无产阶级**一个派别**的那个巴黎国际大会持保留态度还有第二条理由：这个新的国际代表大会是完全按照第一次那种模式召集起来的。因此，法国无产阶级的**另一个派别**就按最自由的与会原则在巴黎召集一个国际大会。无产阶级世界只得面对**两个**国际代表大会的事实。德国人曾尝试为召开统一的大会促成谅解。这个谅解，以召开一次**国际会议**为出发点，会议地点首先被商定为**南锡**，这对法国人来说是合适的会晤地点，最后确定在**海牙**。法国的**两派**都**不带偏见**地受到邀请。但可能派没有去：它以纯粹表面上的理由拒绝出席。尽管他们采取了拒绝的态度，会议依然充满着和解的精神。我们的比利时朋友和同志**安塞尔**和**沃尔德斯**可以证实这一点。会议批准**承认**伦敦大会向可能派提供的委托书，尽管它是不完善的。只提了**两个条件**：第一，大会要**独立自主**地确定日程和审查参加者的代表资格；第二，大会的召集必须从**所有社会党**出发，同时必须由可能派和波尔多及特鲁瓦大会的全权代表来签署。可能派断然拒绝了这两个完全合理的要求。由我们方面来召集大会就成为不可避免的了。尽管如此，我们直至今日还是赞成统一的；但是正如我所已经说过的那样，要找到一种不致使我们屈从那些直至目前阻挠实现任何和解的人的方法。李卜克内西就此宣读了下述决议案，并强调补充说："我们只能走到像决议所表述的那样远了，当然我们做到这些是必要的；**但再远对我来说就不能走了，否则势必牺牲我的朋友和我的荣誉**。"

李卜克内西提出的决议案全文如下：

"代表大会确认，海牙会议和巴黎组织委员会与会者已实现其促进所有社会主义政党和工人组织就国际代表大会问题达成谅解的坦诚愿望。代表大会对为达成这项谅解采取的步骤并未达到目的表示遗憾。

我们真心诚意地指出，统一是无产阶级解放不可或缺的先决条件，因而不放弃一切机会尽力消除不和，是每个社会民主党人的义务。

代表大会声明，**它现在依然**准备走向和解和统一。条件是：另一个代表大会的各团体以同样精神通过一项能为我们大会的所有成员接受的决议。"

特雷梭公民（马赛）反对包括李卜克内西决议案在内的所有统一的设想，并提出各种不同角度的理由。首先是出于物质方面的原因。大会的组织工作必须从头做起；必须去寻找新的开会场所等。还有，也是最主要的：我们不能同最危险的敌人结成联盟。正如德国社会党人之不可能同俾斯麦之类假社会主义者结盟一样，对我们来说，也不可能同费里和克列孟梭的帮凶搞在一起。人们经常跟我们说，布朗热是敌人，但他不是**唯一**的敌人。他的旁边还有费里。我们不能跟统治和压迫我们的资产阶级拉起手来。特雷梭以他所代表的马赛58个工会的名义，向大会办公室提出一项决议案，全文如下：

"鉴于国际革命社会主义者代表大会是从马赛和勒阿弗尔的全国大会同在里昂、蒙吕松和波尔多举行的工人工会代表大会合并而成，从而是社会主义工人党的真正代表大会，它的大门至今仍然向所有社会主义小组和团体，当然也向各工人工会开放。

其次，鉴于每一次对统一的让步都向持不同政见者代表大会的召集者作出过表示；有关这个问题已在海牙举行过一次会议并得出了消极的结果；持不同政见者出于他们不能讲明的政治动机对任何一项妥协都加以拒绝，我们来自国外的朋友们大概不能清楚这些动机的含义，而法国社会主义者是完全可以看穿的。

基于上述理由，大会决定，跟那些长期以来与工人的最凶恶敌人携手并进的人——他们已经与机会主义分子、资产阶级激进派结成了卡代街的可耻的联盟——再次妥协是不适宜的，并决定转入议事日程上的问题。

尽管如此，我们向作为独立的社会主义性质的各小组、团体和工会的**一切**代表重新表示，他们将会得到衷心的欢迎。"

特雷梭公民最后指出："你们都看到，我们是不愿把任何人关在门外的。**同我们接近的所有组织当然会受到欢迎。**"

莫里斯公民（英国）同样赞成召开一次向**所有人**开放的大会，但认为合并是实行不了的。派代表到这里来的各党，把这个大会选定为真正的社会主义大会，不可能到任何别的地方去。我们所要争取的是社会基础的变革，就是说通过相应地重组各种社会关系来解放劳动；而在另一个大会上，人们仅满足于在现今制度所能容许的限度内来安排现代奴隶的命运。可能派要的只是一种**竞选机会主义**，而不是社会主义。如果我们转到另一个大会去，那么我们势必是给一个资产阶级集会打上社会主义的印记。我们的大会向一切怀有良好愿望的人开放，但合并是完全不可能的。两个大会是根本不一样的，因而无法合并。**这里**在争取废除雇佣劳动制，**那儿**至多不过搞点微小的改良。我们是革命的社会主义者，我们不能同卡代分子搞在一起。

拉法格公民把莫里斯的话翻译成法文。

科斯塔公民（意大利）对拉法格公民的翻译提出抗议，认为他翻译得"太随意"了。

主席提醒科斯塔公民：莫里斯公民懂得法文，因为他自己是作为英译法的翻译登记在册的，所以要是对他的话翻得不准确他自己会提出抗议的。但莫里斯公民对翻译是满意的。

拉维涅公民（波尔多）："我们一贯表示了高度和解的精神。我们出席海牙会议的代表拉法格受委托对会上一切表露出来的统一愿望都加以支持。他忠实地履行了给他的委托,安塞尔和沃尔德斯是会相信这一点的;同样,他们也知道可能派以**何等粗暴**的方式拒绝了海牙会议的建议,因为正是**他们**把这些建议带给可能派的。难道那些从一开始就尽一切努力促进统一同时始终为社会主义事业尽心服务的人,要去迁就那些始终粗暴地拒绝和解、一再背叛的人的无理要求,向那些人卑躬屈膝吗?"发言人对外国朋友们的良好愿望表示感谢。但他们必须知道,人们已经尽一切努力来避免两个大会。如果要做到使可能派满意,那就必须派一个代表团到他们那里去。这样就会让他们得到一个借口,可以向全世界宣布,我们这个没有他们参加的代表大会已经失败,我们只能**屈服**。拉维涅提交了一份由他以及**博丹**和**多尔莫瓦**签名的相应决议案,但为了支持特雷梭的决议而又予以撤回。

基茨公民(英国)认为,两个大会合并从物质条件上说是不可能的。这件事已经太晚了。他说,一个在这种情况下统一起来的代表大会不会带来和解,而只能把自身变成一个**辩论俱乐部**,乃至变成一个战场。大家都适时地接到两个大会的请柬;但两个的性质如此不同,以致无法混淆。我们大会的召集人遭到资产阶级报刊和挂着社会主义招牌的报刊的不断辱骂。英国的所有不想改变工人命运、只想改善自己处境的阴险的反社会主义者,都跟那些与他们相类似的可能派首领们一起走到另一个大会去了。一旦实现了两个大会的合并,他们势必欣喜若狂,因为这一下就能向英国资产阶级汇报:我们忠实地完成了你们交付的任务,把国际社会主义者代表大会**破坏**了。

德国代表们请求结束讨论。报名要求发言的还有 38 人。**拉法格**公民请求允许他宣读委员会报告。因为报告已分发给各位代表,这项动议被否决。

佐默尔公民(德累斯顿)表示赞成结束讨论,因为他的同事们和他对议题都已十分清楚地了解了。那些同可能派搞在一起的工联和工会都不是社会主义的，同时我们也必须如同跟舒尔采—德利奇之流的非社会主义联盟决裂一样，必须允许其他人、允许法国人有进行类似的分离的自由。

在**基尔·哈第**（英国）和**莫里斯**（英国）表示反对结束讨论以及**卢斯**（法国）赞成进入正式议程的发言之后，结束讨论的提议被多数通过。

德巴普公民（比利时）联系到这一表决，要求作为例外对那些还未作过正式发言的国家以及持不同于基茨和莫里斯的观点的英国代表给予照顾。

这个动议受到西班牙人、罗马尼亚人、斯堪的纳维亚人、奥地利人和美国人的关注，但因赞成完全结束讨论的表决而**被驳回**。

德巴普公民联系到这个新的表决，要求表决按国别进行。

主席提请注意，这样做就势必成为以另一种方式恢复讨论。

科斯塔公民（意大利）请求**德巴普**公民撤回他提出的提案。提案被撤回。在**梅萨**公民（西班牙）声明西班牙代表服从多数的意志之后，大会就**雅克拉尔**公民的提案进行裁决，即今后在正式表决前，先决定以人头还是以国家进行表决。不管是用这种方式还是用那种方式进行的表决，都是绝对有约束力的。

梅萨公民（西班牙）提议，今后任何一项动议，在未获得每一国别（民族）的至少一名代表附议之前，不予表决。

在宣读另一些提案之前，**韦尔纳**公民（柏林）声明，他在开幕会议上要求解释关于合并问题的准备步骤时，丝毫没有责难大会召集人的意思。李卜克内西在这之后作出了令人满意的解释。因此发言人撤回他在开幕会议上提出的提案："因为我们同法国的马克思主义者有相同的观点；我们无条件地反对跟可能派合并。"

瓦扬提案

代表大会声明，海牙会议和巴黎组织委员会不仅为促进召开大会而且也为走向统一与和解而作了一切努力。

大会呼吁至今还持旁观立场的少数小组和工会与大会认同，大会即将转入正式议程。

瓦扬公民对提案补充说，我们在做了这些之后不能再做什么了。我们的代表大会是向所有愿意参加进来的人开放的。我们不能再走一步了，因为我们要保持作为一个**社会主义**的大会的性质。

盖得、德维尔、雅克拉尔、龙格、拉法格提案

鉴于参加由海牙会议发起的大会的各个社会党为两个大会的合并作了多次尝试，也正是为实现这一统一作了种种努力，但为了这一统一，今天必须声明，它们的所有努力都落空了；

鉴于采取新步骤的尝试不能要求由那些始终乐意统一而迄今一直遭到拒绝的人们提出，代表大会希望主张采取这种新步骤的人，首先不是面向那些已赞同合并的人们，而是面向那些不愿合并的人们，因此大会推迟作出任何决定，直至见到不愿合并的人们提出正式提案为止。大会转入正式议程，并强调它一如既往对所有社会主义工人小组开放。

茹尔·盖得公民指出，正式议程要达到这样一个目的：防止人们混淆角色。不应该把一向努力争取和解的人说成好像在破坏和解。

多梅拉·纽文胡斯提案

大会

遗憾地注意到，所有争取开成一个统一大会的努力都未能取得结果，

鉴于两个大会的议程几乎完全相同，

鉴于全世界工人的统一是大家的义务，

决定：两个大会实行合并，承认双方代表权的有效性；一俟另一个大会通过相同的决议，就选举一个委员会来就统一问题达成谅解。

多梅拉·纽文胡斯公民说："我一开始就不得不请你们谅解，因为我不能大声说话；反复和多次的谈话使我几乎无法发声。我认为，我们的决议不需要人们为它说许多话，因为决议本身就在说话。我们这些不住在法国的局外人，不想去干预法国社会主义者之间的争执，但我们也不愿让各种各样的纷争超出它们的范围而成为国际性的争执。我们希望有一种国际的谅解，而不是国际的分裂。我们无须追究是谁要对这种令人惋惜的争论负责，但我们大家都碰到了这个事实：存在着议程几乎相同的**两个代表大会**。难道我们没有神圣的义务尽一切努力使两个大会**变成一个**，即使这样做不得不牺牲我们的自尊心？我以为是可以的！当我踏进这个大厅的时候，我第一眼看到的就是我们尊贵的朋友和导师**卡尔·马克思**的话。他给我们留下的遗嘱：'全世界**无产者**，联合起来！'马克思没有说：全世界社会主义者！而是十分明确：全世界无产者！请看，我们宣布了这个福音！我们不允许把这个教导变成一句僵死的话，我们必须在实践中实现它。人们不会说：'只存在一个天主教会，其余所有人统统都是异教徒和无教派者。'我知道，可能派在其报纸《工人

党》（Le Parti Ouvrier）上却正是这样称呼我们的。但是，这对我们来说不能成为在这条道路上追随他们的理由。如果这样，那就可以说是一种律师式的吹毛求疵，因为谁能断定法国可能派的纲领、英国社会民主联盟（Social-democratic Federation）① 的纲领不是社会主义的呢？谁能说，去年在伦敦没有通过召开一个**社会主义的**代表大会的决议？不行。我们不想查明究竟哪一方说得对，但在此时此刻，在全世界的目光投向巴黎、注视着社会主义者的态度的时刻，如果让资产阶级世界兴高采烈地看到社会主义阵营的分裂，那将是令人痛惜的。分裂是他们的**胜利**和我们的**耻辱**！如果从各地来的代表们用一个声音说：'我们庆祝法国革命的纪念日！我们认为，在这个节日里全世界的社会主义者团结在一起是一个极好的想法'，那么我们就有权要求，法国的两个社会党在此时此刻停止论战，从而我们得以为了我们的幸福和整个无产阶级的利益，在全世界面前避免了在相同时间、相同城市、为了相同目的和有着几乎相同议程的两个代表大会的局面。我希望，每一方都能同意我们已提出的这种不会有损双方中的任何人的观点，从而使我们能够说：我们没有拒绝统一！相反，我们进行了尝试，而在这种尝试中，我们是准备作出牺牲的。这里存在两股潮流，其中一股说，它根本不愿统一。这就是法国人以及许多处境跟法国人一样的英国人，这是社会主义同盟和社会民主联盟之间的分歧造成的。如果这些人这样说了，那么我要问他们：李卜克内西所报告的那些争取工作是否成了一出喜剧呢？是或否？如果愿意统一，就必须为实现统一而创造条件。不是那些分裂我们的东西，而是那些连接我们的东西才构成我们反对我们的共同敌人的力量——我们有一个我们大家都反对的共同敌人**资本主义**。好吧，我的朋友们，资本主义要是看到联合起来的社会主义者共同朝向它大步走来的话，就会浑身发抖。

---

① 社会民主联盟——英国一个政党组织的名称。

我们的战斗号召是：'打倒资本主义！革命的社会主义万岁！'"

受到长时间鼓掌欢迎的多梅拉公民，在热烈的掌声中结束了讲话。

德维尔公民对自己没有履行主席职责表示抱歉。因为他首先允许多梅拉公民重新引起已经多次宣告结束了的讨论；其次允许他讲话超过5分钟。他所以这样做，是出于对一个为工人事业作出过如此多牺牲和经历过如此多苦难的人的尊敬。

梅利诺公民（意大利）赞同纽文胡斯的提议。

阿德勒公民（奥地利）以奥地利人的名义强烈抗议一些人的传言，说奥地利工人党有代表参加**可能派**大会。这个党的**所有**代表都在**这里**，这里团结一致地体现着国际的民主。我们赞成统一，但如果愿意统一，就必须避免造成有人胜利有人失败的局面；否则只能引起新的仇恨和分裂。按照**特雷梭**的提案，可能派就要成为失败者；而按照**纽文胡斯**的提案，马克思主义者将成为失败者了。因此，发言人赞成李卜克内西的提案。外国代表们不要介入法国人之间的争执。

罗马尼亚人的声明

罗马尼亚代表团保留再次提出关于召开下一次大会的提案的权利，但首先要宣布一致附议李卜克内西的提案，同时希望下一次代表大会能以这样的方式召开，即着眼于阶级斗争和生产资料社会化，使一切反对资本主义的力量聚集在一起。

D. 沃依诺夫、C. 腊科维茨、

A. 塞乌列斯库、普罗科皮乌、马尼

布希公民（美利坚合众国）持有参加两个大会的委托书。他去了一次《无产者》（可能派机关刊物）的编辑部，发现那里的先生们很不够社会主义的味儿，所以就到这里来了。他因此赞成统一。即便那个大会上只有少数社会主义者，也不得不向他们伸出手。

弗罗梅公民（德国）发言反对无条件统一。一个人可以为了统一而牺牲个人的观点，但不能牺牲尊严。他赞同保持了尊严的李卜克内西提案，此外要尽可能地取得和解。

伊格列西亚斯公民（西班牙）也赞成统一，但这是一件需要动脑子的事，不能光凭热情。他对荷兰人和比利时人在这次大会上坚持统一要求表示惊异，虽然他们如果可能的话报告一下他们为促进谅解所做的一切就会更好一些。宣传统一的合适场所是另一个大会，因为正是那个大会不断与统一相抵触。伊格列西亚斯赞成李卜克内西的提案，并且补充说，出席可能派大会的西班牙代表不代表西班牙工人党的任何部分。

巴蒂塞公民（特鲁瓦）宣布附议盖得的提案。

帕尔姆格伦公民以瑞典和挪威代表的名义，与**彼得逊**公民（丹麦）共同向大会提交了以下决议，并补充说：

"跟与资产阶级结盟的可能派实行统一是不可能的。如果他们中间真有一些小组坚持阶级斗争立场，那么希望他们到我们这边来！其他的人，政府的人员，他们现在在什么地方还请继续留在那里吧！"

帕尔姆格伦、彼得逊决议

鉴于所有社会主义的和革命的工人迫切要求统一，我们挪威和瑞典的社会主义者最热烈地盼望这一统一；但是鉴于这种统一只能是站在革命的阶级立场上的社会主义者中间的统一，根据以上提供的关于目前事态的种种说明来看，我们认为这种统一是不可能实现的。

瑞典代表　帕尔姆格伦、阿拉尔
挪威代表　A. 耶珀森

基尔·哈第代表（英国）反对李卜克内西提案，赞成纽文胡斯的提案。他赞成统一，理由是参加可能派大会的是一些社会主义工联分子，同他们可以取得谅解，因为跟他们没有原则性分歧，因为我们必须以统一的面貌面对资产阶级。

克里斯滕森公民（丹麦）：丹麦社会党为统一尽了一切努力，然而至今未取得任何一点结果。它不反对李卜克内西提案中的想法，但赞同纽文胡斯的提案。

约翰·里特森公民（曼彻斯特）分析说，如果说在另一个大会上有社会主义者的话，那他们的领导人确实不是社会主义者；此外，为统一作的一切尝试都来自我们方面而被对方所拒绝，结果现在事实上已没有时间来实现统一。

沃特尔曼斯公民（安特卫普）不理解为什么要把可能派说成似乎不是社会主义者，他们的大会确实同我们大会的议程完全相同。

库奈尔特公民（柏林）支持特雷梭的提案。他认为，一场朝气蓬勃、兴高采烈的战争要比蹊跷可疑的和平更有价值。

契普里安尼公民（意大利）以意大利代表们的名义要求按国家进行表决。

表决并通过李卜克内西的提案

大会要考虑的有三个提案，因为盖得提案和瓦扬提案的签署人都已附议了**李卜克内西**提案。这三个提案就是上面所说的李卜克内西提案以及**纽文胡斯**提案和**特雷梭**提案。特雷梭声明说，他不是如同德巴普所断言的那样反对统一，而仅仅是反对我们去祈求它。

表决结果如下：

赞成李卜克内西提案的有：德国、瑞士、罗马尼亚、阿尔萨斯—洛林、俄国、波兰、奥地利、匈牙利、西班牙、美国、英国、法国——12个国家（民族）。

赞成特雷梭提案的有：瑞典和挪威——2个国家。

赞成纽文胡斯提案的有：比利时、荷兰、意大利、丹麦——4个国家。

李卜克内西提案被通过。

瓦扬在说明法国投票情况时，表示了某些保留。他说，所有法国人曾一致表示同意特雷梭的提案。但是考虑到各种情况和出于顺应外国代表的意见，就附议了李卜克内西的提案，因为这个提案充分维护了大会的尊严，没有离开组织委员会和海牙大会的基础。英国代表们赞同这个保留，同时对特雷梭提案表示完全同情。

会议在宣布表决结果后延迟于下午3时休会。

第五次会议

（7月17日，星期三上午）

瓦扬公民任执行主席。他指出，将在晚间会议上宣布大批新收到的信件和电报。

议程是报告各国的劳动状况和社会主义运动。

拉法格宣布，芬兰代表芬恩公民已经到达。他被以鼓掌的方式选入办事处。

一封**工人选举协会**的来信告知大会，这个组织派出的英国议员**肯宁安·格雷厄姆**今天或者明天将到达巴黎。

拉法格要求每个国家编写一份带有地址的全部代表名单交给办事处，以便根据**福尔马尔的提议**将名单印发给参加大会的每位代表留作纪念。

大会批准了这个要求和**拉法格**的另一项**建议**。这个建议要求编写一份所有出席大会的各国代表为工人事业而遭受迫害的概况。

无政府主义者**塞巴斯蒂安·福尔**公民以他自己和他的同志们的名义,抗议任何关于他们方面不断制造困难的说法。"我们不是反对派"——他补充说。

正在这个时候,大厅里**出现一条标语**,上面写道,"同志们"敦促社会主义者摆脱他们的专横跋扈的"领袖",并且断言这些领袖只不过是破坏无产阶级兄弟团结的敌人。

关于同可能派代表大会的谈判①

契普里安尼公民报告说,他和科斯塔公民一起受委托前去**可能派代表大会**,向他们通告了李卜克内西关于两个大会合并的提案。他们发现气氛有利于和解。但是可能派大会决定,合并取决于**全体代表的全权证书的重新共同审查**。对这一建议科斯塔公民提出反驳,他指出,"迈向兄弟团结的一步不允许伴随以不信任的举动"。

就成立一个委员会同可能派进行口头谈判的提议,大会在经过长时间的,特别是在**伯恩施坦、瓦扬、契普里安尼**和**莫里斯**等公民之间进行的讨论之后,通过了由**雅克拉尔**提出的如下决议:

"鉴于可能派代表大会本月16日会议所作的决定,大会委托它的**常务办事处**注意采取必要的措施。"

---

① 另见本次会议记录末所附可能派代表大会给国际工人代表大会的通知(本卷第86页)和国际工人代表大会的复信本卷第87页。——译者注

各国工人政党和组织向大会的报告

此后,大会随即进入正式议程。德国国会议员**倍倍尔**,在大会多次热烈鼓掌对他表示欢迎之后,**作关于德国情况的报告**,内容大致如下:

我们工作发展进程中的最重要标志之一,就是今天能够讨论一个国际劳工保护立法的问题了。在几乎 20 年之前,这样一类的问题是不可能展开讨论的。当时的工人运动**更多从事理论问题,而不是实践工作**。对一些原则问题的讨论导致这样一种看法,即似乎社会的变革已经就在眼前。这以后人们才看清,资本主义制度虽然注定无可挽回地要走向灭亡,但就当前来说,它还有足够的抵抗能力,以维持其一段时间的生存。同时,另一方面,工人阶级的力量还没有强大到足以对社会进行必要的重新改造。一些实际问题,即应当立即做些什么才能产生直接效益的问题,就被提到首位了。这些实际问题具有**强大的宣传力**,能把工人阶级越来越多地吸引到社会主义潮流中来,从而开辟走向社会主义的道路,这就更加是理所当然的了。

起初,在我们德国有一种相当普遍的观点,认为**工会运动**和一些行业联合会把工作重点放在实际生活的日常问题上是对社会主义发展的一种阻碍。后来人们逐渐认识了这个已深深陷入的错误。用社会主义的完全的和最终的目标把群众一下子争取过来是不可能的,想要立即实现这个目标也是不可能的,这就自然迫使我们要越来越多地采取适当的实际措施,首先唤起工人们的**阶级觉悟**。在这条道路上所取得的结果是出色的。虽然德国工人运动比较年轻,比**英国**和**法国**的工人运动**年轻**,但在明确把握所要达到的目标方面,在经受斗争考验的力量方面,它的表现是出色的。它的这种力量今天已经成为引起统治阶级或许过度的害怕和恐惧的一种力量。

这种发展，我们一方面要归功于社会民主主义的**理论工作**，另一方面要归功于**经济前提**——近 20 年德国大工业的迅猛发展。随着工人运动的日益活跃以及其规模的日益扩大，一方面引起它的敌人越来越多的担心，另一方面也引起他们更大的注意，从而迫使他们至少在原则上逐渐承认工人的一些政治要求，其中也包括对**国际劳工保护立法**的要求。今天在普遍地——我想说是**官方正式地**——讨论的问题，在不到 20 年前在理论和实践上都被那方面认为是不能容许和要加以摈弃的。这是工人运动获得巨大力量的强有力证明，并显示了它产生了何等的影响。举例说，在今天的德国，再也没有人敢于断言制订国际劳工保护法是不可能实现的事，敢于断言我们的经济制度没有暴露出巨大的缺陷和严重的弊端。

公众舆论的这种完全转变是德国社会民主党的功劳，这个党的重要性已从被派来参加这次大会的代表数字上表现出来了。

早在 1870 年前后，我们的运动已经有了可观的力量。但是只有在德国政治和经济统一之后，我们的运动才取得我们一直期望着的巨大高潮，同时，有关实际问题的宣传鼓动成了运动的一个突出特点。除党的政治组织之外，**工会组织**和**行业联合会**也如雨后春笋般生长起来了，许多**报纸杂志**问世了，它们跟公众舆论的偏见作斗争，向工人阶级说明他们自身的处境。在短短几年内，社会党已拥有近 50 种报刊，其中一部分是日报，另一部分是周二刊、周三刊和周刊。关于这方面所取得的进步，应把各次国会选举中选票增长的数字也计算进来。党在 1867 年第一次参加的竞选斗争中获得不足 10 万张选票。1871 年选票数只有极微小的增加，因为在战争的作用下有一股来自政府和有计划的造谣中伤的舆论方面的反作用力。但 1874 年我们获得了 351000 张选票，1877 年达到 493000 张。

恐惧和忧虑侵袭着我国统治阶级和政府。**赫德尔和诺比林刺杀事件**①恰好被利用作为镇压我们党的借口,以特殊方式照管德国资产阶级事务的俾斯麦,提出"**反社会民主党人非常法**"作为对赫德尔刺杀案的回答!但第一个草案被否决了,因为资产阶级担心,一旦赋予政府以无限权力,这个非常法也可能被用来对付资产阶级。

接着发生了诺比林刺杀案,上述种种顾虑就被打消了。当局以一种从未有过的方式左右了公众舆论。刺杀事件被描绘成社会党人鼓动的结果,说成是社会革命的幽灵出现在眼前。在这种压力下进行选举,自然就产生一个通过非常法的议会。

这个非常法意味着什么呢?政府和警察可以和被允许在他们认为,按非常法中所说的"旨在推翻现行国家制度和社会制度的社会民主主义的、社会主义的或共产主义的活动,采取一种危及公众和平特别是危及居民各阶层和睦生活的方式"的所有地方,镇压这种活动。

这种对所有的人普遍适用的法律,在涉及社会民主党人活动时,由**警察肆意解释**。他们决断,上述活动指的是哪些活动,对一切被认为支持这些活动的人实行禁止和镇压。

非常法刚一通过,所有社会主义报刊都被封闭,我们的所有组织都被解散。在我们报刊的编辑部、发行所和我们党的印刷所工作的,甚至包括零售我们报刊的成百乃至上千人的家庭,一下子受到打击而生活无着,全部垮掉。人口特别密集的大片地区被宣布处于所谓**局部戒严状态**,这样当局就可以把一切所谓危害"公众秩序和安全"的人驱逐出境。1880年在**汉堡—阿尔托纳及附近地区**、1881年在**莱比锡及附近地区**就这样做了,接着就是**美因河畔法兰克福、斯德丁**和其他地区。许多

---

① 赫德尔和诺比林先后于1878年5月11日和6月2日行刺德国皇帝威廉一世,但均未致命。——编者注

人被赶得从一个地区跑到另一地区，无处存身而被迫流亡美洲。大约有350万德国人目前处于局部戒严状态，被驱逐的人数以百计。他们大多是拖家带口的。警察成了国家的统治者。这种情况最终导致在德国实行**特务制度**，这是在拿破仑三世统治下的法国也未曾有过的。由于有几百万秘密基金供俾斯麦侯爵不受监督地使用，使秘密警察的特务对我党同志的监视得到空前的提高。此外，警察还有权解散任何集会，取缔任何报刊和组织，只要被他们嗅到"颠覆倾向"。自由结社和集会的权利已不复存在；宪法所保证行使的国家公民权利对社会民主党人来说已成为虚幻的了，即使在大选期间也常常如此。1200多种各式各样的书报杂志和印刷品在社会党人法的实行下被没收和禁止。会议大厅的主人们多次被通知不要在他们的地方为我们提供集会场所。帝国的所有力量和一切值得夸耀的政治手腕都被动用起来消灭社会民主党。但是通过这场斗争，党以无与伦比的姿态作为**胜利者**成长起来了。哪里的打击最严重，党的才干也就表现得最充分。正是在实施局部戒严的地区，党拥有最广大、最聪明能干、最忠实于信仰和最富于牺牲精神的追随者。党的活动无可指责，党尽一切努力在即使遭受挑衅的场合也避免出格的行动，尽可能小心谨慎地清除一切可疑分子，所有这些逐渐赢得了**公众舆论**的同情。党的队伍不断扩大，从工人阶级以及被大工业和大商业殊死竞争压垮的小资产者各阶层中补充和加强了自己的力量。甚至我们的工人报刊的境况也**远远超过了**实施非常法之前。这些报刊比过去更灵活、更有效地宣传社会主义的基本原则，我们的报纸和杂志获得了**从未有的**巨大发行量。警察当局在向国会作的关于局部戒严状态的年度工作报告中不得不承认，新的工人组织在警察的眼皮底下生长起来了，而警察由于顾虑到已经转换方向的公众舆论无法充分运用其取缔权。**党却在对警察当局而言是秘密的状态下成长起来，后者对此无法预防。**俾斯麦侯爵试图利用一件同瑞士有关的意外事件为借口，要求这个国家实行针对我们的镇压措施。如果他高兴的话，就沿着同瑞士交界的边境建立起一道站满警察和宪兵的警戒线吧！这对他不会有任何帮助的。他是无法阻止社会主义运动的发展和壮大的。这场跟瑞士的冲突的结局，和通常那种冲突的结局一样，将损害不到**我们**。唯一真正受害的将是首相的好朋友——贵族和资产阶级的先生和太太们。他们原本想到瑞士去消除一下冬季游乐带来的疲劳，而现在可以亲身体验一下警察国家的好处了。这样也许能使他们明白一些：他们的偶像是想用什么样的小动作来阻挡历史上最伟大的运动的。

工人运动意义的另一个证明是经济斗争即最近几个月来到处爆发的大规模**工人罢工**。令资产阶级经济制度本身感到忧虑的是，社会主义的思想深入到了最偏僻的地区。没有比把最近在莱茵—威斯特伐利亚地区**矿工罢工**算在我们账上更为错误的了。这是现行社会制度自然产生的结果。但是这一点是真实的，即在所有这些工人与雇主间的冲突中，不论采取什么样的形式，受益的只会是社会主义。这些冲突唤起工人的阶级觉悟，因为它显示出雇主和受雇用者利益的相互对立是何等不可调和。资本家阶级本身为我们做了大好事。在**威斯特伐利亚的矿工罢工**过程中，他们这一点干得特别出色；一向满脑袋忠君思想的钢铁大王和煤炭大王本身，这一次都没有听从国王直接向他们提出的劝告，因为这些劝告是针对他们在工人身上无节制地利用其优越经济地位的做法的，这样，资本家阶级就使阶级斗争赤裸裸地表现出来了。这些影响并未消失，而是日渐使所有的人明白这些道理。就连敌对的报刊也不得不承认，那里发生的一切只对社会民主党有利。

选举的统计数字是反映非常法软弱无力的最有力证明。非常法的颁布一开始就造成，而且是理所当然地造成巨大的物质损失和混乱（如果是任何其他一个党遇上，势将引起**更大的**损失和混乱），这就使我们在1881年选举中的得票数下降到31万票。但这种倒退只延续很短时间。

使我们满意的是,1884 年选票提高到 55 万张,1887 年甚至达到 77.5 万张。在这方面不可忽视的是,在德国只有满 25 岁的公民才有选举权,因此在投我们票的 77.5 万选民背后还站着几十万坚定的青年社会主义者。社会民主主义思想在德意志人民中传播的深入程度和广泛程度,将**会在下一届国会选举**中充分显示出来。这个结果势将使我们党内的知情人也感到意外。我们的敌人正是在最近几年里无意间对我们做了最好的服务。当然我们不会抱有错误的希望,认为从此在德国就会有一条通向目标的广阔平坦的大道摆在我们面前了。正好相反!我们今后的斗争将会比以往任何时候都更加严酷、更加困难;但我们既然决心要达到我们的目标,我们就毫不怀疑我们最终的完全的胜利。

德国社会民主党不仅致力于传播它自身的理想,而且对自己提出这样的任务:**通过立法途径**改善工人的劳动和生活条件,从而为他们能够更容易、更有效果地进行解放斗争创造一种生存环境。从这种考虑出发,国会中我们党的代表多年以来不断提出动议,要求制定法律来**规定正常工作日,制止夜班和假日劳动、限制或禁止**有害妇女身体健康的工业部门**使用女工,禁止使用童工**,建立能保障工人行使自身权利的**劳动法庭,监督**大小工业企业以及家庭工业,等等。这些提案直到现在一直遭到大多数人的系统反对,但它们已经产生很大的影响,所有其他政党不得不看到,**一场有利于劳动者阶级的竞赛**似乎正在展开。

倍倍尔讲话的下一部分扼要地谈到了国会**制订劳工立法的历史**。他指出,迄今最关键性的反对立场来自**俾斯麦**方面,这已成为劳工保护立法的最主要敌人。随后,演讲人举了瑞士的先例,并阐明了瑞士为争取制订国际性劳工保护立法而作的努力。同时他指明,所有文明国家的类似的经济发展水平日益不可避免地需要这样一种立法。大会应当就它认为这方面应采取何种必要步骤表示意见。

对这一点,主席团的成员似乎还未取得一致,因此发言人自己起草了一项决议案提交给大会，使每个代表在讨论过程中加以补充或修改。对这项决议案应有一个正确的理解，它不是要求束缚各个不同国家里的社会主义者的行动，而仅仅是想指出他们前进所应遵循的方向。在每一个国家里可能直接采用什么措施，起决定作用的是各该国家的特殊情况和特殊关系。在那些一时还不可能提出规定 8 小时为正常工作日的要求的地方，可以先满足于提出规定 9 小时或 10 小时的要求。但重要的是，**原则上在任何地方都要把坚持八小时工作日**的要求作为今天生产条件允许达到的一个目标。就不同国家的宣传鼓动工作而言，决议案不作不切实际的要求。

接着倍倍尔对他的决议案中的几点作了详细说明，特别提到有必要制订关于**家庭工业和小工业雇工的法律规定**。把监督工作扩展到这个领域是特别重要的。必须使处境悲惨的广大居民阶层最终摆脱黑暗获得光明。在我们这个以实行人道主义自诩的世纪，居然允许存在雇用童工的野蛮行为，这是何等可耻。当然在德国也有一条法律，规定对 14 岁以下童工的劳动时间限制在每天 6 小时，但在小工业企业和家庭工业中并没有照此办理。正是那些地方的现状最令人不寒而栗。萨克森的资产阶级已经声明，如果议会禁止在大工业企业中使用童工，那就会使小工业企业和家庭工业借助于童工，在殊死的竞争中致使大工业企业毁灭。认为这种扩大了的监督需要花费很多经费，并不能作为反对的理由。只要事实上政府为实行**军国主义**而不断提高各种捐税，并支出上亿乃至几十亿马克，那么提出为工业监督花费足够的经费会造成国家支付不起的负担这样一种说法，是毫无意义的。当涉及广大劳动群众的利益时，就说没有钱了；而只要一涉及资产阶级的利益，就始终有钱。此外，工人阶级已做好准备把对**工业的监视和监督掌握在自己的手里**。它自身愿对法律是否得到遵行进行观察，只要保证给予它必要的自由。它将能比现在的官方人员更好地完成这项任务；这些官方人员的报告几乎在所有方面都不如人意，尽管它们可能在某些方面令人称许地揭示了目前工人的境况。

政治领域里一个主要困难在于，当局几乎不允许工人有可能利用他们的**结社权**来改善他们的命运。尽管如此，无产阶级还必须为完善自身的组织而不懈努力。人们必须清楚地认识到：寄希望于政府和资产阶级的好心是什么也得不到的，一切要在争取自身权利的斗争中和最终依靠自己的力量才能取得。不能只满足于作出一些决议，还要有强有力的行动，坚定的团结，通过**有力的宣传和行动真正赢得**代表大会确认为正确的东西。既然各国无产阶级首先主张国际劳工保护立法，这项要求就**必须**受到重视。"我们愈是有力地坚持我们的要求，愈是明确而肯定地主张它，**我们给下次国际代表大会带去的成果就愈好**。"（报告结束时响起了真正雷鸣般的掌声）

代表大会接着通过了**比利时代表**的一项提案，要求把各项决议案付印并公开发表各个报告。还通过了杜普雷公民的一项提案，要求**每天为威斯特伐利亚的罢工者和圣艾蒂安受难者进行募捐**。

在确定后面报告的顺序后，会议于2时左右休会。

* * *

主席团收到**可能派代表大会**关于两个代表大会合并问题的决议的通知，全文如下：

致在罗什舒阿尔大街 42 号召开的
国际工人代表大会

公民们！谨以根据巴黎和伦敦国际代表大会决定在朗克里街 10 号召开的国际工人代表大会的名义，我们将这个代表大会昨天通过的动议通报你们。

代表大会声明，在委托书由统一的代表大会分国进行审查的条件下，可接受合并。

然而，凡委托书遇有争议的代表仍可向代表大会申诉，由代表大会作出最后决定。

意大利代表团负责将本通告送达。

书记　　主席
艾·拉维　让·阿列曼

代表大会决定授予办事处以必要的全权对此进行答复，复信如下：

致在朗克里街 10 号召开的
国际工人代表大会

公民们！谨以根据波尔多和特鲁瓦代表大会以及海牙国际代表会议的决定在罗什舒阿尔大街 42 号召开的国际社会主义工人代表大会的名义，我们把全权处理此事的常设办事处关于你们来信作出的决定通知你们。

根据昨天大会上通过的决议，我们的代表大会只赞成两个代表大会实行**完全的和直接的合并**。它过去和现在都没有提出任何限制和条件，当然也**不接受任何限制和条件**。

意大利代表团受委托转达这项通知。

书记　　主席
雷·拉维涅　威·李卜克内西

第六次会议

（7 月 17 日，星期三晚间）

安塞尔公民（根特）主持会议。他指出，已采取严格措施，使代表大会的工作能不受干扰地圆满结束。

德国代表为**圣艾蒂安**遭受灾难的矿工认捐 1000 法郎。（鼓掌致意）

主席团请其他国家代表仿效这个榜样量力认捐。

法国代表要求将收集到的款项分一部分给正在罢工的**威斯特伐利亚**矿工，但德国代表坚持他们认捐的 1000 法郎要一文不少地用于圣艾蒂安的死难者。

大会以鼓掌方式赞成德国代表的提案：集体前去拉雪兹神甫公墓，在那里向 1871 年被杀害的同盟者的墓地献花圈。

主席团受委托确定具体的日期和时间。

有新的代表报到，其中有**克里斯蒂安尼亚**①的 2 名。这样，代表大会的人数就增加到 407 人，其中 223 名法国人，184 名外国人。

各国工人政党和组织向大会的报告
（继续）

在通告了收到的电报和寄来的声援声明之后，**拉甫罗夫**公民在掌声中开始宣读他关于**俄国社会主义状况**的报告。

俄国社会党人能派遣代表参加国际性的社会党代表大会，还是第一次。但是他们在这里不是以工人组织成员的身份出现，而只是以社会主义者的身份出现，他们目前还在为实现有利于建立工人组织的基础的政治制度的起码因素而奋斗。然而可以说，16 年来为坚持把我们大家团结在一起的社会主义思想而进行的斗争，16 年来在监狱里、在西伯利亚荒原上、在绞刑架下英勇地实现这一思想的行动，使俄国社会党人或许有权对并肩站在一起的兄弟们说：由于我们忠于自己的神圣职守，我们赢得了在世界各国社会党人联盟中的地位。

我感到遗憾的是，在俄国代表团中没有人代表那个人数不太多的，为捍卫自己的信念与强大的君主制度作长期艰苦斗争的青年团体。但

---

① 今奥斯陆。——编者注

是，我要以这些战士的名义向在取得本国政治权利的基础上成功地建立起国际工人组织的兄弟们致敬。俄国过去没有过，现在仍然没有这样的政治基础，它是一切政治权利都集于至高无上、不对任何人承担责任的帝王一身的唯一的欧洲国家。

法国革命（说成是**欧洲革命**或许更正确些）100周年纪念也是俄国的200周年纪念。

200周年是指当时一个17岁的年轻人粉碎了桀骜不驯的反对派，成了俄国第一个欧洲型的君王。

历史撰写者把他称为天才。

他作为欧洲文明的热情信仰者，充满尚未驯化的活力，看来好像真心诚意要使他的帝国富强起来。

他君临一切，他的所有努力都得到本国全体有文化教养的人的支持。他所确立的政府体制被他的所有后继者继承下来了。还没有**一个君主专制政体**能如此轻易地使一个国家富裕起来，同时依靠并通过本民族的力量使它自身得到好处。

这个由彼得一世开拓的文明的改革时期，对俄国来说也是以惊人的规模使大多数俄国农民被奴役、千百万自由农成为农奴的时期。

到这一世纪末，所造成的结果是有文化教养的人参加到反对派的行列中去了。

一个君主专制政体在道义上和政治上的**虚弱性**从来没有这样明显地暴露出来。自此之后，人们开始在先进团体中展开反对沙皇专制制度、反对农民的人身依附和反对造成上述两种癌变的占统治地位的经济制度。

伏尔泰的女友**叶卡捷琳娜女皇**把有科学知识的人流放到西伯利亚，罪名是这些人属于反对派。她要对付随时都碰到的令其最为恐惧的农民起义。她的**儿子**想通过严厉的命令把俄国与欧洲分开。

但是，由彼得一世向西方打开的窗户不可能再行关闭，同时革命之风已经致命地侵袭了进来。

俄国的军官们从反对拿破仑的战争中带来了建立秘密政治社团的思想。

1825 年 12 月的战士们——**十二月党人**——在他们的纲领中曾吸收了自由宪章和解放农民的思想。尼古拉一世的登基，因把 5 名谋反者绞死在圣彼得堡要塞和将一批时代精英流放到西伯利亚而显得十分醒目。

纯政治纲领的时代已**被空想社会主义**的时代所代替。

在西方国家政党的斗争中，**工人组织**的问题突然出现。

《共产党宣言》号召全世界无产阶级互相联合起来。

俄国的反对派没有停止做专制制度的顽强敌人，并且日益埋头于**社会主义思想**中。在莫斯科和彼得堡的一群优秀分子最喜爱的种种学派中，**圣西门主义**占有首要地位。这群人中最有影响的一员是**赫尔岑**，他后来成为俄国在国外的第一家自由报刊和书籍出版社的创建者。

1849 年被流放到西伯利亚的青年人大部分是**傅立叶主义者**。**车尔尼雪夫斯基**以令人信服的方式揭开了对国民经济的社会主义批评。在赫尔岑和车尔尼雪夫斯基以及他们在各地的得力门生所进行的文学宣传的思想影响下，为连续不断的农民造反所吓坏的沙皇政府，被迫实行解放农奴和其他一些改革。

这又一次表明专制制度的完全软弱无力。

亚历山大二世的所有改革一经付诸实行就都变质了，因为改革工作都被委托给改革行动的顽固敌人去实行。

正是**这些人**，不久之后就把这些改革，特别是最关键部分，停止了。

过了 25 年多一点的时间，**解放了的农民在经济上就崩溃了**，其境况**比解放之前**更贫困。

1870 年前后，**卡尔·马克思**的思想已进入俄国。他的重要著作《**资本论**》先于其他任何文字译成**俄文**。

事实上只有通过工人起义才能使全体人民获得解放，这一观念越来越得到俄国社会主义者的接受。但是在俄国，工人就是**农业劳动者**——大俄罗斯村镇的**农民**。

对农民的同情创造了整个现实主义文学，这种文学通过其现实主义成为一种社会的宣传鼓动文学。

有教养的俄罗斯青年充满着这样的信念：

"我们对俄国工人，特别对农民是欠了债的，我们的义务就是通过我们促进社会主义胜利的努力，来向他们还清欠债。"

在**巴黎公社**的影响下，1873 年前后的俄国产生了一种在国外兴起的新的俄罗斯社会主义文学，在俄国青年中出现一种社会主义的新型布道者，为把新的福音带给人民，这些活动在农村和工厂里大规模地扩展。

一个当时产生，至今仍存在，而且现在还值得一提的独特的事实是：**在国外的俄国社会主义报刊表现出激烈的不一致。无政府主义者**或**巴枯宁分子**反对《**前进报**》的支持者；《**钟声**》**派的雅各宾党人**则对两者都加以攻击。但是在**俄国**本土，由于有广大的农村和工厂，由于监狱和苦役劳动不分政治色彩地把许多宣传鼓动者的精力引向一个目标，因而所有这些不一致就消失了。

无政府主义者、雅各宾党人和《前进报》的支持者都散发同样的小册子，号召进行相同的斗争。

数以百计的青年男女参加了这一伟大运动。

国家当局不得不承认，37 个地方当局受到了革命宣传的攻击。**索菲·巴尔金娜**和农民**阿列克谢耶夫**在法庭的法官面前所表达的思想，给全国留下了深刻的印象。

这些都表明了俄国当时的社会主义传播情况。

但对农民的宣传是一项旷日持久而十分艰难的工作,牺牲者的数字是相当可观的。

监狱和西伯利亚使宣传工作者的队伍迅速削弱。人们开始出现对宣传工作的效果,特别是在农村的效果的怀疑。他们开始确信,反对专制主义的斗争需要更多地集中注意力,如果要把宣传工作在人民中继续下去的话,就必须投入更多的力量。人们希望对沙皇专制主义的有力打击在短期内获得一次胜利。

这种信念由于1878年**维拉·查苏利奇**的无罪释放所造成的印象而得到加强;情况突然一下子变得明显起来:自由的倾向在农村几乎到处深入人心,赢得地盘。

但是**自由派**的俄国人缺乏任何组织或政治传统,也不具备坚持反对可憎恶的专制主义斗争所必需的牺牲精神,因而不能在十分困难的条件下起到有影响的政治作用。

只有**社会主义派**的革命青年既进行反对沙皇制度的斗争,又高举社会主义的旗帜。当时俄国的革命政党"**土地和自由社**"分裂为两个党。这个党的一派,即土地平分派(黑分派①),仍然停留在联邦主义和最初纲领的基础上。

它在后来改组成"**劳动解放社**",最后改组成"**俄国社会民主主义者联合会**"。它越来越怀疑在农民中进行宣传工作的功效,怀疑现在俄国**农村公社**的作用。

它宣传说,俄国在其社会主义演变进程中不可能走不同于西欧的其他道路,即发展资本主义,形成工业无产阶级,建立无产阶级组织和最

---

① 意即将土地——黑色的耕地——分配给人们。

终取得胜利。俄国社会民主主义者联盟就在前不久在一系列战斗性的论著外出版了**马克思、恩格斯、拉法格**和**盖得**的著作的珍贵译本。

其中一名成员维拉·查苏利奇现正从事写作一部**国际工人联合会历史**。另一派即"民意"党，它作为战斗性的政党集中在一个执行委员会的领导之下；它虽然一直主张社会主义并继续在城市工人中进行宣传，而且试图把工人组织起来和为他们出版一份报纸，但这个党把它的活动首先放在反政府的斗争上。

对于**非法的迫害**，他们报之以残酷的**恐怖主义刺杀**。国内的一切活跃力量都投靠了他们，他们甚至得到竞争对手的赞赏。他们当中的一个，一个极著名的人物，有一天凌晨4点把我叫醒，告知我"民意"党委员会向它的敌人施加的一次最恐怖打击的消息。在这里，出于斗争需要，理论上的争议也消失了，因为"民意"党人是相信在农民中进行社会主义宣传的可能性的；他们赞成**农村公社**——农业公社，他们情愿支持这样一种计划：使经济发展走上一条比在资本主义统治压迫下形成工业无产阶级更近的道路。

面对这种进攻，沙皇政府不得不改组它的所有管理机构。

在战斗中一个沙皇垮台了。俄国社会民主党人能幸运地看到，"无产阶级"[①] 的波兰**社会党人**同他们联合起来了，抛弃了百年来的民族仇恨。但是恐怖活动耗尽了"民意"党的力量。叛变、灾难和分裂出现了——不信任感渗入到兄弟队伍中来，这一切都是精神崩溃的危险征兆。党的组织削弱了，委员会消失了，多数的党员被处以绞刑或关进监狱。到了1886年底，似乎一切都消失了；但是从那以后却表现出新的生命。一些新的小组，年轻而有活力，不顾警察的残酷迫害而努力开辟道路。但这些**小组成员分裂了**，这是一个痛苦而必要的过程。许多曾被

---

① 系1882年建立的波兰第一个马克思主义政党的名称。——译者注

看做坚定革命者的人表现得软弱，有些人离开了党。但那些忠实于革命的社会主义旗帜的人比任何时候都更加不妥协了。新的战斗的小组每天都在出现并威胁着政府，使政府不可能对他们有时采取的极其勇敢的行动加以控制。

当局对囚犯和流放者采取越来越强硬的措施，就在不久前**雅库茨克、萨哈林**和**莫斯科**都发生了由此而引起的令人愤怒的事例；这种强硬态度促使这些新的小组采取越来越恐怖的行动。

从亚历山大三世即位时起一直在当局各个部门采取的狂暴的反动措施，激起一切居民阶层的愤怒。这种日益增长的愤怒情绪可能引起任何力量也无法阻挡的不测的恐怖事件。赞成"民意"党纲领的小组仍然为数众多；由于不存在一个集中它们行动的委员会，这些活动就完全不同于以往了。这些小组认真地给自己提出了在国内取得政治自由、以此作为社会革命的必要基础的问题。其他小组也在以别的方式寻找道路。就在这个时刻却出现了令人深为遗憾的事。

为了向专制制度作斗争，一些小组产生了一种可悲的想法，他们把社会问题先放在一边，而试图同**自由派**的俄国人联合起来反对专制制度。这些自由派虽然也受到现政府的残酷压迫，但对他们是没有什么可以指望的。

革命的俄国社会党人决定暂时背离自己纲领的基本原则，这是第一次。面对这种情况，那些把坚持原则当做坚持自身政治生存权利的小组，表示愿意联合起来，忘却最近的种种分歧。这种联合可以成为将来能够重新被称为俄国革命社会党的一个社会主义组织的基础。

这就是我的祖国社会主义运动的现状。我荣幸地接受其委托的各种小组，通过派它们的代表出席这次大会表明，社会主义依然是它们行动的不可动摇的基础。对**马克思**和**哈森克莱维尔**、对**瓦尔兰**和**布朗基**的怀念，在他们看来是同西方国家兄弟们心目中一样神圣的事。（热烈鼓掌）他们正是作为社会党人，而不是作为其他什么人，将把反对专制制度的斗争继续下去。（又一次鼓掌）当党与非社会党人的自由主义政党严格分离时，他们能坚持下去，**否则他们将不复存在**。给了我一份委托书的《社会主义者》杂志，在努力争取成为党的机关刊物。我同样有幸代表的《巴黎俄国工人协会》，从几年前成立以来一直是社会主义的。那些赞同"民意"党纲领的小组（其中有一些五年来就在国外建立起来）继承着社会主义的传统。"苏黎世社会主义出版物协会"、"圣彼得堡革命社会主义小组"、"日内瓦亚美尼亚人小组"都派代表参加巴黎的社会党人代表大会并向各国社会党表达兄弟们的问候。此外，现在在这里还有我已详细谈到过的"俄国革命社会民主党人联合会"的一名代表以及伦敦和纽约的"社会主义俄国工人"的几名代表。伦敦的组织诞生于 1885 年，纽约的组织诞生于 1887 年。在美国出版了一份俄国社会民主主义刊物《旗帜》。伦敦的犹太籍社会主义者（几乎全部都是俄裔和波兰裔的），以希伯来语编辑出版了他们的社会主义机关刊物《工人之友》。他们向大会保证，虽然他们不得不使用他们懂得的唯一语言，但决不受自己民族的限制；他们在英国、在美国和在俄国，都活跃地参加社会主义工人运动，不论后者在这些国家里有什么不同。有两名代表参加本大会的"纽约犹太手工业工人联合会"，由 1500 名犹太无产者组成。

在我受委托而作的这个报告里，我可以保证，俄国的社会主义运动在 16 年的斗争中**没有失败**。但它至今还没有能够组成一个**工人政党**，这仅仅是由于受到俄国政治条件的限制。过去和现在一直为改变这些条件而奋斗的革命的社会主义党遭受过沉重的打击——它付出了长期和痛苦的牺牲，出现过变节者，缺乏组织，目前正经受严重的危机。

但是，这个党的拥护者下了最大决心要为建立一个工人政党创造良好条件而斗争。**他们决心誓死为祖国的美好未来而斗争**。我确信，正如我把派我前来的**各个小组的兄弟问候带给你们一样**，我将把大会对他们取得成功的祝愿带给他们。（一次又一次的暴风雨般欢呼）

* * *

一些无政府主义者一再打断拉甫罗夫的报告；主席曾提醒他们注意，对俄国的虚无主义者和本次大会都应给予尊重。由于他们没有听从第一次警告，**安塞尔**公民认为有必要声明，来自两个世界的无产阶级代表走了几百里路程、花费上千法郎，不是为了使他们的工作受到一些捣蛋鬼的破坏；他要求法国代表团把这些蓄意破坏分子赶出大厅。这一点过了一会儿就做到了。

在重新恢复安静后**瓦扬**公民声明，我们不会因见解不同而疏远任何人，但是我们决心从一开始就对一切恶意煽起的骚动加以最强有力的制止。

* * *

茹尔·盖得公民作**关于法国情况的报告**。当他出现在讲台前时，响起了热烈的掌声，盖得把这种欢迎归功于他为之献身的伟大事业。这一事业尽管名称各不相同，但有着共同的目标；为了实现这一事业，人们正在各国——德国、意大利、比利时、荷兰、美国等——进行着斗争。曾被一些人幻想为可以加以**民族化**的社会主义，即区分成一种法国式的和一种德国式的社会主义，事实上是同一种社会主义，正如产生社会主义的是**同样的资本主义生产方式**。全世界无产者自愿高举的是**同一种**颜色的**统一**旗帜，我们挥舞着这面旗帜去夺取胜利，它也飘扬在我们这次**国际劳动者代表大会**上空。（一再欢呼）

盖得公民对他根据外国兄弟的要求所要作的报告的不完整性表示抱歉。他将努力使这个难作的报告尽可能地忠于事实。

参加这次大会的有三个主要组织：**工人党**（Parti ouvrier）——报告人属于这个党，**革命中央委员会**（Comité révolutionnaire centrale）

和**法国全国工会联合会**（Fédération nationale des syndicats ouvriers de France）。

这些不同组织在各自不同的基础上进行活动，有的更多带有工会性质，有的则更多具有政治性质。但它们都为相同的精神所鼓舞，都在争取相同的目标，在所有重大事件中都始终一致地站在前列。

先来谈谈建立最早的一个组织，即由在伦敦的公社流亡者在完全流亡的条件下建立起来的**革命中央委员会，布朗基**称它是公社式的。从巴黎（它的总部所在地）开始，它扩展到里昂和歇尔省。除了在表述上有所不同外，它的政策同我们的政策是如此相近，以致在 1884 年它的一位最著名的成员**瓦扬**由拉雪兹神父区推选进入巴黎市议会时，我们把他的当选视为自己的一次胜利来庆祝。我们的**马克思主义**纲领中的全部要求，包括压缩国债或压缩**年金领取者的预算支出**，都被当选的布朗基主义者——瓦扬——在市议会出色地提出来了。我们只有**一点**遗憾，就是战斗的无产阶级的如此光辉行动未能在众议院、在立法机构的讲坛上进行，未能为全国各地所知晓。

在这里代表 145 个小组的**工人党**，其正式成立要从《平等》（Egalité）杂志所筹备的马赛工人代表大会算起。法国无产阶级的代表们在 1879 年的代表大会上，第一次不仅与资产阶级决裂，而且也与那些目光短浅的提倡储蓄合作社、消费合作社等的资产阶级思想决裂，后者争取的唯一目标，就是夺回生产资料，并由组织起来的工人在从寄生者手里解放出来的社会中运用这些生产资料。当时，就连我们工人中的优秀分子，在这场巨大的国际民主运动中多数仍是持个人主义的，他们仍受到蒲鲁东的那套形而上学的俘虏（在马赛也是如此），但最终是**集体主义**，换句话说是共产主义，取得了胜利。

当劳动的解放跟剥夺资本家阶级联系起来的时候，人们同时决定，**无产阶级要作为一个政党**组织起来，这个政党要把**国家从任何色彩的资**

产阶级政党手中夺过来。

第二年的**勒阿弗尔全国代表大会**使这个阶级组织完善起来。这次代表大会为工人党提供了**选举纲领**，这个纲领包含了直接的要求，**马克思和恩格斯**都参与了它的制订。我们凭借这个纲领顶住一切进攻，进入了阿莱斯、圣康坦、阿尔芒蒂耶尔、鲁贝、蒙吕松、博韦、科芒特里、加来等地的市镇议会。

工人党在阿列埃、北部省、加来海峡区、埃纳、罗讷、马恩纳、埃罗这些省拥有成员最多，组织最好。

盖得接着谈到**全国工会联合会**，它是1886年在里昂的一次**工会代表大会**上建立的。**弗雷西内—洛克鲁瓦**内阁想要操纵这次大会，因而对它加以支持。但是政府打错了主意。人们邀请工人们，是为了组织工会和行业联合会，而没有政党倾向；但联盟从一开始就宣称赞同科学意义和革命意义上的**社会主义**。它在能求得救助的地方，在"**生产资料社会化**"那里寻找救助。它要求把**劳动日限制在8小时**，消除对工人运动的国内国际障碍和限制，作为准备性的措施。在这次大会之后，联盟又继续开了两次全国大会，1887年在**蒙吕松**，1888年在**波尔多**。它现在拥有450个工联组织或合作小组。

正是这个组织，为了摧垮政治暴力的阻挡，发起了今年2月10日和24日在劳动中心举行的示威活动。它是在我国从未有过的最强大的一个工人联合会，但无论在人数上或是在它所拥有的资助力量方面，它都不能同**英国工会联合会**相比。但是为什么会出现这种落后于其他组织的状况呢？原因是没有一个工人阶级像我国工人阶级那样，在近一个世纪时间里如此屈从于**绝对的资产阶级无政府状态和资产阶级专制制度**。

我国的资产阶级是所有资产阶级中最险恶、最肆无忌惮、最残酷（回忆一下**1848年6月**和**1871年5月**的大屠杀）和最虚伪的一个。从1790年起，它通过**沙白里哀法**，借口所谓公众利益，不仅取消任何一个联合会，还取消**任何一种行业联盟**，从而逐步地粉碎和瓦解法国无产阶级，剥夺其一切共同行动。这种反结社的禁令由于**拿破仑**法典的严酷条款而更为严厉，它给法国造成的耻辱一直保持到 1884 年，即直至工业集中化带来了虚幻的工联自由这一天。人们在**昂赞、维耶尔宗、蒙索**等地看到，那些矿山、铁路和高炉的奴隶们，凡是最终打算行使法律保障的组织协会和联合会权利的，都会发现他们会被结社禁令压倒：**不要组织工联**！不要组织工会！否则，就**没有工作**！也就是**没有面包**！

许多世代以来就被剥夺使用双脚权利的法国工人，在走上组织工会的道路上行进得如此缓慢，这又有什么可奇怪的呢？我们本国的**社会主义组织**也不能同**德国社会民主党**及其数十万拥护者相比较。是什么原因，至少在目前，使我们的活动瘫痪了呢？是什么原因使我们的宣传工作很少取得成绩，吸收新成员的工作进展缓慢呢？初看起来好像十分古怪但却可能更为确切的原因，是我们所享有的、使许多工人受到迷惑的**政治自由**。抑制我们的就是**共和国**，它已存在 19 年了，群众一直把它看做这样一个护身符：无须群众自身的努力，随着时间流逝，它就会使他们摆脱贫困和受奴役的地位。

这是一个实干的民族而不是一个喜爱组织的民族。此外，我们法国人习惯于在别人**一步一步**迈进的地方跳跃前进。在事件发生的情况下，我们在斗争中临时组织和补充必要的队伍。

同时也可以指望在将来，在我们的传统、我们的气质所允许的条件下，我们**能受到某种制约**（cadres）①，**只不过是制约**。同时，这种制约是实际情况要求的**动员工作**所必需的。我们现在已经有了这样的制约。

---

① cadre 一词，在法文中原作框架、范围解，其复数 cadres 通常作干部解。此处似应从双关的意思上理解。见本段和下段。——译者注

可以毫不夸张地说，这使我们充满信心地注视着未来。①

不仅在巴黎，而且在所有的工业城市，工人中都已形成少数觉悟分子，有能力承担起对运动的领导和防止错误发生。

人们现在懂得了他们在 1830 年 7 月和 1848 年 2 月所不明白的事情。当时工人是一切公职的主人，但他们却容忍了在**他们通过英勇斗争推翻的资产阶级政府的废墟上**，盘踞着同一个敌对阶级的另一个派别。

现在不会再出现这种情况了。权力一旦从机会主义者手中落入社会主义者手中，无论是**布朗热**还是任何其他人都不能把它从工人手中重新夺走。权力**属于我们，也必须属于我们**；将要掌握权力的无产阶级，将会知道**在一切人和任何人面前保卫它**。

一旦出现**又一个公社**，这一次，整个劳动者的法国将会支持巴黎；19 年前的景象将不会重演：工人为资本家站岗放哨，替资产阶级保护他们从劳动者的法国偷窃来的存在银行中的数以十亿计的钱。**如果**工人还要站岗放哨的话，那将是在把偷窃来的劳动果实全部归还人民、使银行真正成为**法国的银行**之后的事情了。

我们少数人已足以承担起下一步行动的领导工作。外国同志们可以相信，即使明天就出现社会矛盾所引起、并因统治阶级政治分裂而加剧的冲突，**斗争结局必将有利于社会主义**。

---

① 在本文献原文（德文）中，cadres 被译成 Rahmen，即作框架、范围解，这在一定程度上跟上文"这是一个实干的民族而不是一个喜爱组织的民族"呼应。但从下文"工人中都已形成少数觉悟分子"看，此处 cadres 译成干部似乎更贴切一些，按照这种理解，此段可翻译如下：同时也可以指望在将来，在我们的传统、我们的气质所允许的条件下，我们**能造就一批干部（cadres），只不过是干部**。同时，这些干部是实际情况要求的**动员工作**所必需的。我们**现在已经**有了这样的干部。可以毫不夸张地说，这使我们充满信心地注视着未来。——编者注

如此光荣和有如此丰富成果的**失败时代已经结束了**,确实结束了。外国兄弟们,**我们向你们保证我们将取得胜利,我们能够为胜利而向你们保证。**(长时间暴风雨般的掌声)

* * *

拉法格通报了新到各地代表的情况,并借此机会用事实揭露了**可能派玩弄的花招**。他们到火车站去等待我们来自各省的朋友,并不顾正式的委托书而"试图诱骗他们去参加那个所谓的代表大会"。

主席反对上述这些话,认为这些话与昨天通过的促进**和解**的精神相矛盾。**瓦扬**公民就此向大会通报了同可能派的来往信件,以及后者的导致**两个代表大会合并最终归于失败的日程**。瓦扬公民补充说,这种无条件地拒绝任何和解的做法引起**意大利代表的绝对抗议**,致使他们跟荷兰代表一样从朗克里街①的代表大会**退出**。(鼓掌)

会议于11时休会,确定下一次会议在次日9时召开。

第七次会议

(7月18日,星期四上午)

多马公民担任会议主席,他是巴黎的市参议会议员。主席向大会通告了致大会的电报、函件以及祝贺信。

各国工人政党和组织向大会的报告
(继续)

莫里斯公民报告了**英国社会主义运动**的概况,但没有停留在叙述当

---

① 可能派开大会的地方。

地工人阶级的状况上，因为英国工人阶级同其他任何地方的工人阶级一样，是私人资本的奴隶。在近六年里，社会主义在英国几乎是不可能的，尽管**宪章运动**以及**欧文式的共产主义**还有些活跃。大陆的社会主义当然有明显的影响，但资产阶级由于取得了贸易成就而变得目空一切，因而忽视或**有意**无视无产阶级的状况。大多数人把实现贯穿全部政治的一整套虚伪言词当做争取的最高目标。但现在经济的发展改变了整个事态：社会主义已成为无产阶级的希望，资产阶级的灾难。不仅于此！许多资产者宣称支持社会主义者，但有一点保留：就是不要别人强迫他们承认阶级斗争原则。英国贫困表现出的那种恐怖形象，似乎唤醒了这些人的一点点已沉睡的良知，因此他们支持和宣告一切形式的改良。于是国家鼓励移居国外，以摆脱一批无产者；于是他们小心谨慎地尝试扶助农民的土地权和活跃农村小工业；于是他们致力于**俾斯麦式的工人保险**，致力于更完善的**生产合作社**的新形式。从单纯的**慈善事业**起，等而下之，直至**马尔萨斯主义**和堕胎，人们提出了种种建议作为救世良方。当然这一切都是通过资产阶级提出的——他们已意识到我们的社会处在什么样的一个火山口上了。

直至最近，社会主义运动几乎仅仅停留在思想王国，仅仅由**受过教育的无产阶级成员**支撑着。现在情况起了变化，因为经济的发展为工人的思想接受和吸收社会主义学说做了充分的准备。工人们认识到阶级斗争本身；他们懂得：他们在适应资本主义生产方式的机制的过程中自身所起的作用，决定着他们在生活中的贫困程度。一种不可抗拒的推动力促使他们要求从根本上改造社会。

这种觉醒，部分要归功于一批坚定的社会主义者的**街头宣传**。仅在三四年前，我们的演讲者在有些地方甚至被工人们喝倒彩和轰赶、而今天到处可找到全神贯注的听众，人们甚至对演讲者报以掌声。那些激进的伦敦俱乐部过去是不会屈尊倾听社会主义者讲演的，而今天社会主者发现在那些地方不会遇到什么反对意见。更好的是：在这些俱乐部里，本意上的政治生活①仅仅是通过那些以社会主义者面目出现的人的活动表现出来的。**一句话**，社会主义对政治党派的影响已经到了这样的程度，以致**哈科特**大臣宣布："**我们全都是社会主义者！**"社会主义者遇到的最严重障碍是**已经合并了的工业企业中工人的冷漠态度**。因为英国是所有国家中第一个完全由国家占有大工业的，因此工业中心的工人们几代以来不可避免地只得完全处于极端依附的地位。他们已经习惯于把自己看做仅仅是工厂机器的一个部分。工厂主对他们来说是一名"paymaster"——会计，他们有时会跟他争吵，但却把他看做对他们的生存不可或缺的。

另一方面，下述事实也有利于英国的社会主义运动：农民即**农业工人**与**城市工人**之间存在情感上的共同之处。这在法国和大陆其他地方是不可想象的（至少没有达到类似的程度）。在英国，农业工人是**租佃户的奴隶**，因此他们完全不是保守的，虽然他们经常被迫要去投保守党人的票。他们有自己的见解，非常想要挣脱自身的枷锁。

政党的发展曾经有利于社会主义事业。单单一个**爱尔兰问题**（英国社会主义者对此作了大量研究）就使所有的老党混乱不堪。一向习惯于盲目信任议会的工人，已经失去了对它的信任。必须指出，新的**社会主义激进派**小组（代表它的报刊是《星》）在议会中影响很小，而且随着爱尔兰问题的解决或消除，它会立即失去全部影响。

我要说，我们——这就是说"社会主义同盟"（Socialist League），我以它的名义发言——庆幸这种局面。因为我们确信，如果工人们力图派遣自己的代表进入议会，那只是白白牺牲自己的时间和精力。因此，

---

① 可能可以作这样的理解，即演讲者（即莫里斯——编者注）指的不是进行多余的论辩——选举期间的幕后活动（wire pulling）。

我们不会对通过上述努力而取得的微不足道的成果感到丝毫可惜。相反，新近在大城市，特别在伦敦实行的**郡委员会**（County Councils），跟托利党人的意图恰恰相反，表现出强烈的社会主义倾向。可以指望，这些委员会有一天会成为反对集权主义和官僚主义的议会权力的民众的一个集合点。这种议会权力在英国（也只有在英国）是**反动的**，因为它具有一种强大的魔力，可以充当——受到社会主义者攻击的——**保卫私有制神圣至高权利的委员会**。这个名字叫做议会的委员会，完全不用为其中容纳有若干被剥削阶级代表而烦恼，因为吸收他们进入议会有双重目的：一方面可以作为发泄人民不满的**安全阀门**，另一方面又可成为表明工人反抗活动方向的指示器，同时也可以表明资产阶级的伪善能够达到何等的程度。

总之一句话，英国社会主义运动的状况是很令人鼓舞的。公众舆论以越来越大的热情寻求真理的**所在**。如果说党的组织现在还不够的话，那么人们仍然有把握说，党的组织将成长起来，并将不可抗拒地向前发展。

我们还要提一下，社会主义在**澳大利亚**日益发展，不是我们在**美国**看到的那种发展情况，而更多的是以一种与**英国**运动相接近的方式。

此外，英国的社会主义首先是作为一场**思想运动**出现这个事实本身，证明可以指望它的进步发展不致停顿。由此而产生的**理想主义**，是想要获得成功的每个运动的不可缺少的因素。把我们的希望建立在经济宿命论和资产阶级因素持续衰落的基础上，无疑是危险的。生产和社会的**逻辑**发展必然地要求我们考虑这些事实；但形势的**历史**推移可能打破这个发展进程，而使资产者的优势继续延长一些时日。英国很可能还有一个大的贸易繁荣时期。由于各种发现和机械的改进所产生的繁荣的刺激，使工人在所谓**国民财富**中所占部分甚至比现工业阶段还少。

不论发生什么情况，我们仍将是社会主义者。事实上，我们有可能变成**被喂养得好一些的奴隶**，生活安逸的寄生虫，可是我们能以此为满足吗？不能！思想领域的运动（这种运动必然还要进行下去）不允许我们满足于那种不能完全彻底实现我们理想的状态。我们知道，我们还需要争取全体人享有**平等的生活条件**，而这是一个很好的能够实现的理想。我们永远不会忘记千辛万苦得来的教训，我们懂得这样去思考问题：不管某一些人的命运中会有什么遭遇，正像**约翰·布莱特**自鸣得意地说道，"**沉渣**"即使有所改善，也始终还是那种"沉渣"；而且只要我们的全部要求还未实现，它还将是沉渣。工人们，包括最好的工人，不总是依附于他们的雇主吗？同时，如果再深入探究的话，他们不总是依附于他们**主人的主人**即**国际市场**吗？英国工人将以坚韧不拔的精神要求实现他们的全部权利。我们知道，直到完全赢得这些权利之前，他们不会半途而止。尽管如此，我们也要承认，**社会党如变成为一个纯粹政治性的党，就要经受一个失望阶段**。在这种情况下，党将成为一撮冒险家和选票猎取者的玩物，在这些人眼中除了他们个人利益之外别无其他。他们为此目的而向无产阶级灌输希望，向他们进行欺骗宣传，用一些镇痛剂去骗他们，使之拥护资产阶级议会；而这样一种议会清楚地知道，即便这些镇痛剂真正起作用，但广大人民得到的除了**选举自由**和**饿死**之外，不会有其他任何东西。

有两件事应作为英国社会主义者的光荣来说一下。第一，英国的社会主义者（一些例外不算在内）尽管有些意见分歧，但从根本上说是**国际主义的**。他们以极大的精力批判沙文主义（Jingoism）的各种表现形式。"国籍"这个词对他们来说只是一个地理概念。"不列颠帝国"绝不是他们热爱和引以自豪的对象，而只是一种灾难的力量，一种建立在非正义和暴力基础之上、因而受到每一个正直的人憎恶的统治。第二，英国社会主义者凭借其理想主义，是一支建立在**社会主义的审美角度**之上的特殊队伍。他们没有接受**夏尔·傅立叶**的乌托邦思想，但他们多数不自觉地是傅立叶关于**有吸引力的劳动**的思想（要求在社会主义社会中，劳动不再令人厌恶，而对劳动者来说成为一种愉快而有吸引力的事）的继承者。这一点有其重要性。所有社会主义者都希望一切人参加劳动，而当这个目标实现时，他们将同意这样的命题：劳动与其说是一种痛苦的劳役，不如说是一种有吸引力的职责。尽管有不可避免的失误，英国的社会主义运动由于向工人们指出了可以达到的目标——**一种美好而完善的生活**，从而为整个社会主义事业作出了明显有益的贡献。

英国的社会主义运动创造了一种值得重视的文化。除多种每天出版的工人报纸外，有两份社会主义的周刊值得注意："社会民主联盟"的机关刊物《正义》和"社会主义同盟"的机关刊物《共和》。社会主义者还发表各种罢工文章、小册子和传单，其中也不乏有分量的著作。一个独特的标志是，我们的小说作家已经发现，在他们的书中增加一些社会主义的内容以**适应时代要求**是有好处的。**社会主义已成为一种时髦！**

社会主义在英国已是一株强有力的植物，它正萌发出生机勃勃的枝条，当然还很嫩，现在还既未开花也未结果。（热烈鼓掌）

* * *

阿德勒博士——奥地利社会党人的代表，作关于**奥地利社会主义运动状况**的报告，他的报告常常被热烈的掌声和欢呼声所打断。他说，在奥地利有一个富有生命力的党，它不倦地工作，从不在困难面前退缩。我在这里带来了全奥地利各地成千上万工人的兄弟般问候。他们想给我一份正式的代表证书，但无法做到。奥地利的自由是一种混合物，是处于俄国的自由和德国的自由二者之间的。（场内十分活跃）形式上它是德国式的，实行起来则是俄国式的。除法国和英国外，奥地利大概有全欧洲最具自由精神的法律，甚至像是一个共和国，只不过首脑不是一位总统而是一位君主。遗憾的是，人们在实践中不是按照法律的规定，而只是按照有关警官的**意愿**行事。警官可以取消法定的一切自由。人们已经看到，警官正在行使这种权力，而且还在滥用这种权力。这种奇特状况使奥地利工人运动失去前进的同步性，失去决策和行动的可靠性。这个运动不断处于各种可能出现的命运变化之中，今朝繁花似锦，明天就毁于一旦，政府都无须用非常法作为借口。这样，1884年公布的**反无政府主义者非常法**也就没有从根本上改变形势。对社会主义者来说，他们是由职业法官还是由陪审法官来判决，这都没有什么两样。根据这个非常法，警察在第一个星期里就将400多人驱逐出维也纳和弗洛里斯多夫。被驱逐者绝大多数是完全无辜的人，工会会员或工联理事会成员。当然，这个非常法必然要扼杀刚刚兴起的工人运动，而它实际上也是这样做的。但真是够出奇的！奥地利政府不论在**坚持正义方面**还是在**实行镇压方面**，都**同样的**无能为力，它来回动摇，我们通过**磨洋工缓和了专制主义**。（场内极其活跃）新兴的运动利用这一点来重新喘一口气和巩固自身。我们要强调的是，在工人党内部出现了深刻的意见分歧，特别是在这个问题上，即"享有了直接普选权的工人**是否要建立政党**"，这是个纯粹原则性的问题！奥地利工人现在没有选举权，而且近期也不会有。然而这个问题使工人党分裂成为两部分，一部分是由所谓较激进分子组成，另一部分是由所谓较温和的分子组成。只有在某些还有影响的人物离开之后，统一才能实现。运动还要同另一个困难作斗争，这就是依据关于**兜售书报**的法律，凡发售报刊的人都可能由于违反出版法而被起诉。（会场激动）第三个困难归根到底常常只是因**民族对立**引起的。虽然各个不同民族的无产者在总的方面表现了一种严肃的团结一致的精神，并真诚地相互声援，但由于语言不同给宣传工作造成的困难越来越大了。此外我们还要补充一点，就是**国民教育程度十分低下**，而且没有提高的趋势。自从斐迪南这位天主教徒以来，在这个国家里人们用火和剑疯狂地反对国民教育。奥地利不仅是一个天主教国家，同时又是**一个落后的国家**。

尽管有这一切困难，在我国工业扎下根的地方，出现了一个使资产阶级害怕的**社会党**。

一个值得重视的事实是，奥地利跟其他一些国家相反，在一个至今在公众生活中起决定性作用的党的内部，还继续存在着旧的封建世界的最后残余。虽然这个封建社会在新的经济时代的压力下不得不改变其性质，但它仍然有着与年轻的资产阶级的利益相对立的利益。与此相应的是：人们时而从这方面、时而从那方面来设法争取工人，资产阶级以高度伪善的政治自由主义的面貌，而封建贵族则借助劳工立法。

奥地利确实有一个劳工立法。这个立法如果**不仅仅存在于纸上的话**，那么可能是除英国和瑞士之外的全欧洲最好的劳工立法。在奥地利**存在着十一小时标准工作日**，禁止女工和童工的夜班劳动，等等。同时还有绝对的出版自由。但是这个法律允许有**例外**，并由行政当局来作出规定，而这种规定总是肯定能够得到主管部门的确认。但是我们也要承认，尽管有这类**"法律允许的不合法现象"**，劳工立法还是**改善了**大工业中的工人处境。它把无产阶级的注意力引向他们所处的环境，从而也有利于唤起工人的责任心。此外，**工厂监督**尽管十分不完善，却远不像德国组织得那样糟糕。为了真正有效地搞好监督，必须着手增加监督员的人数。资产阶级拒绝为安置新的监督员出钱，借口是军国主义耗尽了纳税人的钱。现在我们只有15名监督员。更有甚者，政府拒绝给监督员派一名工人阶级出身的普通人作为助手，而大家却认为这是必要的。

我们想重复一遍，尽管有这些缺陷，劳工立法已成功地把公众的注意力引向这些从前被完全忽视的情况上去了。

那么，奥地利社会党人对劳工立法是怎样考虑的呢？首先要达到的**目标是：提高无产阶级的体力、智力和道德水平**。单单一个劳工立法远不足以完成工人运动所要解决的任务；但它是一种手段，无产阶级不利用这种手段就将不能达到其最后目标。

当资本主义社会制度崩溃（它将会完全自行崩溃，无须人们为此采取措施）的最后时刻到来时，无产阶级的命运将取决于它当时达到的才智发展的程度，对于这一时刻的到来，我们所能施加的影响，要比我们自己经常设想的要少，比我们的敌人所估计的更少。但是我们掌握着一点：为这一时刻到来做准备。未来取决于这个准备。未来是否会出现挣脱锁链的奴隶或决心获得自由的人们？做好准备——这就是一切。这就是我们到处争取制定劳工保护立法（这对于良好的社会保健是必要的）的理由。（长时间鼓掌）

阿德勒公民还宣布说，奥地利党只出席这个代表大会。参加可能派代表大会的"上奥地利和萨尔茨堡联合会"的最大不幸就是它根本不存在。

* * *

在阿德勒作出宣布之后，大会就是否继续宣读报告的问题进行了相当长时间的讨论。

比利时代表受到**美国**代表**布希**的支持，建议对每个发言人只安排15分钟的时间宣读报告。

拉法格公民认为，那些反正要全部发表的报告不必再宣读了，可以进入讨论列入议程的问题。

英国代表**基茨**认为，听取**矿工代表**们的报告在任何情况下都是有益处的。

迪比克公民建议，每个报告只允许用10分钟，同时选出一个30人组成的委员会负责将**全部单个报告**汇编成一个**统一的总报告**。

德国代表们声明接受这些报告，而**韦德**公民反驳拉法格的建议。代表大会不仅是为了研究劳工立法问题，况且这是所有社会党已原则上取得一致的一个问题，代表大会同样还要讨论各国无产者之间更密切的联系这个题目。宣读报告将大大有助于达到这个目的。为此，有必要在听取了一些所谓大国的报告之后，也要以同样方式倾听较小国家的报告，否则代表大会势将有悖友爱和公平的精神。

拉法格和**迪比克**公民撤回了他们的提议，代表大会一致决定宣读报告，但根据**塞扎尔·德巴普**公民的建议，每个报告人只允许讲10分钟。同时，代表大会接受了主席团的建议，委托它来起草最后决议，这就要请求每位代表支持主席团，向它提交有关议事日程上各项问题的决议案或意见书。

* * *

比利时社会主义工人党代表**沃尔德斯**公民作关于**比利时**社会主义运动的报告。

比利时资产阶级是所有资产阶级中最凶险的一个，因为它手中掌握着最大的政治权力。它单独享有投票权。同时，它不仅占有土地和一切生产资料，而且占有全部的国家权力。前不久它对选举法作了补充，允许一小部分小厂主和小店主进入市议会。所以社会党在这个国家里要不懈地向巨大的困难——这些困难必然影响到其成员所要实行的策略——作斗争。

在比利时没有任何劳工立法。近来这个重要问题提上议事日程的方式方法，表明资产阶级的险恶用心。

国民教育水平远低于最起码的要求。

此外，国内政治形势由于经济形势而变得更加复杂了。比利时主要是一个大工业的国家，而且是为世界市场生产的国际性的工业国家。资产阶级利用了它跟外国进行的竞争，并由此锻造了对付无产阶级的武器，它在比利时工人和外国工人之间播种仇恨，**只有社会党人向这种沙文主义作斗争**。

社会主义运动在比利时还比较年轻。五六年前，只在一些工业中心有社会主义小组。只有**根特**是坚定的社会主义者（其中包括许多德国人）的紧密团结的总参谋部（ètat-major）。他们在 1885 年就曾试图在一个社会主义纲领的基础上，把所有的法人团体、所有研究政治和社会主义的俱乐部、所有的消费合作社、生产合作社和互助储金组织等联合在一起。接着，就在真正的社会主义基础上建立起来**比利时工人党**，这是全欧洲组织得最好的工人党之一。德国的社会主义工人对联合作了特殊的贡献，他们十分热心努力，经过若干年的奋斗，使运动成功地纳入真正的航道。属于党的两大合作社（**安塞尔**将就此作专门的报告）完全以社会主义精神进行工作。这种合作社的建立对公众舆论产生了极大的影响，促进了运动。整批整批的村镇居民都听从党的意旨，虽然这些新成员的大多数一时还完全不通晓社会问题。在城市和工业中心，短时期内就有近 100 个政治团体，一些社会主义者被选入市和省议会。但是对新党的最初热情很快就消失了。我们必须承认，**在比利时不能仅仅指望于组织政治小组**。这些没有其他基础的小组一遇到极小的风暴就散掉了，正如昙花一现的**埃诺政治同盟**所**证明**的那样。相反，**由共同的经济利益**联系在一起的组织则坚持下来了。如那些以保持一定的工资等级和提高工资为目标的行业联合，以及在团结组织和成员方面打下坚实基础的合作社，就坚持下来了。因为这些组织的成员需要联合起来保持共同的财产（这提供极为可贵的财源），赢利中相当大的百分比首先用于社会主义的宣传、创办报刊等，所以要解散这些组织是比较困难的。比利时党的策略是通过它的全部立场表现出来的。它同时声明，比利时代表团努力寻求为两个代表大会的合并而探索途径。它的国家的形势要求，为了无产阶级的更高利益，社会主义者要能妥协。如果要把僵硬的、自我孤立的纲领作为比利时党的义务的话，这个党一天也不能存在下去。**瓦隆人**和**佛兰德人**之间的不同，就要求一种宽容的策略和一个广泛的纲领。

因此，比利时党虽然在原则问题上是严格的，但如果只涉及策略问题的话，它是乐于商谈的；它对工人是宽容的，而对资产阶级则是处在战斗中而拒绝搞任何妥协的。

一切处境与我们相类似的其他国家的同志是会赞赏我们的这个根本原则的；这个原则唯一的目的就是在公开的斗争中把国际无产阶级的解放事业引向胜利。

德国社会民主党在劳工立法问题上所提出的一切要求，也同样是我们提出的要求。（鼓掌）

波希米亚代表**希贝什**作关于**捷克运动**情况的报告。他希望用德语而不是用捷克语发言，以便为代表大会节省多一次翻译所花费的时间。

波希米亚是第一次派代表参加无产阶级的国际大会。波希米亚自从宗教改革后就失去独立地位，一直是一个停留在落后状态的国家。在使它的居民日尔曼化和皈依天主教的借口下，一切自由被扼杀，一切民族权利被取消。这种情况是封建主义造成的，它打着有利于爱国主义事业的旗号，而事实上为它本身的利益和为它自己服务。

尽管如此，社会主义在波希米亚仍在胜利地前进；这是跟造成人数众多、备受贫困的无产阶级的工业进步相伴随而来的。由国外带入波希米亚的社会主义学说（大部分是通过翻译途径），在捷克无产阶级中广为传播。**语言**问题是宣传的**一个障碍**，**残酷迫害**是**又一个障碍**。面对着阻挠工人建立组织的这么许多障碍，工人们唯有依靠自己的主动精神和组织工作。跟其他国家的情况相反，没有一个受过正规教育的人走到无产阶级这方面来，向他们指出经过自身努力争取解放的道路。此外，从来没有一个捷克律师当过审讯社会主义者的案件中的辩护人。

报告人从亲身经历中知道政府和警察对社会党人的迫害是何等残酷。他本人就因担任"总委员会"委员和到处组织"无政府主义"小组而被追缉、监禁和控告过，最后还被判了刑；然而检察官拿不出任何理由，只是说他参与了两家外国报纸的工作，其中一家是纽约出版的约翰·莫斯特的《自由》周报，另一家是甚至已停刊一年的、在芝加哥出版的无政府主义的机关报。在诉讼准备过程中曾90次推迟开庭审理的日期，并从神圣温采尔王国的各地带来各种证人。其他许多社会党人都有与此相同的经历。在波希米亚，分发报纸就要即刻坐牢或被判以罚款。违法事件调查过程的拘押期最多两三天，而这里却常常延续几个月。被逮捕者都带着镣铐被送往布拉格的地方法院。虽然人们相信邮件递送应是自由和独立的，并要维护每个人的通信的秘密，但如果一个人得到从国外寄来的报纸，几小时之后就会被搜家。凡被控告为秘密组织成员的人，要判处两个月或三个月监禁，这些组织的所谓"头目"要被判处一年监禁。在警察心目中，任何一个比其同伴稍有点文化和多受些教育的工人，都可能是这种"头目"。

举出下面这个事实就足以看出警察的专横和冷酷：340名由于社会主义的罪名被一个检察官起诉的人，只有110人被无罪开释！近期来已没有一个由捷克工人组织的团体获得批准。警察已建立一整套的恐吓威胁办法，阻挠了一些工人参加运动。

尽管有种种障碍，社会主义已在波希米亚深深扎下了根，今天已不可能把它铲除。虽然还缺乏必不可少的精神支柱，但运动在发展，并且我们毫不怀疑，终有一天它将取得胜利。（热烈鼓掌）

在会场恢复安静之后，56000名有组织的**苏格兰矿工**的代表**基尔·哈第**，受**英国议会社会主义工党**代表的委托作报告。

委托者承认阶级对立，争取消灭资本主义和由社会占有全部劳动资料；劳动的全部成果应归工人。委托者认为，当人们争取到发布一系列体现严肃的劳工立法的法令时，这个目标就会达到。为达到此目标，他们主要在政治领域内组织起来，因此他们力争使他们的人员能够进入议会和地方政府机构。他们不乞求类似较高等级对低下等级的**恩赐**或**施舍**那样的**法令**，不，他们**要求**作为人民的创造物和公仆的议会制定符合人民意愿和需要的法律。

基尔·哈第所代表的组织是一个为工人谋福利的独特政党。几个月前,纽卡斯尔的工人同志投了党的候选人 45000 张选票,3 人被选为督学。在威尔士和大不列颠每天劳动只 9 小时,长时间来被人们一再作为一种确定不移的说法重复。再没有比这荒唐的了！的确,有些地方,比如工厂里,有这样的法律规定。法定的劳动时间是每周 56 小时,同样,大城市手工业者的工作日被规定为总计 9 小时。在某一行业兴旺繁荣时,工作日有时常常被延长到 12 小时乃至 14 小时！对此我们还要补充说,在我们工人的优秀分子中开展了一场支持**八小时工作日**的强有力运动,他们要求以法律形式对八小时工作日明文作出规定,绝对禁止加班。但是这些都远远没有达到。电车和铁路的职工仍旧每天工作 12—18 小时！生产不能间断的大型企业工人实行十二小时工作日和一周劳动七天！

至于工资,是完全不起眼的。在农业地区每周工资是 12—15 先令（合 12 马克 24 芬尼至 15 马克 30 芬尼）。从事公用事业劳动的非熟练工人（手工业者）每周工资为 12 先令（合 12 马克 24 芬尼）；大城市的矿山和铁路工人最多能赚到 22 先令（合 22 马克 44 芬尼）；熟练工人干 9 小时标准工作日每周工资为 20—35 先令（合 20 马克 40 芬尼至 35 马克 70 芬尼）。

我们想顺便提一下,据官方统计,大不列颠所创造的财富总计为 12 亿英镑（13.24 亿马克）。工人们所得从来没有达到过这个大致的总数的 1/3；而 8 亿英镑多的钱流入无所事事者或半闲散者的腰包。

大不列颠 1000 万工人中有 **100 万工联**（工会）**成员**。工联的成员多数是熟练工人,他们很少关心没有参加他们组织的工人。非熟练工人可以说还没有组织起来。

每年都要开一次**工联代表大会**来讨论劳工立法。但是大多数领导人从一开始就确信,议会不能做到(即使能做到也不是自愿的)改善工人的经济状况。所以这些代表大会的决议根本不能产生什么影响。根据工联的看法,工人们必须着手调整工作时间和工资水平,不能期待议会对此有任何帮助。经验证明这个原则是站不住脚的;当前经济体制中在经济和政治领域里**雇主**难道不是事实上的**绝对主人**吗?在工联内部也有一股要求**以法律形式确定劳动时间**的强大潮流。还在今年内,工联人士将就赞成或者反对制定八小时工作日法进行投票。工联的头头们反对从社会主义思想出发的任何决定,然而同一般看法相反,社会主义思想赢得了越来越多的阵地。对于社会主义思想来说,**工联主义已快走到尽头**,要有比它更好的东西。然而社会主义思想承认,如果工联主义决心成为具有**社会主义性质和政治性质**的组织的话,它就能保持强大;否则它即将成为一种单纯辅助性的团体,如此而已。当然工联做过一些好事,这些是过去和未来的联结点。但现在已经到了这样的时刻:最好的机构也需要加以重新变革。这对工联来说是一个生死攸关的问题。所以我们要重复一遍,如果工联不能开步迈向社会主义,**它就自己为自己作出了判决**。

尽管工联在英国作了各种努力,现有100万过着极度贫困生活的"**赤贫者**"(一无所靠的贫民),如不加以重视和解决的话,几年内就会增加到好几百万。**七个死者中就有一个被埋在公共坟地里。而人们还说"大不列颠是世界上最富有的国家"**!

多年来工人们由于同外籍工人的竞争吃尽苦头。这些外籍工人来到英国,造成工资标准的下降。如过去**艾尔郡锻铁厂工人**的每周工资是17先令(合17马克34芬尼)。现在厂主通过俄国驻格拉斯哥领事的介绍雇用了一批**波兰人,每周**只付12先令。当然他就按此标准降低了其他工人的工资,并威胁反对者说,他们将会被随时准备到来的其他波兰人所替代。几星期前发生的最近一次**海员**罢工中也有类似情况。业主要用所谓到处能搜罗来的海员顶替罢工者；罢工工人不得不屈服了。

只有工人们相互间有着国际主义的谅解，才能使他们有能力针对这种给资本家带来越来越多的庇护所的措施进行斗争。这些措施造成的结果就是：在资本家招来**外籍人**的时候，大批**英国工人失业了**。在18个月前就有150万失业者被抛向街头，尽管出现了各行各业明显繁荣的局面，英国工人还是成千上万地失业。实行正常的八小时工作日制就会取得造福社会的成就，使人人都有工做。如果这个目标达不到，如果现在这个相对繁荣时期之后紧接而来的是危机时期，那么政府在几年之内就会面临这样的抉择：要么是150万工人连同他们的妻子和子女受饥饿而倒毙，要么让他们做工。医治这种弊病的最有效方法是以法律的形式确定八小时工作日。没有一个大陆国家有像大不列颠那样多的超时劳动和那样低下的工资。

这种情况迫切需要救助。然而我们英国人是一个地道北方的、求实的和冷静的民族！比起一些空话或一场流血革命（即便它明天开始也难以带来什么好处），我们更为期待一些比较实在、比较合理的进步。

提出一项有利于八小时工作日的法律比一切革命更有效；这就是说，这种法案就是一场革命，而且是最为有效的。议会议员肯宁安·格雷厄姆在围绕这个问题的讨论中表现得特别突出。他的成就是如此巨大，以致政治家乃至漠不关心者都追随他。**八小时工作日制**的问题已经成为现实政治日程表上的经常的讨论题目；一次国际性代表大会如果不从这个意义上对运动加以认真的促进，就开不下去。我们向来自各国的、有着这样或那样不同方针的所有我们的同志致以兄弟般的问候！（长时间的鼓掌）

英国代表**基茨**公民抗议演讲者关于"革命"的说法，他表示确信英国有人相信革命就要到来。

丹麦代表**彼得逊**就基尔·哈第所列举的事实，认为有必要回忆一下，丹麦海员曾受骗跟英国的罢工者竞争，而当他们从哥本哈根的同业联合会中了解了他们被招募的目的后，就取消了他们的合同。

代表大会以热烈的掌声赞赏这一声援行动。

* * *

在这段插曲结束后，**扬科夫斯卡娅**女公民在全场鼓掌中发言：

我受**华沙**社会主义工人委员会的委托，向你们作一个与其说是报告不如说是简单的说明。

我本可以重复一下我们无产阶级因困苦命运的逼迫而发出的控诉，也可以描述一下在见到如此深重的苦难时向每一个真正的人的敏感的心灵袭来的痛苦的感情；我不想这样做，以免占用你们十分宝贵的时间。

这种贫困境况难道不也是在铁的工资规律的无情支配下挣扎的世界各国工人的命运吗？

我只想提到一点，对我们波兰人来说，还要补充一个加重上述大家共同受到的贫困的因素，即**无与伦比的专制主义的政治枷锁**；这是封建的枷锁，在这种压迫下我们长期地受煎熬，至今父辈还能向孩子们叙说他们本身受到的折磨和凌辱。

如果世上有一个国家名副其实地称得上**悲谷**的话，那就是**波兰**。

这种贫困境况直至今天还是如此巨大，以致面对你们打算概括为具体要求（我称之为温和的要求）的各种决议案，我们只能在理论领域里跟随你们。

我们既没有言论自由又没有结社权，罢工和工人协会都被禁止，因此我国的劳动人民没有其他国家工人所拥有的那种斗争组织。我们需要以一种基本不同的方式进行活动，这完全不同于你们强大的、完全公开活动的、对未来抱有莫大希望的组织——如你们的工联和工会组织。

但是困难并没有使我们却步，我们绝不会这样！我们正在准备有朝一日扩大我们的宣传范围；我们正朝着展开内容丰富的工人宣传工作的方向努力，这种宣传不仅应考虑在我们西方国家的朋友已经贯彻实现的那些要求，而且还要注意列入这次大会议事日程的种种愿望。

我们的努力会卓有成效吗？已有的成果对我们来说是一种鼓舞。**十年之前在波兰工人中间几乎没有人懂得什么是罢工**。雇主和工人之间的斗争表现为**骚动、暴力抗议和愤怒感情的冲动爆发**的形式。今天华沙的工人们懂得了**罢工**，他们以罢工的**胜利者**姿态出现。即使失败也不会使他们丧失活动能力。

怀有不满情绪的工厂工人寻找社会党人，从他们那里学习斗争的方法；战斗一开始，工人同志马上就对参加战斗者给以声援，用他们的钱来资助。最近一次罢工激发了这样一种热情：罢工者被一大批工人包围，像英雄般受到称赞。人们把罢工工人带到一所租来的屋子，供给他们饮食。工人们把为罢工者服务看做一项光荣的工作。这些事实都是有代表性的。兄弟情谊和相互声援的感情（他们已对此作出证明），不会吝于结出果实。

时间不允许我详述波兰运动的全貌，我只想着重指出，波兰即使还没有堪与你们相匹敌的组织，却是以同这里所有的组织融洽一致的精神前进在共同的道路上的；在这一点上，我所依据的一方面是已经取得的成果，另一方面是我国资产阶级和民族主义政党的道义上的完全破产。

尽管我们过晚地参加到社会主义大军中来，我们却有幸组成一支坚强的革命部队。尽管我们只能组成一支数量不大的队伍，你们将能看到我们到处和始终站在你们一边，随时随地为劳动人民事业而斗争；我们对自己能竭尽全力为争取欧洲无产阶级胜利的到来而感到幸福；我们确信，西方的胜利的队伍将会毫不迟疑地去砸碎他们斯拉夫兄弟身上的锁链，这些斯拉夫兄弟在承受比他们自己更大的苦难。

我们已经证实了把西方国家无产阶级团结起来的那种相互声援的精神，我们也想同时特别证实一下那种把我们和同志们，和俄罗斯及德意

志的社会党人,和天然的、最亲密的同盟者团结起来的相互声援的精神。(长时间的热烈的鼓掌)

会议延长了一个半小时。

第八次会议
(7月18日,星期四下午)

各国工人政党和组织向大会的报告
(继续)

莱奥·弗兰克尔公民任主席。他让**布兰特**公民作关于**瑞士工人运动**问题的报告:

瑞士全体无产阶级感到很高兴,国际劳工保护立法问题(这是由瑞士正式提议的问题)列入本届大会的议程,我们愿在这里谈谈自己的看法。**格吕特利联盟**是一个政治的、社会的和民主的组织,有约15000名成员;**工会联合会**是各个行业工会的联合组织,有7000名成员;**社会民主党**,成立于1887年,试图要建成瑞士全国性的社会党。这三个组织都派代表参加了这次代表大会。他们都负有这样的义务:来参加这个大会不单是为了他们心中的事业的利益,而且因为在这个各国工人相互握手以促使更快地把我们共同的事业引向胜利的庄严时刻,他们不愿站在一旁。作为民族和作为党来说,我们正经历着一个危难的时刻。作为**民族**,我们强大的邻居德国使我们的生活变得艰难;作为**党**,这种种麻烦给我们内部也造成各种困难。如同整个欧洲一样,**俾斯麦的体制**在我们瑞士的土地上也起着灾难性的影响。俾斯麦的范例无疑加快了我国的社会改革；另一方面，在他对我们的压力之下，我国胆小怕事的官方在资产阶级支持下，正在仿效它的警察经济。我国的联邦委员会在这方面作出了特别卖力的证明。

驱逐外国人、搜家、拘讯都被提上日程，而瑞士人却没有得到保护他们不受这些专横行为祸害的公民权。人们同对待巴塞尔的**德国流亡者**一样，对瑞士公民**孔采特**进行搜家；人们同对待政治上声名狼藉的外国人一样，对《格吕特利人》杂志一位编辑进行轮番拘讯。

来自外部和内部的沉重影响就这样压制着自由民主精神，这同时预示我们将来有越来越激烈的斗争。一个有特色的事实可能会突出起来。在瑞士我们正努力促成一种精神上的分离，这是一种至今在我们的习俗上并未有过、我们的历史未曾预见过的分离。但这种分离到处都在发生，这就使工人阶级负有一项义务：**一切全都依靠自己**。在资本主义所有制形式和生产方式的发展过程中，瑞士并不是例外。这个发展过程，在我们这里跟所有别处一样，造成社会对抗日益尖锐化。事实上**社会越来越明显地分成两个阵营**：一边是资本家，另一边是无产者。所以资本主义越发展，越把所有权力手段单独为自己牟利，工人阶级就要越加严肃认真地迫使自己承担义务：为了自卫也为了进攻而团结起来，用坚定的意志索回他们分内的权利。

资本主义不仅剥削工人、手工业者和农民，而且使我们的统治者日益腐败，**它埋葬了国家政权**。**它是内部敌人**，当它掌握权力并由此具有影响时更是如此。重新让它处于无权地位还需要长期的斗争。资本主义试图步步为营地阻挡我们前进。即使富豪统治这样强大，也无法阻止这种前进。由于**这种统治自身制造的社会关系使不满情绪越来越高**；随着这种不满情绪，人们增强了一种信念：这样的状况不能再延续下去了。事实上我们中间每个人都在谈论**社会改革的必要性**，就连联邦委员会也在争论要不要支持这种改革。显而易见，这种**套上警察制服的改革**，对我们社会党人来说是戴着一幅奇特的、不具有直接吸引力的面孔;但另一方面我们也愿意承认,瑞士联邦委员会较之其他一切政府最为接近社会问题。它所做过的事还**是不够的**。人们也应该看到以下的事实:在不易接受社会主义和民主影响的一些社会圈子里,在保守分子和资产阶级分子中间也能发现这样的人,他们要求的比一项表面的、不触及时弊的社会立法**更进一步**,他们说:"使用头痛粉和轻泻药不再能医治这个病态社会,只有**去掉病根**才能消除社会弊端。"此外,在最近还建立了一**个地产改革协会**。

诚然,我们可以对预见到并**将要到来的斗争表示惋惜,但我们毫不畏惧地注视着未来。等待着我们的考验将增强我们的力量;我们将达到战胜敌人的最后胜利。工人党近年来大大增强了其明确性、目标意识和果断性;在一些老党越来越多地瓦解的同时,工人党的影响和它的追随者的人数一天天地扩大。工人报刊有了 15 种,内容有的涉及政治,有的涉及工会,用三种文字出版。从本义上来讲的工人组织,除去上面已经提到过的外,还有活跃的**印刷工人联合会**、目前人数很多的**机械工人联盟**、**钟表工人联合会**,以及一些**天主教工人小组**。

所有这些组织都包括在庞大的**瑞士工人联盟**之内;这个联盟拥有 10 万成员,有一个机关——**工人书记处**。这个机关尽管对政治采取中立态度,但对保护工人阶级依然是一个极其宝贵的支持。由于不久前建立了**后备基金**,这些组织在经济斗争中显示出强大的支持力量。为我国带来幸运和荣誉的各种进步中,第一位要提到的是**联邦工厂法**。它规定了**十一小时标准工作日**,限制童工,禁止夜班劳动,保护妇女和保证星期日休息。

只有一点是可惜的,就是各邦监督这个法律的**实施**是委托三个工厂监督员进行的,除了一次例外,这些人都完全履行了他们的义务。堪做其他许多国家范例的这个法律,现在**已经经受了考验**。尽管这个法律的条文还不够充分，但我们对已取得的经验是满意的；现在已没有人再要取消它了，对它的攻击只能使它更充实和更完善。

关于**事故的赔偿责任**，情况也是同样的。我们首先在**铁路企业**开始实行赔偿责任，然后在**制造厂**，再后我们想到在其他工业部门推广。这种缓慢而稳步的前进是一种聪明的做法，这也符合瑞士人的性格，而且取得的成就对它有利。此外，即使我们宣告自己赞同逐步推进的做法，我们也决不让**最终目标**从我们的眼中消失。我们在意识到我们努力争取的原则和理想的同时，并不拒绝人们向我们作出的妥协；我们把这种妥协当作一种**分期付款**接受下来，是为了争取使其完整实现。

工人们现在正为争取更严格地实施劳工保护法而进行活动，他们在致力于实现**事故保险**、**医疗保险**和**养老保险**的新法律；同样他们还致力于改进已生效的工厂法并已取得成果；例如，他们要求**十小时标准工作日**，对印刷厂和钟表工甚至实行**八小时工作日**。这一切都发生在**国际劳工立法**正列入议程的时刻。

这一切说明，有些人认为瑞士倡议制订国际劳工立法似乎只是因为引起普遍关注的工厂法（和规定十一小时工作日）已拖得它疲惫不堪，这种看法是何等的错误。人们还进一步探讨制订**普通工业法**以确定建立强制性的**工会协会**组织的问题。在一些州议会中已出现推动组织工会协会的要求，同时人们到处可以看到（例如，钟表工人）积极宣传这种要求。在另一些州内，人们也开始注意到妇女在**时装杂志**、**艺术品修复行业**、**啤酒经营业**和**旅馆业**等部门的就业问题。例如在巴塞尔，为保护上述行业中工作的妇女采取了法律措施。

联邦委员会迟早会把这种事抓起来，这是必不可免的。一般来说可以认为，如果有朝一日我们的社会立法真正交由**联邦**一级，也就是说由**中央政府**负责实施，这个立法就将能得到更好的贯彻实行。

我们的任务是十分艰巨的，而且今后由于加在我们肩上的重税的压榨，会更加艰巨。此外，从各种不同方向去看，我们都服从于决定我们策略的我国特殊条件。可能那些不了解这些条件的人是不理解我们的策略的；但是你们，我们的同志们，你们必定会信任我们，因为我们努力争取的**社会主义理想**是同你们一致的。在争取实现这一理想的前进道路上，我们充分信赖瑞士人民和我们的民主（如果必要的话，我们的民主也完全可以跟俾斯麦较量一下）。

我们信任人类。当有朝一日（如同我们大家所希望的那样）人类要求在政治上和经济上获得解放时，他们就不可能也不会听命于某一个人。因为我们有这种信心和希望，所以我们在这里同你们一起，**为现在和为将来而工作**。（热烈鼓掌）

* * *

美国工人党代表布希说，他不打算详细介绍美国工人的状况。那里的劳动条件跟大工业统治的所有地方是一样的，同样的贫困，同样的压迫。美国工人的政治地位则与欧洲工人很不一样，立法也是很不相同的，因为美利坚合众国是一些不同的独立州实体的结合物。

这个国家有许多无产阶级联合组织：大部分成员为爱尔兰人、德意志人的**劳工联合会**，拥有100万左右美国人（就狭义而言的美国人）①的"劳动骑士团"。可惜的是，一大批在美国出生的工人（连同家属大约有1900万人）还没有组织起来。在合众国工人运动的面前提出了这样的问题：**怎么办**？如何切实地争取这1900万人？根据我们的判断，一项**劳工立法**是达到此要求的强有力手段。

我国各种**政党**都试图把工人抓在自己手里，向他们许诺一些劳动保护法措施，事实确实如此。但是这样的法律完全停留在纸面上，因为缺乏强制实施的因素。劳工联合会就像英国工会组织一样，开始时对**国家**

---

① 据最近期的可靠计算，数字远没有这样大——最多有60万。

的干预和无产阶级政治行动**还一无所知。由于形势发生变化，也由于社会主义的影响日益扩大，美国无产阶级中一部分人向组织一个**政党**的方向发展，并且进行了在当初人们一无所知的政治斗争。意在把美国无产阶级聚拢在社会主义工人党周围的纲领是人们熟知的。但是十分讲求实际的美国人不会满足于提出一个纲领。美国人首先会问，用什么样的**方法去实现纲领**。社会主义者的回答是这样的：首先要把人民的注意力引向已经集中化了的工商企业。同时要向人民说明，这些企业现在只为**少数人利用，必须使其为全民族服务**。只有通过无产阶级自觉的、平静的和长期的努力，组织一个政党，才能实现这种转变。根据这种观点，一项特别重要的任务是，工人党要抓住倡议劳工立法的主动权。因为只要工人党促进这样一种立法，就能表明它愿意进行实际的、对工人群众有利的改革。单单这个事实就足以使它的力量大大地增长。党希望通过真正改善工人的命运，而不是通过狂热的革命词句向无产阶级表态。**说些什么并不是主要的，关键在于干些什么。**（鼓掌）

* * *

罗马尼亚代表**马尼**讲述道，在罗马尼亚，3/5 的土地属于大地主；1/5 属于国家，1/5 归人数达 700 万的农民所有。农民由于缺少自有土地而成为地主的短工，从而完全依附于地主。**选举制度**完全反映了所有制关系。选民分三个集团；第一个由大地主组成，他们交付 1000 法郎以上的税金；第二个集团包括官员、商人、教授，简言之是那些从事"自由职业"的人；第三个集团是农民。农民选出代表团，再由代表团选出代表。罗马尼亚的社会主义运动约有 18 年的历史。**巴黎公社的榜样**对这一时期起了决定性作用；在同一时期，**俄国和波兰的政治流亡者**产生了不可忽视的影响。**青年大学生**最早接触社会主义理论。他们把社会主义文献中的主要作品翻译成罗马尼亚文，并努力把它们传播到全国。运动的中心点是雅西城；运动的成员主要由知识阶层组成。

年轻的党很快就有了一份科学杂志和每天出版的报纸。当局毫不犹豫地查封了这份报纸；当局将学生赶出大学，撤销了获得1万张农民选票的**纳杰日杰**教授的职务。事实上，宣传工作已深入到农民中间，并取得了极好的成绩。在进行了将近三年连续不断的宣传鼓动后，拥有4万张农民选票的280个代表团派出了**3名社会主义代表进入议会**。简言之，社会主义的进步表现为：激进派把他们纲领开宗明义的部分都删去了，以便——在把社会主义的酒掺上大量资产阶级的水的状况下——使自己在群众眼光中的形象有所改善。近几年来，居民的贫困不断增长，不满终于发展到农民起义。社会主义派的议员为了改变这种局面现在要求把**国有地交给乡镇**，主要交给必须进行共同耕种的合作社。然而议会却宁愿接受**激进派**的建议：每个农民成为一小块土地的占有者。因为小农经营无法跟更为高级的农业经营竞争，而大地主将随时吞并小农企业，因此，在10年到15年之内，小农经营及其处境将会依然如故，甚至比今天更糟。

在罗马尼亚也和在其他地方一样，现今情况下的唯一办法就是变私有制为集体所有制。在产业工人中间也表现出争取自身权利的觉悟的提高；印刷工人、皮革工人和陶瓷工人最近的罢工就是证明。在此期间，当局从有利于资本的意图出发，想从奥地利引进工人。但奥地利的无产者拒绝为资本家先生们的这笔交易效力！

这样，各国工人越来越证明了他们之间的大团结。这种大团结将使他们获得解放，只有这种团结才能促使**同资本进行决战并赢得胜利**的一天的到来。（热烈鼓掌）

* * *

匈牙利工人党代表**伊尔林格尔**公民扼要介绍了他的祖国的现状。他确信，受到现代社会主义原则鼓舞的社会主义运动，跟人们经常所说的相反，带有当前全世界的这种运动所具备的国际性。接着他说，匈牙利和奥地利一样，**自由仅仅停留在字面上**。每一个法官都可以随心所欲地施威。匈牙利的反动派模仿德国反动派，为了对付社会主义者而乞灵于中世纪的法令。

工人运动主要在俱乐部中间发展起来。**工会组织只在布达佩斯有，而工人俱乐部几乎到处都有**，不论在小城市还是在农村。匈牙利工人党长期以来被资产阶级激进党拖着走；但资产阶级激进党人没有遵守他们的诺言，工人党就决定独立生存并把一切希望寄托于自己。由于匈牙利存在着许多民族和语言，宣传社会主义的工作发生了困难。尽管如此，运动已前进到了这一步，即党内发生的分裂现象不再给它带来损害了。这种分裂是不可避免的，因为这是**工人党与无政府主义者的分道扬镳**。后者大部分是受警察雇用的，或者是在警察支持下来诽谤运动的。

另一方面，国家竭力通过严厉的措施来扼杀运动，它想方设法迫害最坚定的先锋战士，通过对他们的追捕使大批工人不敢接近运动。当然工人是没有出版自由的。因此党就力争在工会组织中扩大影响，以便把社会主义精神输入这些组织，使它们逐步向社会主义事业靠拢。事情就是这样：经济状况每天为我们创造新的追随者。随着大工业的发展，小工业趋于崩溃，无产者和不满者的人数愈益增长。**匈牙利的无产阶级跟德国和世界各国无产阶级肩并肩地战斗在一起。**（鼓掌）

布达佩斯制鞋工人博普公民说，跟前面发言者所说的相反，**匈牙利运动**的发展并非如此顺利，至少在原则方面表现出强烈的机会主义和经常趋向于妥协。为了克服这种弊病，正打算办一份工人刊物，暂时以20页的专业杂志的面目出现。人们希望，几年之内将出现一个站在一般意义上的社会主义运动高度的党。

* * *

比利时代表**安塞尔**原定作关于《**先进报**》的报告，但他没有出席。这样就轮到**多梅拉·纽文胡斯**公民发言，当他出现在台上时，响起了雷鸣般的掌声。

多梅拉·纽文胡斯公民叙述了荷兰工人阶级的状况：

一个国家的经济生活在很大程度上取决于政治状况。因为荷兰工人阶级不享有选举权，所以他们对政治事务也没有产生法律效力的影响。**一句话**，荷兰是一个被富豪（财阀）统治着的**阶级国家**，这种统治的灾难性在所有机构中都明显地暴露出来了。

逼人的**税收**重压与纳税人的支付能力处于完全相对立的地位。税收的2/5是以工人的必需消费品为对象的。可以毫不夸张地说，一个工人家庭要把收入的10%奉献给国家钱库，这还没有把地方公用事业的和其他各种的负担计算在内。

还有那可憎的血腥兵役税也全部加在工人阶级头上，富人们可以找人代理而得以避免。

教育是开放的，但机构是不足的；它既不是义务教育也不是免费教育。职业教育在荷兰几乎完全缺乏，如果有的话，也被看做完全多余的奢侈。

司法保护对荷兰工人来说还是一件几乎陌生的事。同样，"法律面前人人平等"完全停留在纸面上。行业仲裁法庭也同样缺乏。雇主和工人间的纠纷要提交给普通法院，而后者根据我国民法典第1688条，必须相信雇主的每一句话，这是统治阶级公开蔑视工人阶级的一个令人愤慨的证明。

关于**结社和集会权**问题，宪法已加以确认。如果法律没有定出各种限制性的条款作为补充的话，这种权利也可能存在。此外警察经常滥用职权，提出这样的威胁：如果一座厅堂的主人敢于把地方提供作为工人集会场所，就要取消出售酒类的许可证。简言之，结社和集会权受到很大的限制，事实上是虚幻的。

从这些事实可以看出，工人在政治方面的权利由于法律和统治阶级的狭隘性而受到极大的摧残。

但荷兰工人受到的**经济奴役**恐怕更加严重。因此他们除政治解放外，日益迫切地要求社会的彻底解放，**废除资本主义生产——雇佣制**。

荷兰工人的经济状况跟其他国家工人几乎一样。私有制在今天的表现形式，即个人的利己主义的私利，到处都构成社会的基础；相同的原因带来相同的效果。

荷兰工人的**工作日**是长的，而获得的**工资**是少的。此外还要遭到血汗制、实物代工资制、随意扣款处罚等千百种的折磨。工资标准极低的女工和童工劳动盛极一时。停工现象经常发生，在大多数工业企业中几乎成了一种慢性病。社会变革的愿望越来越普遍，理所当然的不满情绪在荷兰通过大城市失业工人的游行和较大的罢工而明显地表现出来。这些重大的罢工有**特温特纺织工业罢工**和**弗里斯兰泥炭采掘业罢工**。这些罢工是去年发生的，进行得很顺利。特温特的罢工揭露了深刻的贫困和极端的奴役现象，这个工业地区的工人在这种条件下忍受煎熬；这个地方被资本家称为"工人的天堂"，而实际上是工人的地狱。

泥炭矿的罢工也是同样的情况，其目的在于争得较高工资和**取消**这里和其他地区到处流行着的**实物代工资制**。

多梅拉·纽文胡斯公民，作为第一个和迄今唯一的社会主义派议员，曾抓住时机提出一项旨在保证工人自由支配其工资的法案。这项建议被资产阶级议员在十分不乐意的情况下通过了；这些人反对一切的国家干预，如果不涉及他们本身的或本阶级的利益的话。是的，荷兰资产阶级试图装出一副**他们**是工人保护者的样子；他们的代表司法部长还仿照多梅拉·纽文胡斯的样子，提出一项跟社会主义者相竞争的法案。

特别令人遗憾的是，荷兰政府尤其不重视**统计**。例如关于工人状况的统计材料在美国这样的国家就有，而在荷兰则完全没有。因而报告人就无法举出关于劳动工资、劳动时间等官方确定的数字。他只能提供个人调查得来的一些数据。

上面已经提到过，使用**女工和童工**十分普遍。人们不仅在储藏室、商店和成衣铺能看到他们，而且在纺织厂、制糖厂、烟厂、印刷厂和在泥炭工地、书籍装订厂、砖瓦工场、硬脂工厂以及在咖啡馆、酒吧间都能见到他们。但一般说来，妇女和儿童到处越来越多地被吸收到那些主要不从事重体力劳动的工作部门。

荷兰工人每天平均劳动时间为12小时；在纺织工业部门每个劳动日为11小时。

全荷兰中等工资每周最高为7盾①。在一些职业和工业部门工资不一样，但大城市中的中等水平工资每周不会高于9—10盾。在小城市和农村，工资要比这低得多。

在纺织工业部门，3/4的工人的工资每周不多于7盾，经常只有4.5—6盾。泥炭采掘业和农业主要部门中的工人状况更糟得多。如在弗里斯兰的最富裕地区，一天14小时工作（外加一个半小时休息），发给70生丁②，并且这是在**好季节**。在冬天，他们每天最多得到35生丁（约合58芬尼）。这片物产丰富的富裕国土竟然穷得像爱尔兰一样！

没有比**沿海渔民**的命运更令人伤心的了，他们受到船主和渔业老板的世上最野蛮的剥削。同意付给一满桶8盾的价格就算走运的了。一条船上由9个渔民组成的作业队只能从这个数目中得到1盾65生丁，而船主则把其余的6盾35生丁归为己有了。

从这些简要的情况介绍中可以看出，荷兰工人的状况是很悲惨的。他们几乎不可能满足自己和家庭的衣、食、住的需要。他们被迫放弃其他任何开支，放弃一切娱乐和精神生活的满足。资本主义像一具沉重的

---

① 1盾等于1马克68芬尼。
② 1法郎10生丁等于88芬尼。

枷锁压在他们身上。荷兰是一个完全的自由贸易国家,这指的就是资本家可以自由地、无节制地对工人进行剥削,工人只能按照既成事实"可怜巴巴地尽赋税和劳役的义务"。

在我们不得不强调说明荷兰工人的悲惨的政治地位和社会地位之后,我们很高兴在结束报告之前能指出这样一个十分重要的令人安慰的事实:这就是最近十年来**工人的觉醒**,这种觉醒的表现是组织起来和制定了彻底的纲领。他们懂得了吸收其他国家兄弟的经验为己所用,他们了解得很清楚,为改善工人境况所作的某些努力,如**合作系统(合作制)、分红制、互助基金、储蓄所、透支基金**等,无非都是些代价高昂的、不适用的家庭应急药(缓解剂)。他们认为,弊端的根源在于现存社会,**因此必须改变这个根源**。

工人逐渐觉悟到,他们对其雇主(不管这些人是保守派、自由派或激进派)是没有什么可期待的,只有依靠他们自己。他们中越来越多的人组织为一个对各方面保持独立的、有自己的政治纲领和经济纲领的纯粹的工人党;那些反动的工人政党,如**互助联盟"采邑"**和**全荷兰工人联盟**,现在已被先进的工人抛到一边去了。

只有**社会民主联盟**今天可以自豪地说它得到真正值得重视的发展。它出版了最初为周三刊而现在改为日刊的机关报《**大家的权利**》(Recht voor Alien)。党到处组织公众集会,向农村散发小册子和传单。荷兰工人把未来的希望寄托在这个有组织的党上。政府的迫害,党员的多次被判监禁和强制劳动,没有什么比这更能说明党的影响了。

在政治领域里,社会主义者要求**普选权**;在经济领域里,他们争取**把生产资料交给社会和公众服务机构以利于全体人民**。他们认为,作为过渡措施十分重要的是借助于劳工立法来**减少劳动时间**。虽然我们确信,工人阶级的彻底解放只有通过把私有制转变为公有制才有可能,但我们认为也需要着重说明:一场争取对劳动时间作立法规定的国际运动,能在荷兰找到热情的第一线战士,找到觉悟到自身利益的工人阶级的同情。

这一切使我们预计到,各国政府会为了对付工人的要求而结成同盟。我们将热烈欢迎旨在加强工人的国际联合的每一步骤,因为只有这样才能对政府的阴谋活动产生反作用力。我们的强大并不在于建立堂皇的合作社,而在于**工人文化水平的提高**。这就是我们党之所以出版大量小册子和书籍的原因。我们翻译了几乎所有欧洲和美洲的国民经济学家的著作。**我们认为必须让工人首先懂得要干什么,然后他们才能去干必须干的事。**

我们很清楚,生活在一个小国的我们不可能成为革命的先锋部队,革命只能在一个大国中得到成熟和取得胜利。但是这种革命必须已在我们**头脑**里完成,而且我们从现在起就能作出保证,我们站在岗位上并将履行我们的义务。我们这个小民族被暴君**阿尔瓦**称为"农夫民族",但它已经证明自己是能抵挡住铁甲骑士的民族,甚至能利用天然的条件去战胜后者。它也能懂得**去战胜资产阶级**,并在未建立起自由的统治之前不会停止。兄弟们,我们将在社会民主主义的旗帜下胜利或是死亡,**我们要坚定不移地高举这面旗帜**!

(会场上一再爆发出热烈的掌声)

* * *

彼得逊公民讲述了**丹麦**工人的状况。他们的处境跟其他国家工人的处境没有本质的不同。总的说来,小资产阶级和小工业企业占优势。可是近几年来大工业也迅速发展,把小工业挤到后面去了。资本家已经把**实物代工资制**引进到丹麦来了。

工资很低,危机和停滞不断出现。没有一份关于工人状况的官方统计。但是可以根据某些材料进行计算:哥本哈根有 70000 名工人,平均年工资收入为 1100—1200 法郎;外省城市有 45000 名工人,平均年工资收入为800法郎；还有133000名在农村劳动的工人，平均收入不到500法郎。

如果把工资同生活资料的平均价格作一比较就会发现，73%的城市工人所得工资与他们必要的生活费用相差500法郎。

工人们组织在150个工会之内，这些工会通过它们的常设机构相互进行联系，并组成了一个中央机构，不幸的是其活动能力非常不如人意。除了工人联合组织（工会和行业联合会）外，我们还要提到**社会民主党**的组织，它大约有80个竞选团体和辩论俱乐部。

社会主义的报刊有哥本哈根的《社会民主党人》，订户大约有20000人；在外省还有4种日刊，独立的社会主义刊物《工人》也应计算在内。

因为丹麦工人运动是在小资产阶级中间成长起来的，所以它也必然带有小资产阶级的特性，这可以从许多方面看出来。如人们在集股的基础上建造了一座会议楼和一家集资面包房。后者是对根特的合作面包房的一幅真正的讽刺画，人们把它看做一个每年向股东发放红利的纯粹的私营企业。这个企业除了是用党的钱建立的，企业负责人全都是党的领导人的名字之外，事实上整个没有一点社会主义的东西。

法律保证了工人的结社和集会权，但资本家先生们可以毫不困难地找到办法使这项法律的实施化为乌有。丹麦工人只有到30岁才有选举权，而且他们不能从公共资金中得到贫困救济。

工人通常是积极参加**选举**的，他们也做到将两位党的代表选入议会；当选者之一现在就坐在这里。直到现在为止，我们必须承认，工人党是跟小资产阶级一道走的，它同资产阶级政党的关系至今仍未破裂。人们竭力为这种行动方式辩护，说是相对多数对选举结果具有决定意义（第二次重新投票除外）。有一点是清楚的：社会主义者同任何一个资产阶级政党结成同盟，从来没有在选举运动中取得任何一点胜利，同时也不可能像他们独立行事时那样进行社会主义的宣传鼓动工作。跟小资产阶级走在一起的社会党，在其政治活动中也会或多或少地受到小资产阶级的束缚。它会使自己成为资产阶级制度的先锋战士和捍卫者，例如去帮助小工业企业获得贷款。所幸的是最近人们已经向原则回归，在工人中出现了一个反对现行策略的反对派。运动向前发展的最好证明就是它有3名代表参加了这个大会。（鼓掌）

* * *

俄国社会民主党议员普列汉诺夫公民发言：

在这个大会上要发言的人很多，同时只能给很短时间来讲述有关国家的政治和经济状况，所以我尽可能扼要地描述一下俄国的工人运动。

你们也许觉得奇怪，在这个大会上居然能见到俄国这样一个国家的代表，因为运动在俄国确实没有像其他欧洲国家那样先进。我们俄国社会主义者考虑到，不能让俄国单独置身于欧洲各国工人阶级之外，各国工人的相互接近只会对全世界互有联系的社会主义运动产生有利的影响。

那个专制的和冠冕堂皇的俄国，在迄今为止的欧洲历史上所起的灾难性作用，大家已经非常清楚了。沙皇实际上是带皇冠的宪兵，他把支持从普鲁士到西班牙和意大利的一切国家反动派视为自己的神圣义务。我们已无须指出沙皇尼古拉在1848年重要事件中所起的令人不愿回忆的作用。

因此，**俄国革命运动的胜利**也将是**欧洲工人的胜利**。

现在的问题是需要知道，俄国革命运动怎样和在什么条件下才能取得胜利。只有俄国革命者本身学会得到人民的信任和参加才能取得这个胜利——公民们，这是我们坚定的信念！只要这个运动依然仅仅是狂热分子和青年学生的事业，它就只可能危及沙皇的个人安全，而不会危及作为国家机器的**沙皇制度**。

如果我们想一劳永逸地摧毁沙皇制度的权力，我们就必须依靠不同于青年学生的另一种革命分子；这种分子在俄国并不缺少，这就是无产阶级。这个阶级由于其经济地位和现实的逼迫而必然具有革命精神。

有些过分富于想象力的国民经济学家，往往更多地从自己的良好愿望而不是从对事实的认识出发来作出判断，认为俄国是一种欧洲型的中国，它的经济状况与西欧国家毫无共同之处。**这是完全错误的**。俄国旧的经济结构现在处于全面崩溃之中。人们谈论得如此之多的（就连社会主义刊物也是如此！）**农民公社**，实际上构成**专制制度的基础**，这种农民公社日益成为**富裕农民掌握的进行资本主义剥削的对象**。贫农则离乡背井，转入大城市和工业中心；在那些地方，过去曾兴旺发达的家庭手工业，现在已为大工厂所取代。

俄国政府运用一切手段使这种状况更趋恶化，并加速发展资本主义。我们社会主义者对这种努力只能表示欢迎，因为沙皇制度以此为自己的垮台做了准备。

俄国的工业无产阶级已开始觉醒，它将最终挣脱专制主义的枷锁。到了这一天，你们将看到他们**直接派出的**代表和远为先进的国家的代表并肩坐在一起出席你们的代表大会。我们的任务是在期待被热情地纳入你们的事业当中去的同时，运用我们所拥有的一切手段在俄国工人中传播社会民主主义思想。

最后我要重复并强调：在俄国，**革命运动将作为工人运动而取得胜利**，否则永远不会胜利。

（普列汉诺夫公民的这些简短话语使全场为之振奋，这位俄国代表在雷鸣般的掌声中离开讲台。）

* * *

挪威代表**耶珀森**回顾了他本国工人运动的开初时期即5年前的情况。挪威工人运动虽然十分年轻，但已进入了它发展的第二阶段，迫害和压制接踵而来。报告人认为，这个事实只能表明，运动已足够强大和目标明确，可以引起统治阶级即有产阶级的害怕。耶珀森公民所荣幸代表的工人运动，具备彻底的社会主义的和革命的性质。挪威觉悟的无产阶级对那些不断更换牌号的缓解药不抱任何希望。同样它也不相信议会改革的有效性，因为已有经验表明，挪威现有的从形式上说自由的法律，对工人毫无用处。挪威社会党决定，同其他国家无产阶级一起要求**制订一项国际劳工立法**，因为这一要求能成为出色的宣传鼓动手段。此外，挪威社会主义工党已经在挪威议会中提出一项**劳工保护法**。一个专门委员会已被授权来审查这个草案，然后它将在国民大会中得到认真讨论。然而工人们对议会没有什么可期待的，他们也不期待法律的好处，因为这些法律是常常符合强者的利益的。资本主义始终强迫工人向它屈服，因此**工人们除他们自己之外没有什么人可指望的**。（鼓掌）

这时候发生了由**美国衣阿华联合兄弟会**（United Brotherhood, Iowa）代表**阿勒斯**公民引起的事件。阿勒斯由于轮到他发言时两次都未到会，而重新登记发言的时间恰好跟纽约的"德裔工会联合会"代表**基尔希纳**发言的时间相重，后者也正好受委托作关于美国问题的发言。完全出于偶然，主席首先让基尔希纳发言。阿勒斯认为受到了侮辱，因而离开会场，以示对办事处的工作和处理此事的方式方法的抗议。

瓦扬公民向大会分析了造成阿勒斯公民这一错误的原因，并向他发出一封澄清性的信，邀请他回来首先发言。但阿勒斯坚持自己的决定，并通过他的一位朋友重申他的抗议。

* * *

意大利代表梅利诺公民讲话。他分析了组成意大利运动的两个流派：一派是**无政府主义**的社会主义者，另一派是**议会主义或国家主义**

的①社会主义者。但是这种区分更多是表面上的，而不是实际上的，因为议会主义的社会主义者在原则上也是无政府主义者，即使在个别问题上（在事实上）赞成法制。真正的无政府主义者则不仅在原则上而且在实际上都是无政府主义者。这就是区别。正是由于这种区别，政府对这两派采取十分奇特的态度。无政府主义者被称为罪犯（malfattori）。他们没有反驳这种污蔑，他们宁愿与小偷握手，而不愿与占有权力和蹂躏国家的大盗贼言欢。因此他们像罪犯一样遭受虐待、迫害和惩处，被判长年监禁。对待议会主义的社会主义者却是另一种态度，政府给他们戴上丝绒手套，以便腐蚀他们。当然也对他们进行审判和通缉，但对他们的判决都是表面上的，实际上并不执行。对此的一个检验就是涉及对**安德烈亚·科斯塔**公民的判决，这简直是一种可笑的判决。

此时**茹尔·盖得**公民打断了发言人的话，请他不要攻击一位与会代表。梅利诺公民继续说，意大利议会主义的社会主义者的纲领相当符合马克思主义者的纲领；这个纲领宣布，工人阶级的任务是夺取政权和财富，并使财富社会化。

无政府主义者不主张这样。他们认为，这样一种社会发展会蜕化为另一种阶级统治。今天统治阶级的优势将要被工人阶级的优势所代替。但政府并不能使所有的人满意。如果明天革命把权力交到工人阶级手中的话，那么这种彻底的转变将受到如下的限制：从**工人**中而不是从**资产者**中间选拔头领。但是始终存在着头领，始终有一个指挥机构，一套官僚体制，这样要不了多久我们就又会回到现在这种情况中来。

主席要求发言人不要离开议题，他提醒说，大会对是否还要听取关于前途问题的众所周知的分析，并未取得一致。

---

① 这个字眼源于法文 état（国家）一词，是"无政府主义者"炮制出来描绘一切不能归结为"消灭国家"的主张的。

梅利诺公民回答说,他一方面不能否认自己的观点,另一方面无政府主义者给了他委托书来参加大会,让他在这里阐明他们认为正确的理论。但大会只想讨论劳工立法的问题。那么存在着社会主义吗?大会由于通过这样一种日程而显示出它不是社会主义的,因为它打算去干政府建议要干的事。政府也想进行改良,但社会主义者不该踏着政府的脚印走路。把自己变成为劳工立法的先锋战士,这是一种**反社会主义的资产阶级的工作**,从革命者方面来说是十分荒唐的。他们如果要走上改良道路的话,就是在从事毁灭自己的事业,况且这一事业中已有了瓦解、腐败的苗头。社会主义将越来越证明自己不能实现解放人类的任务,因此社会主义的灭亡不值得惋惜。一旦它被埋葬、它的党员消失了,另一些人即无政府主义者将展开大旗,他们在这面旗帜上写下了彻底解放人类的口号,他们将实现自己为之奋斗的这个美好的社会。

这段受到少数英国和法国代表喝彩的论述,一直被会议绝大多数代表的抗议声、讥讽声和笑声打断。人们一再提出指责,要求不让发言人继续讲下去,因为对无政府主义的理论大家太熟悉了,再让他说下去只会是浪费宝贵的时间。无政府主义者要求翻译梅利诺的整篇讲话,"他很精通德语和英语,能够检查翻译的准确性"。否则他们就要起哄。

主席指出,办事处的翻译是作了必要的简缩和概括的,但始终是确切的。**艾威林**女公民说,既然梅利诺能说流利的英语和德语,因此最简单的办法是请他自己把讲话翻译成这两种语言。梅利诺就这样做了。**德语**的译文受到了喝彩,但代表们声明,他们仅仅是为翻译,而不是为讲话的内容鼓掌。

* * *

重新安静下来后,**西班牙社会主义工人党代表伊格列西亚斯**公民发言。他在报告开始时,首先以西班牙社会主义工人党的名义向大会表示祝贺。比利牛斯山那边的觉悟了的无产阶级紧握着团聚在这次大会上的各国兄弟的手。

西班牙工人阶级的经济状况和社会状况与欧洲和美洲其他国家的工人大体相似。人们习惯于把西班牙人看做政治家和喜好"宣言"（Pronunciamientos）① 的民族。工人们对一切漠不关心，接近于麻木不仁。他们工作得很少，吃得更少；在机器和大工业尚未进入的那些地方，他们白天在阳光下、晚上在星空下愉快地生活着。这一切纯粹是幻想。西班牙的工人跟其他任何国家的工人同样不幸、同样贫穷。他们在冶炼工场、在各个大工场、在矿山、在农村，同样地受剥削和受压迫。尤其是在农村，有大批农业工人苦于缺乏最必要的生活必需品，他们时刻还遭受着残酷的失业灾难。资本主义的集中化确实还没有使西班牙达到它最高的发展程度，但它正走在这条道路上。与此相反，在西班牙还存在小工业和小商业，这就远不像其他某些国家那样被一种淳朴平和的宗法气氛所包围，得过且过；在西班牙存在如此贪得无厌和如此下流无耻的现象，所以工人一旦获得权力就会立即全部铲除这些东西。他们确实坚信，资本主义一旦集中化，就更容易被战胜和取代。我国资产阶级已成为一些站在现代资本主义运动前列国家的卫星，在这种自然产生的特殊情况下，西班牙的工人只能追随其他国家工人已开始了的运动——保卫自身和争取解放，因为同样的原因带来同样的效果。当**国际工人协会**号召全世界工人在同一面旗帜下联合起来时，它在西班牙获得十分广泛的基础。组织起来的思想和计划在这里获得了极其热烈的响应，几个月后属于国际的工人就以千计算了。在几乎所有大城市乃至许多小城市中，都有组织起来的行业支部，这些行业支部统一组成地方性的联合会。一个**全国委员会**负责集中（筹集）经费，并同伦敦的**总委员会**有定期的通讯往来；它在马德里活动了将近两年。

---

① 在西班牙，人们把每次造反连同必然发布的成立另一政府的声明称为宣言。

1871年3月18日的巴黎革命给这个运动以新的推动，**公社**的失败和随之而来的恐怖镇压，使每个工人从胸中爆发出痛苦的呼喊和愤怒。西班牙工人声明，它跟失败了的公社团结在一起，就像跟取得胜利的公社一样团结在一起那样。这对他们来说是阶级斗争的头等的、无可推诿的大事。自那以后不止一年的时光过去了，西班牙各地的工人，甚至许多还没有参加工人组织的工人，每年如同纪念本国革命一样纪念3月18日，严厉谴责法国资产阶级在**流血的星期**中所施的暴行。第一次工人革命树立的榜样已成为我们的旗帜。这里每个人都知道国际分裂的原因，国际在反动派的干预下以瓦解而告终。从它分散的部分中组成了现在的社会党。这个党虽然还不十分强大，它的成员也不是很多，但它的组织是稳固和持久的；在西班牙的首都和一些省会，在所有手工业工场和矿山中心都有它的小组，这些组织不断取得进步。它的纲领也就是法国社会主义工人党、德国社会民主党和美国工党的纲领。这就是说，这个纲领是以我们难以忘怀的和深切悼念的**卡尔·马克思**提出的基本经济原则为基础的。社会党遵循着这样一条政策方针：在一切领域里进行反对敌对阶级、反对资产阶级的斗争，工人党要同所有资产阶级政党永远决裂。

西班牙社会主义工人党作为政党真正存在几乎不到三年，它于1888年8月23日在**巴塞罗那**召开了**第一次代表大会**。这次大会确认和批准了党的纲领，并任命了一个国际委员会，它现在的所在地是马德里。大会还作出决定：西班牙社会主义工人党派1名代表参加在巴黎召开的最近一次国际工人代表大会，即现在的大会，并特别授权他提出建立一个国际委员会的要求。

最后，人们不应忘记，除了社会党本身（社会党虽然是全由工人组成的党，但也吸收资产阶级出身的人）和老的国际之外，还存在**抵抗协会**（各种行业联合会和工会）这样一种强有力的组织，人们称其为工联组织；但在我国这种组织没有和社会党走在一起。我们党促进这些工会组织的发展，并对此加以协助。它也竭尽全力支持必要的罢工，因为它始终把罢工看做工人争取生存斗争中的不可或缺的武器。它的努力不止一次地取得了胜利，例如 3 年前**马德里排字工人**的胜利的大罢工。尽管如此，社会主义工人党认为当前在它和工会组织之间划一条**分界线**是必要的。报告人表示确信，将有一天，两者将会完全自动**合并**，而不经过人为的努力，因为两者不仅动机相同，而且所追求的目标一致。伊格列西亚斯公民最后说：“这一天的到来已经不远了。到这一天我们将会成为**一支强大力量**，你们也能够这样指望我们。西班牙的无产阶级今后仍将**继续履行自己的义务；我国的资产阶级**跟你们国家的资产阶级同样腐朽，同样压迫成性，但它**更为无知、更为迟钝**，我们不需要付出很大的努力**就能把它战胜**。”（鼓掌）

西班牙代表**梅萨**公民在将上述发言翻译成法文后补充说，他的同志和朋友伊格列西亚斯出于谦虚而没有讲到马德里出版的报纸《社会主义者》(il Socialista)。他本人作为报纸的创建小组的代表足以说明，这份具有敏锐觉察力的机关报可以说是西班牙的组织和社会主义宣传的最有力杠杆之一。他的较长的一生体现了献身精神和毅力。这份报纸**由工人写稿，工人自费排印和由工人进行出色的管理**。（热烈鼓掌）

* * *

瑞士罗马语区代表**豪斯特**公民扼要分析了他所代表的反对者运动。他说，在瑞士法语区，更多的是社会和经济运动而不是政治运动。这里比其他国家享受较大自由的居民，其革命性要少些，因为他们受到的压迫要少。

社会主义，即使是无政府主义，在我们这里也能自由发展。有利于国际工人运动的运动，使我们能够培养出干部并把我们更好地组织起来。住在**汝拉山区**的居民们宣告赞成社会主义的思想。他们希望**在工厂**

中的**劳动**正规化，**企业主**能付给**现金**。由于环境和宣传，社会主义思想的影响在扩大，并且越来越深地扎下了根。我们在瑞士也决不放松反对资本的斗争，我们将努力**不断地改善我们的组织**。（鼓掌）

这个报告结束后，会议在晚间 8 时 30 分左右休会。

第九次会议

（7 月 19 日，星期五上午）

福尔马尔公民任主席。

在开始正式议程之前，**倍倍尔**公民通知说，在代表中间混入了一些可疑的人，这些人试图让德国人相信，他们在巴黎可以自由讲话，而用不着小心谨慎；不管他们在法国说什么，即使是触犯了侮辱国王陛下法，他们也不会受到德国法庭的追究。倍倍尔公民紧急提醒德国代表们，要提高警惕，不要受这类显而易见的**内奸**的挑衅。

在向代表大会报告了一些新代表到达，大会收到若干贺电、贺信和荷兰代表为圣艾蒂安的受害者捐款 100 法郎的消息后，**拉法格**公民评述了法国报刊对代表大会的反应。显然有人指使法国报刊对这个大会完全保持沉默，而对**可能派**的代表大会却加以吹捧和阿谀。比较起来，英国报刊却显得公正得多。

李卜克内西公民补充说，大多数德国报刊以令人愤慨的不公正态度来对待大会。《法兰克福报》自称是民主主义报纸，却最起劲地进行欺骗报道，并用卑鄙的方法对**拉法格**和**盖得**进行诬蔑。

另一家德国报纸报道说，来自根特的代表**安塞尔**公民是从这个城市里逃出来的，因为他带走了装有 16 万法郎的钱柜。

各国工人政党和组织向大会的报告
（继续）

丹麦代表**克里斯滕森**公民向大会报告，在哥本哈根爆发了木匠大罢工。造成这次罢工的责任在雇主方面，他们违反正式合同，联合起来压低长期来一直很微薄的工资。罢工的结果是 7 个手工工场被关闭，约 1200 名工人失去工作。工人们要求的工资是每周 20 法郎。

瑞典社会党和"巴黎的斯堪的纳维亚社会主义小组"的代表**帕尔姆格伦**公民在作报告时介绍说，他住在巴黎，在这次大会上他代表瑞典工人党，也代表 4 家社会主义报刊的编辑部和目前被关在狱中的 6—10 名优秀宣传员。

社会主义宣传工作在瑞典遇到很大困难。在夏季（时间不长）我们就到处进行社会主义宣传，因为人们都在全国各地旅游。工人运动还相当年轻。一次未获成功的伐木工人的大罢工促使工人们组织起来。裁缝帕尔姆首先在瑞典工人中传播社会民主主义理论。他以不倦的热情和特别令人尊敬的牺牲精神，在严冬经常在森林中组织宣传集会。他 3 次徒步走遍全瑞典，散发小册子和传单，到处播下美好的种子。他创办了在斯德哥尔摩出版的《社会民主党人》，这个杂志现在有 5000—6000 个订户。在同一时期，他同**布兰亭**和**丹塞尔松**一起发展了一些像他那样受到社会主义思想鼓舞的年轻人，他们当中不仅有工人，而且也有大学生。党在开创时期几乎完全忙于政治鼓动工作，但在工人们组织了工会之后，经济问题和社会问题就占据了主要地位。今年春天在斯德哥尔摩召开的了有 75 个组织的代表参加的**党代表大会**。这次大会的议程和纲领几乎同本届国际代表大会的议程和纲领相同。这次大会决定，进行合法的示威游行和宣传，以便争取**劳工保护立法**。在瑞典和在奥地利一样，各种法律在形式上是很自由的，但是如果工人运动想要利用它们，国家就会用反动的方式把这些法律用来针对工人运动。尽管自由得到了种种保证，但工人们还是必须依靠自己的机智来建立他们之间的联系。

一切困难都不能阻挡社会主义深入到**工业**工人中，也不能阻挡它深入到**农村**群众中。今天，农民和城市工人在共同斗争中相互支援。

同时瑞典政府已经在考虑制定一项反对社会党人的非常法。这也是我们的运动在短时期内有了重大进展的明显证明。与此同时，政府不惜肆无忌惮地使用一切手段，甚至最卑劣和最可耻的手段来阻挠社会主义的宣传。社会党人的信件要通过黑箱子来传送，社会党人的电报有时被电报局拒绝。压迫所起的作用有助于改变工人运动的性质，使它越来越具有严格的社会主义本质。在工人中，人们对头痛医头、脚痛医脚的药方几乎已完全失去信心，而认为只有**生产资料的社会化**才能解决社会问题的信念越来越普遍了。在谋求达到这个目标的过程中，我们尽力避免使用暴力手段，但资产阶级最终要带来灾难。瑞典社会党人知道得很清楚，巨大的问题在于组织工人的力量。光喊"革命万岁！"的口号是不管用的，必须**行动起来**，并使工人强大到能争得自己的权利。当然，我们拥护革命，就是说赞成激烈地改变生产关系，但是这场革命必须要做好准备并有计划地进行。瑞典社会主义工人党的机关刊物有：《无产者》、《社会民主党人》和《人民之声》；这些报刊都在斯德哥尔摩出版。党在国外的组织和居住在国外的瑞典工人的俱乐部和小组，在一定程度上可以说是一种学校，在这种学校里可以把这些组织的成员培养成为演说家和宣传鼓动工作者。由帕尔姆格伦公民所代表的"巴黎的斯堪的纳维亚社会主义小组"共有 85 个成员。（欢呼）

* * *

纽约德国联合工会代表**基尔希纳**说，我们碰到了关于工人运动和关于在新世界中劳动群众状况的互相极为矛盾的观点。他继续说，因而我不能向你们作一个以统计数字为依据的完整的报告，因为从我当选为代表到动身来巴黎只有几天短暂的时间。所以我将向你们作的与其说是一个报告，不如说是一个大概的轮廓，而且这个轮廓与倍倍尔公民向我们描绘的德国工人运动的生气勃勃和波澜壮阔的图景相比是苍白的和黯淡的。

在美国，资本主义生产已经发展到这样一种程度，即人们有权提出这样一个问题："它究竟还能延续多长时间？"

小资本家的资本已不足以对工人群众进行有利可图的剥削。因此人们把资本相互合并在一起，并构成了真正的**资本大军**。在工业中和在农业中**垄断**和**托拉斯**把 19 世纪的掠夺制度推向了顶峰。有组织的无产阶级的力量还无法与越来越集中的资本的力量相比。劳动人民的工资，从而他们的生活条件在持续不断地下降。提高工资的一切或几乎一切的尝试都失败了，如煤矿工人、纺织工人和纽约电车职工的真正英勇的尝试所证实的那样。在美国和在其他地方一样，贪得无厌的资本已不再满足于对成年人的敲骨吸髓，它压榨落入它的魔掌中的一切人，不管男女还是老少。为了免得有人指责我言过其实，我想引用《**纽约州工厂视察员的第三个年度报告**》中的一段话。报告中说："在纽约，在下等公寓区，有个生产成衣的地方，那里盛行着一种同奴隶制非常相像的劳动制度。劳动是在看守人的监督下进行的，他们租用了一座高楼，包括它顶层的两间小房子，那里放着一些缝纫机和一个用来加热烙铁的火炉。老板雇用一定数量的男工和女工，让他们为他劳动。这些工人通常从早晨 6 点半开始直到晚上 9 点或 10 点不断地缝纫，中间只有大约半小时的吃午饭时间。他们通常就在他们劳动的同一房间里吃饭和睡觉，经常被令人压抑和恶劣的气氛包围着，其生活环境的肮脏达到了可怕的程度。有上千的年轻姑娘、童工也像女工们一样生活在这种肮脏的环境中。剥削压榨和侮辱人格习以为常。**对工人来说没有丝毫希望之光**！

他们得到的工资已经少得可怜，但雇主还要从他们所挣的少量工资中扣除被声称劳动完成得不好的罚金，扣除住宿、取暖和照明的费用。如果机器出了毛病或部分受到损坏，工人必须付修理费。工人受到各个方面的剥削、催逼和压迫。**只要法律不保护他们，他们的境况就一直不会得到改善。**

即使撇开这些受压迫工人的福利问题，他们目前所处状况的问题也必将引起全国的注意。他们所居住的房屋，以及他们的生活方式，很容易在纽约引起并传播各种传染病。这里谈的不是将来可能发生的什么偶然事件，而是一个需要立即予以考虑的极其重要的问题。药方只能是，绝对禁止在这些瘟疫流行的场所进行市场产品的生产。"

一份官方报告就是这样说的。

这个报告所依据的材料的党派偏见是无可怀疑的，但是这种对个别工业部门的工人状况的描绘，使我们可以对其他工业部门的状况做出结论。

有什么力量可以向这种境况宣战呢，也就是说**在美国有什么样的工人组织呢**？

就我所知，最重要的和将最有希望的组织是"**美国劳工联合会**"（Federation of Labor），它是由各个工会组成的，这些工会的思想和倾向很像旧的英国工联。就工人运动而言，劳工联合会还在雇佣制的基础上进行斗争，也就是说，它要求减少劳动时间和提高工资。这个联合会倡议在最近重新开始争取**八小时正常工作日**的运动。联合会的很有文化修养的领导人已经看出上述那些目标是不够的，我对这一点毫不怀疑。但他们认为继续向社会主义方向前进为时过早。下层工人施加了压力，要朝这个方向前进。在排除了那些反抗这个潮流的人以后，"美国劳工联合会"不久将会同有觉悟的无产阶级一起向旧世界宣布阶级斗争。

第二大组织是"**劳动骑士团**"（Knights of Labor）。这个工人小组是由十分善良和相当有能力的一些人组织起来的。它辜负了开始时它在许多工人甚至社会主义者中间所唤起的希望。最近几年以来，"劳动骑士团"组织很快走下坡路，拥护该组织的人数下降到只剩一半。造成这种后退的原因主要是领导人的无能和不诚实。鲍德利先生是所谓"大师"，他从该团成员口袋中获取的规定年收入为 5000 美元，即 25000 法郎。此外，该团还要担负它的头头的十分巨大的"额外的开支"，这个头头受到支持他的一批大小官员的包围。鲍德利先生曾经有过一次反复——开始时他自称为社会主义工人党党员。这样一个人提供不了对未来的保证；必须彻底清除这样的人，同时工人们要像在美国的德国社会党人那样，把清除一切怀疑分子和不忠诚分子以纯洁无产阶级运动、教育群众和传播对工人运动最终目标的正确认识作为自己的任务。完成这个任务并不容易。这需要在时间和金钱方面付出巨大的牺牲。德国工人及其组织随时准备帮助我们进行**罢工和封闭工厂**，每当碰到这种情况，爱尔兰人和美国人就非常乐意去找他们平时多少有些瞧不起的德国同志们。但这绝不妨碍我们去履行自己的义务。虽然这种缓慢的进步使我们当中的一些人变成了悲观主义者，但总是有新的斗士投入到战场上来。

考虑到我能占用的时间很有限，我对德国人在纯社会主义组织也就是在**社会主义工人党内**的作用就不说了。凡是在我们能够给敌人的堡垒打开一个突破口的地方，我们都在坚守岗位，在敌人倒下以前，我们不会放下手中的武器。（鼓掌）

* * *

法国代表费鲁耳公民简短地概述了一下目前盛行的**议会主义**。他认为，议会主义不可避免地会导致群众的失望。在大选之前，那些候选人先生们给人一种印象，似乎他们是社会主义者。他们声称，要为工人争取更多的福利。但是他们一旦当选后就很少关心无产者的利益。只有在国民议会任期将满时，即在他们不久将重新在自己的选民面前亮相之前，他们才会急急忙忙地让表面上看来是社会主义的法律获得通过，他们完全知道，这些法律会被参议院否决。例如，关于工伤事故、关于矿井视察员等法律的情形就是这样。

想重新当选的任期届满的议员，利用这些法律，用他们是所谓工人之友的谎言来引诱选民群众投他们的票。简而言之，他们不惜玩弄最恶劣的选举花招。这样一种选举花招也是**对宪法的修改**。

只要这还是一种机会主义的或激进的资产阶级所进行的修改，那么由他们实行的改变就只能是虚假的。这些议员们对**资产阶级的买卖**的关怀无微不至，因为他们是资产阶级而不是人民的代表。但在人民利益和资产阶级利益之间存在着不可调和的矛盾。

为资产阶级的买卖操心的那些人决不可能为人民群众服务。如果工人希望真正有人代表他们的利益，他们就必须**把它掌握在自己的手中**。如果依赖别人就不会取胜，只有**依靠自己的力量**才能获胜。（热烈的、不断的欢呼声）

* * *

克里斯滕森公民作关于**丹麦**工人运动情况的报告。丹麦的运动还年轻，因为资产阶级到 1849 年之后才开始占统治地位，那一年才有了一部自由的、同 1789 年法国宪法相似的宪法。

1871 年巴黎的革命给丹麦工人运动以极大的推动力。许多工人参加了国际，直到政府颁布了一个反对与国际的这种联系的法律为止。

1871 年 5 月 5 日，一份呼吁书号召哥本哈根工人在该市北郊举行一次大规模集会。这次集会被警察禁止了。集会发起人**路易·皮奥、布里克斯**和**盖列夫**被逮捕并被判处多年劳役。当局的残酷镇压促使工人们建立更为强大的组织。皮奥从狱中释放出来后，被任命为丹麦工人党正式机关刊物《社会民主党人》的主编，该刊当时发行 10000 份。1876 年，皮奥被推荐为国民议会议员候选人。但是由于反动派还十分强大，他只得了 1100 票，而他的对手却得了 13000 票。1877 年，皮奥和盖列夫流亡到美国。人们猜测，他们**已被警察收买了**，以便警察更容易破坏工人组织。不过这个目的并没有实现，相反，工人组织一天比一天巩固。**哈罗德·布里克斯**直到去世都留在丹麦，并积极为工人事业而奋斗。他建立了一个党（即所谓"哈罗德派"）并出版了一份具有较强的革命倾向的刊物。但是这个党随其创始人的逝世而衰落了。尽管人事问题还在争论不休，但是最温和的党与革命的党在布里克斯去世后合并了。

丹麦社会主义工人党到现在还是由**工会**和**行业协会**组成的，它的纲领既是政治的又是经济的。1878 年**社会民主联盟**成立，其目的是讨论政治问题和社会问题。1880 年哥本哈根代表大会之后决定，两个组织（即工会和行业协会为一方和社会民主联盟为另一方）在实现政治要求和社会要求的道路上共同前进。从 1880 年到今天工人运动取得了很大的进步。党的刊物《社会民主党人》由维因布拉德公民负责编辑，已拥有 22000 个订户。

党确信，在反对资本的斗争中工会组织是强大的助手。

目前存在着 70 个统一的工会和行业协会，总共有 20000 名会员。相互分离的工人政党都十分积极地参加了选举。在 1884 年的竞选中，社会党人同自由党人结成联盟，以推翻埃斯特鲁普内阁。结果是两位社会党候选人当选了：**霍尔姆**和**赫尔杜姆**。但这个胜利并未改变工人的不幸处境。

政府对工人议员提出的法律草案不屑一顾，内阁作出暂时规定来答复这个草案。结果是，对工人在适当的时候放工这个改革要求没有得到通过。

在 1887 年选举中，赫尔杜姆公民没有重新当选，霍尔姆公民只以微弱多数取胜。取得这个微小的胜利要归功于一项选举法，它允许公民监督工人的投票。它还规定，一个选民如果从官方救济金中得到救济，就会失去选举权。丹麦公民到 30 岁才有投票权。社会党候选人在哥本哈根得到 8000 张选票，这是一个很大的数目。

此刻，行业协会和工会卷入了反对资本主义的激烈斗争。**木匠工头和家具工厂老板**解雇了 3000 多名工人，因为这些工人不愿屈服于资本主义的残暴统治。丹麦资本家想方设法消灭工人组织，埃斯特鲁普部长完全剥夺了人民的政治权利；他在 10 年当中用各种临时法律统治国家。丹麦的运动受到**法国人**的推动，它在确定自己的方针方面追随**德国**社会党人。

丹麦社会党人曾经给予资产阶级自由党以极大的信任，但是他们经常受骗，于是他们的幻想开始消失。现在他们正争取**建设**成为一个纯粹**的阶级的党**。

丹麦各地的工人组织状况良好，特别是在日德兰半岛，在那个地区有 4 个大城市都创办了社会主义刊物，同时在几乎所有的小城市里都有社会主义小组。

今年年初，人们在哥本哈根创办了一份激进社会主义报纸，它追求的目标是：传播社会主义理论，赋予工人运动以严格的社会主义性质和使丹麦无产阶级组织成为一个阶级的党。

以"小俾斯麦"埃斯特鲁普为首的丹麦政府企图用立法手段来欺骗工人。但是几乎被资本主义掐死的工人对法律的效率再也不抱任何希望。他们知道得很清楚，没有一项立法会对工人有利，只不过是**同一制度**换换布景而已。

克里斯滕森公民最后肯定地说，工人党的拥护者不是那些没有明确观念和把希望寄托在治标办法上的人。"但在丹麦工人运动中对应遵循的**策略**有各种不同的看法，这和其他国家的情况是一样的。"（喝彩声）

听取社会问题的报告

在**丹麦**代表作完报告之后，一般性的报告就到此为止。大会开始听取**社会问题报告**。

威斯特伐利亚矿工代表狄克曼公民受到了热烈鼓掌的欢迎，他介绍了他的劳动伙伴们的情况。

由于大会给每个发言者规定的时间很短，他不能叙述莱茵—威斯特伐利亚矿工罢工的起源和发展情况。同警察当局的报告相反，这场罢工不是社会民主党挑起的，促使矿工们进行罢工的是他们的极端贫困的境况。后来矿工们终于完全明白了自己的处境；他们认识到除了依靠自己外不能指望依靠任何人，因此他们当中的绝大多数人都反对派遣一个由本特、施勒德和济格耳先生组成的代表团到皇帝那里去。教皇极权主义者劝说矿工直接向皇帝投诉，然而罢工工人召开的一切集会都反对这一做法，他们说："我们只同我们的雇主即煤矿老板打交道，皇帝同这毫不相干。"上面提到的这3个人受到教皇极权主义报纸的主编和多尔斯特费尔德的"卡尔斯格吕克"矿井当局的影响，在未经罢工工人选举的情况下去了柏林。这些自称的矿工代表使罢工遭到了失败。在3个"代表"在柏林停留期间，报纸发表了杜撰的和相互矛盾的报道，这些报道在罢工者中间引起了真正的混乱，以致罢工工人不知道应该依靠谁。罢工失败了，但矿工们已不再是以前那样的矿工了。不满分子的数字大大增加了，他们越来越倾向于社会主义，而在此之前矿工们对社会主义是持拒绝态度的，因为他们受神甫的支配，他们由于害怕反社会党人法而远离工人运动。现在在他们吃够了这条法律的种种苦头之后（他们吃苦头的原因仅仅因为他们是工人），矿工们就被引向目标明确的工人运动。他们首先认识到有必要牢固地组织起工会，并摆脱宗教的一切影响。新组织的章程已起草出来了，这个组织的名称叫："莱茵—威斯特伐利亚维护和促进矿工利益联合会"。一旦矿工们看清了自己的真正利益，他们就不会再受神甫的邪恶的势力和压迫他们的资本的权力的摆布。教会和警察竞相给这个矿工组织找麻烦。他们几乎不能举行集会，警察一开始就根据反社会党人法禁止他们这样做。此外，矿工们没有他们非常需要的启蒙读物，因为供他们阅读的只有民族自由主义的和教皇极权主义的报纸。他们被禁止看所有社会主义的刊物和工人报纸，在他们中间传播这些报刊要冒极大危险和付出极大努力。为了尽可能改变这种状况，一份名为《威斯特伐利亚工人报》的工人报纸得以创办，它在多特蒙德出版，现已发行 4000 份。它致力于扩大启蒙教育，并取得了良好成绩。威斯特伐利亚地区和莱茵省的矿工们越来越坚强地组织起来，以便进行反对教权和资本的斗争。他们终于参加到目标明确的、为自己的解放而斗争的无产阶级队伍中来了，他们在完成他们自己承担的艰巨任务中毫不懈怠。（热烈鼓掌）

法国玻璃制造工人代表勒孔特公民提交一份书面报告，并放弃与**德国玻璃工人代表霍恩**公民观点相同的发言。勒孔特声明完全同意他的同志霍恩的报告，因为他从同霍恩的一次谈话中获悉，德国玻璃工人的境况同法国玻璃工人的境况完全一样。因此他也完全同意霍恩公民提出的要求。

霍恩公民讲述了**德国玻璃工人**的情况：

德国约有 850 家玻璃工业企业，约有 50000 名工人。缺乏工人组织给这支劳动大军带来了特别贫困的经济处境。尽管如此，如果说这个行业的工人派遣代表来参加巴黎国际代表大会的话，那么这正好说明，他们对强加给他们的状况已产生反感，他们已开始参加把无产阶级组织起来的运动。从事组织玻璃工人的努力还开始不久；在这里得到代表的工人还没有超过数千人。但是他们坚持要派 1 名代表来参加本届大会这一事实本身是重要的和有象征意义的。

玻璃工业是人们难以想象的最辛苦和对健康最有害的工业之一。危险最大的工人是镜子涂料工,他们的境况已由**布鲁诺·舍恩兰克**博士在他的小册子《巴伐利亚镜子涂料工厂及其工人》一书中作了中肯的描述。**倍倍尔**在帝国国会的讲坛上也谈到了这个工业部门的工人所遭受的危险。显然,公众舆论所施加的压力迫使巴伐利亚政府采取了保护这个部门的工人的法律措施。

就劳动危险性的程度来说,仅次于镜子涂料工的是玻璃切割工和磨玻璃工,当然吹玻璃工也很危险,他们要在熔炉边劳动。

根据对关于32个玻璃工厂工人的综合报告的谨慎估计,在这些工厂中劳动的工人有3500人,其中男女未成年工人为490人。女劳力大致为260人,其中有60人在16岁以下。16岁以下的青少年工人总数为230人。

这些企业里的劳动时间如下:

镜子涂料行业 ………………………………… 10—12 小时
灯具行业 ……………………………………… 12—14 小时
透镜玻璃制造业 ……………………………… 10—12 小时
割玻璃和磨玻璃工厂 ………………………… 12—14 小时
玻璃珠和首饰玻璃工业(玩具工业)……… 16—18 小时

这些时间里包含早餐和午餐休息的时间,但这些休息时间几乎从来没有得到严格遵守。除了很少的例外,星期日不休息,星期日要劳动10小时。玻璃工人,包括未成年工人在内,每周劳动的时间为70—100小时。

他们的工资情况如下(中等周工资):

成年男工(师傅)……………………………… 15—25 马克

辅助工或日班工人 …………………… 9—15 马克
成年女工 ……………………………… 6—8 马克
16 岁以下青少年工人（注册登记者） ……… 5—8 马克

这些工资还经常由于"**罚款**"而大大减少，并且各式各样的克扣层出不穷。罚款数为 1—10 马克！只有在极个别的例外场合，一个工人的工资才会超出我们上面列举的工资额。这种例外情况对广大群众的经济收入没有影响。

大玻璃工厂的保健设施不是非常差就是少得可怜。缺乏通风设备。各种车间和厂房充满灰尘、烟雾和煤气，有的非常潮湿，有的又过于干燥，再加上不卫生的住房、微薄的工资和漫长的劳动时间，就产生了可怕的疾病，如**痨病**等。这种可怕的境况正在产生一个由生病的、早逝的人们组成的工人阶级。如果不立即进行认真的改革的话，也同样威胁着整个玻璃工业的存在。

工人要求进行如下的改革：

1. 实行正常的八小时工作日；
2. 取消熔化玻璃作业的夜班劳动；
3. 禁止星期日劳动；
4. 禁止使用 14 岁以下的童工；
5. 禁止女工在熔炉旁劳动，在车间里男工和女工劳动分开；
6. 禁止在玻璃工厂用水银做镜子涂料；
7. 建立一切由玻璃工业的性质决定的和必要的劳动保护设施。

塞纳省以及塞纳—瓦兹省的法国玻璃工人行业联合会的代表们表示赞成德国玻璃工人的这些要求。（赞同的欢呼声）

* * *

主席通知说，他收到两项提案，其一是要求**停止作报告**，其二是要求在听取关于**女工问题**的报告和杜邦船长关于海员劳动的报告后停止作其他报告。

弗罗梅公民提议，根据过去一项决议的精神听取**克洛斯**公民关于**木匠**劳动的报告。

咖啡馆（及饮料店）的招待员代表**伦茨**公民想宣读他的报告。委派他的同业协会非常希望能向大会报告他们行业同人的悲惨处境。

克洛斯公民在受到全体代表鼓掌赞成的情况下声明，为了使大家更好地听取**伦茨**的报告，他取消发言。于是，大会接受了第二个提案。争取**海员**利益联盟主席**杜邦**船长描述了海员的情况。

他指出，海员代表出席一个国际大会这还是第一次。他感谢大会对他的行业作出一个例外决定，使他能在这里讲话。

人们对海上工人的悲惨境况和令人难以忍受的工作条件知道得很少；他们的抱怨是完全正当的，而这次大会直到现在还一点也没有听到他们的呼声。海员至今仍处于**柯尔培尔**部长——专制国王**路易十四**的部长——的训令之下，自称为1889年的资本主义资产阶级自由派的那些人，和他们亦步亦趋。

海员完全受控制了航行的剥削者支配；他们把海员像煤、索具、帆具、油漆等一样列入杂费开支范围，只有一点不同，即物质需要方面的开支丝毫也不能压缩和减少，而活的商品（指海员）却可以不断节省，以便提高金融剥削阶级的红利，或大亨们已高得惊人的薪金。

两百年以来海员的社会地位没有获得任何改善。当然应该承认，1848年的革命想要取消用鞭子和船索抽打海员的体罚，但用缆绳捆绑，用一两个救生圈往死里打，用绳子拴住从船底下拖过去，饿饭和不给水喝，有时推推搡搡和拳打脚踢，仍然是对我们的处罚手段。这些处罚虽然不合法，但是受到容忍。最后，为了击中这些白色奴隶们最关心的要害问题，老板降低了海员们辛辛苦苦挣来的一点工资，这样就夺走了一部分他们的妻室儿女和老父老母的小片面包；而这一切都是在博爱①的名义下进行的！

为了能长久地利用这个使一部分人受剥削而使另一部分人富裕起来的万恶的制度，就要保持一种令人憎恨的管理体制和代理体制，海员无论碰到任何事情都必须求助于这种体制，而这种体制规定，剥削者在同他们的不幸受害者的法律争执中既是当事人又是法官。总而言之，穷光蛋除了向政府代表和海上宪警，也就是说，向资本家的走狗（地狱看门狗）即资本家的奴仆寻求他们的权利而外别无他法。

自从资产阶级投机分子把他们的手伸向航海业之后，对船员的剥削达到了迄今闻所未闻的程度。大官们要完成的唯一的一项任务就是：通过提高乘客的费用、通过降低工资和首先是通过裁减人员本身的办法来为资本榨取一切可以榨取的东西。特别是最后一个办法运用得最广泛，因为人们从经验中知道，可以强迫海员接受最高的劳动定额，因为海员必要的夜间休息、星期日和假日休息的最低限度的保证根本不存在。

如果有谁首先对此提出抱怨的话，他得到的回答总是这样的："你不满意吗？那你就滚蛋吧！码头上有50个人在准备接替你哩！"

杜邦船长最后说：公民们！我现在向你们**提出你们在劳动和贫困中的兄弟们的最低要求**。

藉他们委托我提出的要求，受剥削的海员能够使他们的生存少受一点威胁，同时也会逐渐对**工人的完全解放**作出贡献。

在热烈的掌声中，杜邦公民宣读了**波尔多港口商船海员的要求**：

1. 调整服务时间如下：

在甲板上为12小时；

在机房里24小时值班的司炉工每天为8小时，每星期要有一整天

---

① 大家知道，这个共和国的口号是：自由、平等、博爱。

休息。

2. 规定在甲板上劳动的人每天最低工资为 3 法郎，司炉工为 4 法郎，并且随着生活必需品费用的提高，以比现在实行的工资标准更为宽容和更为人道的精神调整工资标准。

3. 禁止一切体罚，取消对应得工资的任何克扣。

4. 根据船舶的大小和机器动力的大小组成职工队伍。每条船和每 10 名人员必须配备 1 名见习水手，见习水手的年龄至少 14 岁。

5. 为保障海员权利，向即将建立的处理航运事务的行业仲裁法庭呼吁，每一个正在举行某种选举的港口都要给予海员以投票权。

根据大会的要求，杜邦公民继续宣读关于海员状况和愿望的文件。这就是：

1. 船上木工**科代朗**的报告，波尔多港务当局曾把他投入监狱，因为他拒绝让一条漏水的船进港。

2. 罗讷河河口同业协会联盟有关航海事务的要求：

（1）结算伤残基金；

（2）发不受年龄限制的比例津贴；

（3）规定每人每年的津贴至少为 400 法郎；

（4）废除 1852 年的法律；以专家法庭（行业仲裁法庭）取代负责处理商船队纠纷的法庭，它带有民事性质并完全由下列专业人员组成：

1 名远洋航行的船长，任庭长

1 名轮机长（机械师傅），陪审员

1 名沿海航行的船长，陪审员

1 名高级船员，陪审员

1 名司炉长，陪审员

1 名水手，陪审员

1 名司炉，陪审员

这个专家法庭应由所有登记入册的从事航海事业的人来任命。

（5）国家对所有以一切办法剥削海员的公司进行监督，检查这些公司：

a. 是否继续减少工资；

b. 是否减少海员的人数（船大了和增加了，而人数却少了）；

c. 必须规定劳动时间（服务时间）；

d. 同样要对给养的不足和质量的低劣进行有效的监督，因为在这方面公司派出的代理人往往胡作非为，他们完全靠掠夺为生，私吞海员的配给物品，用以进行肮脏的交易。

3. 波尔多港商船队海员的要求如下：

（1）结算伤残基金；

（2）发不受年龄限制的比例津贴，并规定每年的津贴最少为400法郎；

（3）废除1852年的惩戒法和由这项法律而建立的海员特别法庭，代之以处理航海事务的专家法庭，它由下述人员组成：

1名远洋航行的船长，任庭长

1名远洋航行的机械师傅，陪审员

1名沿海航行的师傅，陪审员

1名高级船员，陪审员

1名水手，陪审员

1名司炉，陪审员

以上人员均由全体登记入册的海员通过直接选举任命。

特雷梭公民表示支持海员的要求，大会用鼓掌的方式赞成把**杜邦**的报告及其附件印成小册子出版并在各国所有港口散发。（鼓掌）

* * *

伦茨公民以**饭店**和**饮料店**（招待员）辛迪加组织（行业协会）的

名义告诉代表大会和全世界，他的协会有权申诉它的会员们受到多么严重的虐待。在考察招待员的境况时人们必须承认，**贩卖白人奴隶的交易**即使在巴黎也十分兴旺。以下事实将证明，这种说法丝毫也不夸张，而且招待员的处境能够**与黑人受到的奴役相提并论**。

当招待员是最艰难、最耗人精力和最辛苦的职业。他每天得"干"18小时，每天要同各种脾性的人打交道，遭受他们的种种侮辱，而且还要满足雇主的没完没了的要求。他付出的努力不仅得不到报酬，而且他还要或多或少地支付直接税，即付出他的一部分收入。我们的老板先生们在顾客们表现出慷慨大方的时候多半自己当助手，因而他们相信，这种顾客慷慨给小费的例外情况一定使招待员得到了一笔可观的收入。

但顾客的慷慨大方很长时间以来已经相当少见了，而且一天比一天少见了；由此而产生了对一种简言之可以用不堪忍受这句话来形容的境况的抱怨。如果一切仅仅限于顾客缺乏慷慨大方，那么这不算很大的不幸——而且我们协会的要求之一就是：**取消小费**！

在任何一种辅助工都会打碎餐具，而费用无疑要由老板来负担的借口下，每个招待员每天的收入要被扣去2—6法郎交给老板。

招待员的收入已经很少，还要被**职业介绍所**拿去一部分。为职业介绍所介绍的工作岗位他们经常要付出120—150法郎，而这种岗位往往是很差的，以致他们不得不放弃它，即使不是很快就被解雇的话。甚至老板常常是介绍所头头的帮凶，他要雇用的人员经常是事先在那里商量好了的。

有关方面向主管当局提出的取消**职业介绍所**的一切要求都被束之高阁。可以聊以自慰的是，这种投机活动只在法国和比利时有①；还有一个情况，在比利时利用职业介绍活动谋利的不仅有本地人，而且还有多

---

① 遗憾的是，其他国家也存在。

半在法国失去公民权的法国人。

招待员的悲惨处境在去年激起了一股热情和掀起了取消职业介绍所和**由工联组织**——行业联合会和工会——**建立劳动介绍所**的宣传。从1886年起就有了一个饭店和饮料店的工联组织，在巴黎从业的80000名招待员中，它的成员有约有4500人。这个工联组织要求**正常的工作日、提高工资**和**取消职业介绍所**。

这个工联组织希望，正在这里参加大会的代表将为这个长期被遗忘的职业阶层的解放作出贡献。

按照完成的劳动小时给予一定工资的要求的确不是不合理的。同时提出取消职业介绍所也是很自然的，因为这是保障从事生活服务行业的职业阶层的前途的唯一手段。

伦茨公民接着宣读了**生活服务行业**各协会向众议院提交的一份报告，以答复议会委员会拒绝取消职业介绍所的建议。报告指出，取消所提到的这种机构不会像有人所说的那样侵犯**劳动合同的自由**。它指出，取消职业介绍所绝不以要求介绍所现任经理对由于滥用职权而造成的后果进行赔偿为先决条件。报告在补充说明招待员的处境之后，得出同**伦茨**公民在上面提到的同样的结论。

*　*　*

柏林女工代表**蔡特金**公民在热烈的掌声中就**妇女劳动问题**发言。她声明，她不想作关于女工情况的报告，因为她们的处境同男工是一样的。但她的委托者们要她从原则出发阐述一下妇女劳动问题。因为关于这个问题人们还没有明确的认识，所以国际工人代表大会完全有必要讨论这个**原则问题**，从而清清楚楚地说明它。

发言人指出，反动分子对妇女劳动持反动观点不足为奇，但令人极为惊讶的是，在社会主义营垒里竟也有人持错误观点，他们要求取消妇女劳动。妇女解放问题，也就是说，归根到底妇女劳动问题是一个经济问题，人们理所当然地期待社会党人对经济问题比刚才提到的那些要求有更深刻的理解。

社会党人必须认识到，在当前的经济发展中**妇女劳动是必要的**；妇女劳动的自然倾向或者是使每个人必须贡献给社会的劳动时间减少，或者是使社会财富增长；妇女劳动本身的问题不是由于同男劳力竞争而降低了工资，而是它受资本家的剥削。

社会党人首先应该知道，社会的奴役或自由是建立在经济附属或经济独立之上的。那些在自己的旗帜上写上解放"全人类"的人，不能因经济不独立就断定人类两性中的一整个性别应该受政治的和社会的奴役。同工人受资本家压迫一样，妇女受男人压迫；而只要她们没有达到经济独立，她们将继续受到压迫。而她们获得经济独立的必不可少的条件就是**劳动**。如果想让妇女有自由人的人格，成为同男人一样的社会平等的成员，那么除了在极个别的情况之外，既不需要取消也不需要限制妇女劳动。

争取社会平等的女工们，不把她们解放的希望寄托在自称为妇女权利而奋斗的资产阶级**妇女运动**上。这个资产阶级妇女运动的大楼是建立在沙滩上的，没有现实基础。女工们完全确信，妇女解放问题绝不是孤立存在的一个问题，而是**巨大的社会问题的一部分**。她们已完全清楚地认识到，这个问题在今天的社会里永远也得不到解决，而只有在对社会进行根本改造之后才能得到解决。

妇女解放问题是新时代的产儿，是机器孕育了它。在文艺复兴时代，妇女在智力上和社会上和男人享有同样的地位，但没有人想起提出她们解放的问题。而妇女解放意味着从根本上彻底改变她们的社会地位，这是她们在经济生活中的作用的一场**革命**。使用不完全的劳动手段的旧生产方式把妇女束缚在家庭里，她们的作用范围局限在家庭内部。在家庭范围内，妇女是一种极有创造性的劳动力。她们生产几乎所有的家庭日用品。根据从前的生产和贸易水平，**在家庭之外**生产这些物品，如果说不是不可能的话，也是十分困难的。这种陈旧的生产关系存在到什么时候，妇女在经济上成为生产力的时间也延续到什么时候。随着生产关系的改变，妇女不再参加生产活动，而成为消费者了。这种转变大大减少了婚姻的缔结。

机器生产结束了妇女在家庭中的经济活动。大工业比用不完善的工具生产低级产品的小工业能更便宜、更快和更大规模地生产一切消费品。妇女过去小宗买进原料，不得不付出比使用机器的大工业生产的成品更贵的钱。除了购买（原料的）的花费，她们还得付出自己的时间和劳动。家庭范围的生产活动所造成的结果是经济上的不合算和精力及时间的浪费。虽然在家庭范围内进行生产的妇女对某些个人可能有用，但对社会来说，这种活动仍然是一种损失。

这就是为什么旧时代的那种能干的女经营家几乎完全消失了的原因。**大工业**使在家里和为了家庭而进行的商品生产成为多余的，它使**妇女的家庭经济活动失去基础**。同时却**为妇女参加社会活动创造了基础**。节省体力消耗和沉重劳动的机器生产能将妇女投入一个大的劳动领域。妇女是带着增加家庭收入这个愿望参加工业生产劳动的。**妇女参加工业劳动**随着现代工业的发展成了**一种必然性**。新时代的每一项改进都导致男劳力过剩，把成千工人抛向街头，造成了一支穷人后备军和使工资不断地降低。

过去，在妇女从事生产活动的情况下男人赚的钱足以维持家庭的生计；而现在这点钱几乎不够养活没有结婚的工人了。已婚的男工不得不对妻子的有酬劳动寄予希望。

妇女通过这个事实**从对男人的经济依赖中**解放出来。从事工业生产的妇女就不能只在家中成为男人纯粹经济上的附属品，作为独立于男人的经济力量，她学会自己养活自己。既然妇女在经济上已不再依附于男人，那么就没有任何合乎情理的理由使妇女**在社会地位上依附于**男人。这种经济上的独立目前仍然没有给妇女带来好处，而是给资本家带来好处。资本家由于垄断了生产资料便控制了新的经济因素，并让这种因素使他们获得特殊的好处。从对男人的经济依附中解放出来的妇女**被置于资本家的经济统治之下**；她们从**男人的奴隶**变成了**雇主的奴隶**。她们仅仅是**换了个主人**。但毕竟有了这个转换。她们同男人相比在经济上不再是价值较小的了，并且不再隶属于男人，而是**同男人平等**的了。但资本家不满足于单单剥削妇女，他们还想利用妇女参加工作而**更狠地剥削男工**。

女工一开始就比男工便宜。男人的工资起初是根据维持**整个家庭**的生计的需要来计算的，妇女的工资首先是维持**个人生活**的花费，而即使是这种花费，也只是一部分生活费用，因为要考虑到妇女在工厂劳动之外还继续在家中劳动。此外，由妇女在家中用简单劳动工具生产出来的产品，同大工业产品相比较，只相当于社会平均劳动的一小部分。人们由此推论，认为妇女只有很小的劳动能力，并且出于这种考虑而对女工支付很少的报酬。还有一种少付给妇女工资的理由是，总的说来，妇女比男人的需求少。

但妇女劳动力对资本家来说是特别宝贵的，不仅因为它付出的代价少，而且因为妇女有更大的**屈服性**。资本家指望一箭双雕：尽可能少付给女工工资，同时通过这种竞争尽力压低男工工资；他们以同样方式，利用**童工**来压低女工工资，利用**机器**劳动来减少使用人的劳动力。正是资本主义制度造成妇女劳动得到与其本来的发展趋势恰恰相反的结果；妇女劳动所起的作用不是大大缩短工作日，而是使工作日变得更长了；妇女劳动没有增加社会财富，也就是说，没有使社会的每个成员得到更多的福利，而只是提高了一小撮资本家的利润，同时却造成越来越多的群众贫困化。今天已使人痛切感到的妇女劳动的灾难性后果，只会随着资本主义生产制度的消失而消失。

资本家为了不被竞争所压倒，必须想方设法地尽量扩大他的商品的买价（生产价格）和卖价之间的差价，因此他力求尽可能便宜地生产产品和尽可能昂贵地出卖它们。所以资本家感兴趣的是，无限延长工作日和付给仅能勉强糊口的少得可笑的工资。资本家的这种做法和女工的、同样也和男工的利益是完全背道而驰的。因此不存在男工和女工之间利益的真正对立；但是在**资本**和**劳动**的利益之间却真正存在着不可调和的矛盾。

经济方面的理由反对禁止妇女劳动。就当前经济状况而言，**无论是资本家还是男人都需要妇女劳动**。资本家为了保持竞争能力而需要妇女劳动，男人如果想组织一个家庭的话，也必须把妇女劳动计算在内。如果我们自己通过法律途径取消了妇女劳动，男人的工资也不会因此而增加。资本家在失去便宜的妇女劳动力之后，很快就会通过使用比较完善的机器来弥补这个损失。在很短时间内一切又会恢复老样子！

在结局对工人有利的大罢工之后，人们可以看到资本家利用完善的机器把工人的胜利成果消灭殆尽，并像过去一样对工人进行剥削。

如果根据妇女参加劳动就增加了竞争的理由而要求取消或限制妇女劳动的话，那么要求消灭机器和恢复规定每个行业企业就业人数的中世纪行会法，在逻辑上也是同样有道理的。

除了经济理由，首先从**原则**上来讲也应**反对禁止**妇女劳动。从问题的原则方面来说，妇女必须用一切力量去抗议这种企图；她们必须对这种企图进行最激烈的，但同时也是最正当的抵抗。因为她们知道，她们在社会上和政治上能否享有同男人平等的地位完全取决于她们在经济上是否能独立自主，她们走出家庭到社会中进行劳动就能使她们获得这种经济上的独立自主。

我们妇女从原则立场出发，最坚决地反对限制妇女劳动。**由于我们**

决不想把我们的事业同一般的工人事业分割开来，所以我们不提特殊的要求；我们除了劳动在反对资本的过程中要求的一般保护外不要求其他保护。

只有一种例外，就是为了妇女本身和后代的利益，需要对怀孕的妇女采取特殊的保护措施。我们完全不承认有什么特殊的妇女问题——我们不承认有什么女工问题！我们期待的妇女完全解放，既不是靠允许妇女从事所谓的自由职业和同男人享受一样的教育（虽然对这两种权利的要求是应该的和合理的！），也不是靠给予政治权利。那些自称有普遍、自由和直接选举权的国家向我们表明，这种选举权的真正价值少得多么可怜。没有经济自由的投票权只不过是一张没有兑换价值的空头支票。如果社会解放取决于政治权利，那么在实现了普选权的国家里就不存在社会问题了。妇女的解放同全人类的解放一样，最终必将是**劳动从资本中解放出来**的事业。只有在社会主义社会里，妇女才能和男工一样获得她们的充分权利。

考虑到上述这些事实，对严肃认真地对待自身解放愿望的妇女来说，只有参加到唯一争取工人解放的社会主义工人党中来，此外，别无他途。

妇女们是在没有男人的帮助下，甚至往往是违抗男人意志的情况下集合到社会主义旗帜之下来的。人们甚至必须承认，在某些情况下，单是由于清楚地认识到了经济状况，她们就不可抗拒地被卷进社会主义潮流，尽管这样做甚至是违反她们自己的意图的。

但是她们还是站到这面旗帜下来了，而且将一直站在那里！她们将在这面旗帜下，为争取自身的"**解放**"、为争取她们**被承认为享有平等权利的人**而奋斗。

她们同社会主义工人党携手前进，并准备为斗争作出一切努力和牺牲，但她们也下定决心，在胜利之后理所当然地要求获得她们应该获得的一切权利。就牺牲和义务，以及就权利而言，她们所希望的只不过是想作为**战友在相同的条件下被接纳到战士的行列中来。**

在**艾威林**女公民把这个讲话翻译成英语和法语之后，场上一再爆发出热烈的掌声。

* * *

在大会决定听取的一系列**专题报告**作完之后，爆发了一场讨论，即是否允许**无政府主义者**或者至少是他们中间的一个人作超过15分钟的发言（拉法格的提议），以消除他们的抱怨；他们抱怨说，他们在解释他们的理论时，人们流露出不耐烦的情绪。

许多代表提请注意，人们对无政府主义理论已经知道得够多的了，如果大会单单允许一个无政府主义者发表15分钟以上的发言，那么大会就太宽容了。

蒙托"伙伴"（同志）对"无政府主义"这个词的来源和意义持不同意见；他进一步散布说，只有无政府主义者的"绝对自由"才能把社会改造得好一些。

这种意见只在一些法国和英国代表中得到赞同；绝大多数代表大声表示不赞成，并对发言者发出嘲讽的喊声。

福堡—圣安东的**家具木工代表弗朗谢**公民抱怨说，巴黎工人的血管里已经没有革命的血液了。难道他们愿意再一次受糜烂的和彻底腐朽的议会制度愚弄吗？他劝说他们**放弃投票**和不要提出劳工立法的要求。他认为这无助于改善他们的悲惨境地。

比利时的代表们要求结束会议；于是**瓦扬**公民以主席团名义建议，大会宣布明天继续开下去直至彻底完成其使命。

在确定明天的日程只是讨论大会工作大纲上规定的各个问题和**表决**要通过的各项**决议案**之后，上述提案得以**通过**。下午3时会议休会。

第十次会议

(7月20日,星期六上午)

主席是英国议会议员肯宁安·格雷厄姆公民。**拉法格**通知说有3名新的代表到达。布宜诺斯艾利斯的德国社会党人授予**李卜克内西**公民委托书,让他作为他们的代表,并送来了一份关于**阿根廷共和国**情况的报告。

一些贺电和贺信得到宣读。李卜克内西告诉大会,他昨晚在德维尔旅馆里会见了上百名法国工人。他们都向他保证说,他们不像人们所说的那样,他们对德国人并不抱以沙文主义和仇恨,而是怀着兄弟般的情谊,他们只是希望实现这个愿望。这个消息获得了最热烈的掌声。许多可能派代表大会的代表向主席团表示,他们不幸犯了错误而参加了可能派代表大会,并对不能参加社会党人统一代表大会感到十分惋惜。

在这些贺电和贺信宣读完之后,大会开始讨论议程上的问题。

讨论劳工保护立法等问题

肯宁安·格雷厄姆指出,同英国工人**谈论社会革命问题**几乎是不可能的。他们完全被过度劳动、贫困和酗酒所压倒。他们已经在许多方面表现出对实际问题的兴趣。如果想把他们争取到一个运动中来,就必须用实际问题来唤起他们的兴趣。

这一类问题中就有实现**八小时工作日**的问题。这个问题能使全世界工人联合起来采取共同行动。减少劳动时间对工人的健康和精神的发展是完全必要的。漫长的工作时间使工人过着像驮畜一样的日子。例如,**苏格兰矿工**的境况就是这样。他们要在矿井中劳动11个半小时至12个半小时；他们放工后精疲力竭地回到家，几乎没有时间吃饭，因为他们此时唯一的愿望就是躺下来睡觉。但昏昏沉沉的一觉并没有使他们的体力得到完全恢复，此时他们又不得不到矿井上工去了。这样一种生活根本就谈不上满足文化精神方面的需要。通过国际劳工立法来改变这种状况是大家的一项义务。如果不制订这样一个立法，工人的境况将更加恶化。**澳大利亚**有一条关于规定和降低每天工作时间的法律。这样，澳大利亚工人的物质生活要比他们欧洲兄弟们的好；他们在精神生活方面也能得到良好发展，因为他们有时间和闲情来研究各种不同的问题。资本家竭力坚持这样一种看法：减少劳动时间的结果也必然要导致工资降低。这种说法是骗人的，因为事情正好相反。**劳动时间越短，工资越高**。例如，在马萨诸塞州实行了八小时工作日，工人们每天挣的工资比工作时间长一些的邻国工人多3先令（1先令合1马克）。相反，在英国有一个标榜资本主义及其"文明"发展的地区，这里从事制造铁链的妇女每天工作14—15小时，而每星期挣的工资只有4.5—5.5先令。**劳动时间越长工资就越低**。工资额随着劳动时间的减少而提高。

确定劳动时间的问题对工人的发展具有特殊的意义。因此发言人要求全体代表把个人的妒忌和一切原则性分歧统统扔在一边，共同为降低每天的劳动时间而奋斗。**实现八小时工作日是劳动从资本中解放出来的第一步**。（鼓掌）

盖得公民提醒大会注意，在大会的议程上还有三个问题没有讨论。因此他提议，所有的建议都应以书面形式提交主席团，由它把这些问题归纳到一般性决议中去，并在下午的会议上加以通过。**瓦扬**建议，至下午1时前让所有已登记的发言人发言，下午会议进行表决。

莫尔肯布尔公民要求，把发言人的名单放在一边而直接讨论大会的决议案。一位发言人**赞成**，而另一位发言人**反对**讨论决议案，并认为应尽量考虑原来的发言人名单。

有人要求结束关于提案的讨论,大会接受了这个要求。德国木工代表**克洛斯**公民解释说,某些意见认为,提出劳工立法的要求同社会主义原则不相容。他认为这种观点是错误的。社会党人和有觉悟的工人有义务开辟道路,以便广大民众在通向社会主义的福地的道路上不致倒下,以便不让资本主义使群众退化到在精神上和体力上无法振作起来的地步。德国工人阶级认为自己非常有必要成为这些实际要求的先锋战士,因为当前局势十分有碍于政治活动。基于同样的理由,我们不能忽视工会组织问题。这个问题同劳工立法问题一样,有利于争取和教育群众。

发言人承认,许多社会党人反对行业联合会或工联联合会,因为这些组织在对工人进行思想教育方面没有提供社会党人希望提供的一切。但把这些行业联合会在教育和发展方面提高到更高的水平,恰恰是社会党人的任务。可以说,他们必须在行业联合会内部成为一种酵母,他们必须唤醒阶级觉悟,换句话说,就是使其成员明了当前的局势和完成他们的历史使命。由于法国人的决议案还没有译成德文宣读,所以发言人只知道**倍倍尔**的决议案,根据他刚才阐述的理由,他要求全体德国代表一致投票赞成倍倍尔的决议案,首先是**赞成实行八小时工作日**的要求。

倍倍尔声明说,主席团已将他提出的决议案和**盖得**以及**莫里斯**的决议案合并,这个共同的决议案将在下午会议上提交大会讨论。

亚眠纺织工人代表**勒费弗尔**公民强调指出工会组织的必要性。

亚眠纺织工人每天劳动12—13小时。

工厂主越来越多地雇用妇女,他们从妇女那里得到比较廉价的劳动并通过她们的竞争来压低男人的工资。直至最近纺织工人还没有自己的组织。但在去年,全体纺织工人举行了一次罢工,要求提高工资,从而促进了一个工联组织的成立,今天它已拥有350—400名成员。这个工联组织同亚眠的社会党人手携手地前进,它的影响已开始不仅在纺织工人中,而且也在其他部门的工人中明显地表现出来。例如,制鞋匠已仿效这个榜样，同样建立了一个工联组织。

吕西安·魏尔同志表示不同意肯宁安·格雷厄姆的观点。格雷厄姆强调某些改善措施的必要性，以便在英国工人群众中能够进行宣传和组织工作。魏尔同志持相反的意见。

当英国工人群众还处于落后状态、还没有阶级觉悟的时候，无产阶级在长时期内就会上改良的甜言蜜语的当。为了教育群众，必须在群众中灌输造反思想。这种改善生活的许愿只能欺骗工人和使他们受愚弄。

如果说他（发言人）已成为一个无政府主义者，那么这种情况之所以发生正是因为法国马克思主义的领导人以清楚的方式揭示了经济机制，明白无误地指出：铁的工资规律使通过改良来改善这种机制的一切努力都归于无望。因此不能对细小的措施抱任何希望。发言人自己衷心希望劳动群众的状况能得到改善，但他确信，通过改良和立法的道路是不可能达到这个目的的。普选权推动了群众，这些群众只拥有一种有效的手段：**持久的运动。只有社会革命才能治好一切社会弊病。**（一些法国无政府主义者和英国代表鼓掌）

格拉—罗伊斯**女工代表伊雷尔**女公民指出，女工组织是改善男女工人境况的必不可少的前提条件。如同男人们到处都在为改善劳动条件而组织起来那样，女工们也应该组织到工会联合会中去。只要女工们还没有组织起来，那么她们在某种意义上并由于实际影响就仍然是男人的竞争对手，而不是男人在劳动中和斗争中的同志。

如果女工们不参加到男人们的组织中去的话，工人们要胜利地进行反对资本的经济斗争是十分困难的，甚至是不可能的。

只有**组织**才能使女工们提出和运用**同工同酬**这个根本原则，这是消除男女工人之间的竞争的唯一手段。不幸的是，妇女们还没有充分认识到组织起来和参加公众生活的必要性。这方面的证明是，尽管在工业部门已有相当数量的从业妇女，但来参加这次大会的女工代表却寥寥无几。帮助妇女进行组织工作是全体社会党人的义务。那种认为妇女太拖沓，因此不懂得组织起来的重要性的说法，是毫无根据的。男工们也不是在所有地方都达到了如他们自己所说的那种发展高度；对他们来说还需要做许多努力才能达到政治上的成熟和组织起来。各地的妇女都显示出加入工人运动进程的极好素质，但这必须处处都有适宜的土壤。发言人收到德国各地女工们的来信，她们都对有代表参加这次工人大会表示很高兴。这个事实表明，女工们已开始理解她们的处境。所有国家同志们的义务是，一起帮助妇女争取她们自身独立的努力——这种努力给男人和女人都会带来好处。

1886年的一场女工运动一开始就遭受德国警察的镇压；站在这场运动前列的妇女受到了惩罚，**吉约姆-沙克**女公民由于进行宣传鼓动而被驱逐。但是警察的干预恰好表明，女工们已走上正确的道路。自此之后，运动以极健康的方式重新发展起来，那些拥有大量意气相投的女工的联合会表现出明显的进步。我们希望，这次大会能作出决定，帮助无产阶级妇女组织起来，让所有大城市都成立女工的工会小组。这些组织理解女工们的利益，将同伟大的社会主义工人运动手携手地共同前进，并且将成为争取妇女尚未获得的社会和公民权利的工具。资产阶级妇女在请愿书中**乞求**这些权利，相反，无产阶级妇女根据**社会主义纲领**要求这些权利。

下次代表大会将是对完善的组织工作的一次检验，这种组织工作将体现在有许多女工代表出席这一点上。现在是工人运动的有觉悟的承担者也要用**卡尔·马克思**号召所有无产者联合起来的话来教育劳动妇女的时候了。这句话就是："全世界无产者，联合起来！"这句话也可以说：**全世界劳动妇女，联合起来！** 这应该是我们的口号。（热烈鼓掌）

主席征求会议意见，是否让**约翰·白恩士**发言，虽然他不是被派来参加这次代表大会的。白恩士得到了参加可能派代表大会的委托书，但他本人非常真诚地表示赞同这个社会党人代表大会，因此他需要向会议表达自己的这种心情，并向全体无产阶级的代表致意。

大会一致同意让**约翰·白恩士**发言。他声明说，他参加集体主义的代表大会纯属偶然。工联（他是工联会员）先收到了可能派的邀请，参加统一的社会党人代表大会的邀请只是在可能派的邀请已被正式接受之后才收到的。他对争取两个大会合起来开的努力没有获得成功表示遗憾。但他希望，尽管发生了这样的事，无产阶级也将从中获取好处，因为两个代表大会讨论的是一些同样的问题。发言人代表 57000 名参加工联组织的机械工人。在大陆上人们普遍相信，英国工联从根本上来说是反动的和保守的。这种说法部分是对的。大多数工联组织尚未认识到**国际主义**对工人运动的必要性。它们以为，通过纯粹的工会组织，只通过一个国家的行动就能改善它们的境况。因此它们对非英国无产阶级的斗争很少表示理解和同情。不过对其他国家兄弟们的漠不关心以及工联的倒退行为并不是有组织的**工人**的错误，而是一些**头头们**的错误。这些头头们很快走下坡路，并已在他们自己的拥护者中名誉扫地了。工联的群众已开始认识到所犯的错误，并且在英国的以令人头昏目眩的速度发展起来的经济条件的影响下，他们会越来越明白和越来越有觉悟。从现在起五年内，工联的基本群众将会转向社会主义阵营。由于他们的参加，**国际议会**的力量将会大大加强。这种发展趋势已经开始了。"我以自己的名义和我所代表的工人的名义向大会致意，并祝**大会圆满成功**。"（鼓掌）

比利时代表**塞扎尔·德巴普**发言表示赞成国际劳工立法。因为他的党授予他委托书，要他表明对这个问题的立场。此外，这也许是他最后一次在国际大会上发言了，因为他的健康状况很糟。

发言人想驳斥反对国际劳工立法的一些看法。有人从不同方面断言，由于各国政府不会同意作为问题提出的要求，因而它不会带来任何实质性的成就,所以我们应该满足于在宣传这些要求方面所取得的成就,这样做的结果将使我们能更好地以更彻底的措辞提出要求。发言人指出,这些看法是没有根据的。他认为,这些能够直接做到的要求应当缓慢地和逐步地得到实施和贯彻。我们向政府提出的要求很多,而毫无疑问,我们得到的却很少和很慢,但我们必须一步一步地去得到我们想要得到的东西。我们的要求正越来越多地赢得公众舆论的同情,另一方面也在向政府施加压力。同样,资产阶级经济学家和无政府主义者认为**劳工立法威胁工人自由**的看法也是站不住脚的。

"**签订劳动合同的自由**在今天就是**剥削的绝对自由**。只有在实现劳动资料社会化之后才能谈得上劳动自由。无政府主义者毫无道理地宣称,对劳动作出的规定会限制个人自由。单是个人的意愿并不足以实现这样的社会机制并使之向前推进。一种对生产条件、劳动条件的规定在目前和在将来都是有必要的。如果社会机体要生存下去和进行活动的话,它必须**组织起来**!还有第三种反对意见,认为对劳动作出国际性规定是不可能的,因为各个国家有各自不同的劳动条件。但是尽管有民族的和地方的不同特点,事实已使我们确信,许多东西具有共同性,并且是可以用国际性办法来处理的。如各国工人都抱怨所提到的那些弊端,而且到处都提出了同样的要求。此外,把国际性的要求运用于特殊的和专门的情况也是十分容易的。例如,规定最低工资的要求就是这样。对这项要求,我们绝对不会理解成世界各地必须有同样的工资。但我们认为,各地都要根据当地特殊情况确定一个最低工资,工人的收入不能被压低于此。此外,其他许多要求已经在国际上得以提出,并被认为在国际上是行得通的,例如,关于健康保护、关于使用有毒原材料和关于正常工作日等的要求。制订国际劳工立法,如同**国际邮电服务业**一样,是完全行得通的。"

发言人以强调国际劳工立法的必要性结束发言,并对瑞士联邦委员会的呼吁表示欢迎，因为它提出许多进一步的要求，并制定了一个工人们**在现今社会范围内**能达到的改良要求的完整纲领。（鼓掌）

瓦扬以外省工会组织的名义宣读了一项有重大意义的声明："外省参加工会组织（工会和行业联合会）的工人代表通知所有外国代表团，他们的所有组织都没有**无政府主义的倾向**；意外事件只是这样发生的，即在一般性讨论中首先由巴黎的一些无政府主义小组的代表发了言，这样就造成了一种假象，似乎他们是法国无产阶级的代言人（接着是200多名外省工会组织的代表们的签名）。"（鼓掌）

无政府主义者对这个声明作了如下的回答："我们抗议这个声明的说法。一些外省代表声称，他们所代表的组织批驳了无政府主义学说。我们像这些代表一样有权以外省名义发言。

我们以个人名义发言，我们有授予我们的有效的委托书。

事实是，如果说这个通知的签字者所代表的工联组织、社团小组和社会主义学习小组不是由无政府主义者组成的话，那么我们所代表的组织、小组和团体则完全是由无政府主义者组成的。

因此，我们都抗议这个不恰当的假设性的结论；这个假设的目的是要使人相信，法国的外省完全是反无政府主义的，而一般性讨论开始以来作了发言的同志们仅仅代表一些无足轻重的势力。我们要求我们全世界的兄弟们对这种行动作出评判。"

这份抗议书有9人签名，其中1人声明说，他代表手工业工人工联组织的50个支部。

俄国代表**贝克**公民指出，将在大会上进行表决的涉及劳动立法的有利于工人和社会主义的要求，肯定会引起以政府为首的资产阶级的激烈反对。反动势力在今天已扩展到我们所不知道的地方，它已成为无所不在的了。众所周知，这种反动势力一直得到俄国专制政府的大力支持。因此全世界工人政党和社会党人的利益在于，使俄国专制制度在最短期间内垮台,尤其是在甚至标榜民主倾向的那些欧洲政府也开始为圣彼得堡的暴君效劳的时候,它越快垮台越好。

因此,使工人的要求获得成功的必要的方法和道路,是同这样一个问题紧密地联系在一起的,即在俄国哪种社会力量将推翻这个不合法的、为非作歹的和倒行逆施的王国?

讲话者在回顾所论述的时期的时候,不得不放弃引用统计数字。但他在涉及他自己所提出的问题之前,必须先讲一讲有时在欧洲甚至在俄国人们相信能解决问题的方式方法。

有人们对我们说,俄国处于从旧的经济形式走向新的经济形式的过渡时期。自然经济正在衰落,以便让位于市场生产;**农村合作经济**正在没落,而资本主义生产却在一天天地飞速发展;与此同时,阶级意识越来越活跃的资产阶级开始认识到,目前俄国的政治形式阻碍着它的发展;它和专制政权之间的冲突因而是不可避免的,并将成为专制制度垮台的第一个结果等。由这种观念而产生的政治和革命纲领是完全清楚而简单的;但是看一下最近25年来的俄国历史,这种观念的唯心主义性质马上一眼就能看出来。发言人认为好好考虑这一点是重要的,因为他认为,寄希望于俄国资产阶级的革命倾向完全是一种幻想,而且会给俄国和西欧社会党人的共同事业带来不幸的后果。尽管这种幻想向人们许诺很多好处,但发言人还是要同它作斗争,因为必须同每一种幻想作斗争。

本世纪下半叶初期,尼古拉一世和阿拉克切耶夫的俄国——农奴制和贵族肆无忌惮的俄国——陷入了四分五裂和内部腐朽的泥潭之中。受到司法机关及其下属地方当局的警察组织束缚的国民生产力竭力要克服阻止它发展的障碍。工业相当发达的欧洲的利益,同俄国拥有广大市场、但却被一小撮贵族和贪官污吏独霸着这一情况相矛盾。在1854—1856年的**克里米亚战争**中,旧的俄国同资产阶级的欧洲之间发生了一场可怕的冲突。前者遭到了彻底失败。亚历山大二世1860年在向莫斯科贵族讲话时用另一种方式表达了这一失败。他说:"我们从上面解放农奴,好使他们不致从下面获得解放。"这次失败使现存状况不能继续存在下去了。国民的愤怒情绪促使俄国社会和政府采取更加果断的行动。1861年2月19日宣言开创了俄国历史上的一个新纪元:取消农奴制,这为广泛的改革奠定了基调,司法、地方自治、管理和监察等领域的改革则以此进行。大部分改革实际上是在一定时间段内实施的。从1862年到1870年实行了政权和管理分离,政权和教育分离,成立了"地方自治局",法院审判向公众开放,初级法院荣誉法官由选举产生,设立公社机构。根据三级选举制制定的选举法,虽然离居民参加地方管理的理想形式相距甚远,但已向前迈进了一大步。所有这些改革,以及普遍服兵役的义务和国民自由买卖土地的规定,事实上都没有使自治得到充分的进一步的发展,但这一切仍然改变了随后一段时期的社会关系的性质。地方自治局和市政当局(社会直接或间接地向它们提供了优秀人士)开始努力进行活动并取得了明显的成就。同人民的需要直接有关的一些问题被提上了议事日程,并且部分地得到了解决。公共教育、公共救济、公共照管和人民劳动产品的保险都从政府的监护下解放出来了,并且在短时间内取得了可观的进步。它把专制政府在这方面所能做到的一切远远地抛在后面。所实现的进步说明了针对官僚主义机构实行官员选举原则(较好的官员选举制)所取得的光辉胜利。

在同一时期,经济领域发生了重大的变化。从农奴制束缚下解放出来的劳动,已成为其自身的合法主人并在另一种基础上组织起来。这种劳动以另一种方式在国民生产的各个不同部门得到分配。一直从事农业生产的一部分人开始参加商业和农村工业活动。那些迄今几乎把所有力量都集中于农业的资本家,着手放高利贷和经营手工制造业。土地分配的不利条件迫使农民在许多情况下离开分配给他们的土地。参加到过去在王室和贵族开办的工厂、冶炼厂和矿井工作的无产阶级队伍中来的,参加到从废除农奴制后没有分到土地的家庭农奴中产生的无产阶级队伍中来的,又有了农民无产阶级,向市场提供的劳动力不断增加。劳动力的过剩供应,促使资本很快取得胜利。由于俄国资本主义是在机械业和技术已达到高度发达的时期执掌政权的,所以这种胜利就更有保障了。在这种情况下,外国资本也许比俄国资本所起的作用更重要,因为它被廉价的劳动市场和广大的销售市场所吸引。但资本主义首先是由于政府的帮助才在俄国取得了胜利。因为政府完全放开手脚,所以在长年累月中它几乎耗尽了以数十亿计的国家资财,用津贴、奖金和利息的形式进行损害民众的分配。在紧接着解放农奴之后的时期内,国家预算被专制政府交给一小撮掠夺成性的工厂主、高利贷者和地主。

这些事实所造成的结果是国民生产和商业销售的巨大高涨以及信贷业和交通业的发展。俄国在 20 年中取得了与西欧强国同等的地位,即使这种地位不是因为它规模相对较大的生产取得,那也确实是因为它经济发展的性质而取得的。超过 50 亿的国债就是政府努力在资本主义道路上前进的最好证明,但同时也是民众因此而遭受贫困的证明。所以资本主义在俄国也和在世界各地一样获得了胜利。但是资本在俄国是否也像世界各地一样在起着巩固其王国的作用呢?生产力在俄国是否也像其他地方一样集中到有限数量的工厂、冶炼厂和矿山了呢?生产资料是否已聚集在少数所有者手中?为什么直至现在在民众经济生活中农业公社、生产合作社这些形式还能保存?为什么在俄国不像在其他地方那样,专制政权没有随着农奴制的废除而被废除?要回答这些问题就必须考虑俄国社会生活和政治生活形式的历史条件,这就是对新的社会生活形式的产生发生影响的条件和农奴制实施后出现的条件。农村的乡镇、所有制的历史基础和经济关系在农村居民中造就了一种团结互助的精神,这种精神必然对大资本的破坏性活动进行抵抗。几世纪以来从对政府机构的奴隶般的服从中壮大起来的知识阶级所受的教育，对他们最温和的政治要求所实行的压制，罗曼诺夫王朝的统治——所有这一切造成的影响在新生活的短短几十年中是不可能消失的。缺乏一致的精神和这些阶级贪图安逸的、逆来顺受的禀性成为专制独裁赖以建立的基础。但除这种情况之外，还有另一种在农奴制废除前后都在起作用的情况，这就是国际资本的影响和发展，它进入俄国后就得到了发展。如果说有哪个国家的资本主义来得太晚，因而来不及完成其全部历史使命，那么这个国家无疑就是俄国。俄国是在这样一个时期废除农奴制的，在这一时期，欧洲资本主义产生的所有内部矛盾都激化了，其中一个矛盾就是生产规模扩大和市场吸收能力缩小之间的矛盾。吸收已充斥市场的大量商品，在欧洲已引起市场对这种方式的生产、交换和分配的偶尔的反抗。俄国资产阶级在农奴制废除后立即面临劳动力供给的竞争，大地主抱怨劳动力价格太高，虽然他们价格非常低而且许多资本家宁愿让他们使用最原始的工具。但由于国内市场不稳定，这种抱怨是有道理的。资本主义越发展，市场就越不稳定，民众的购买力也就随着工人在多大程度上被机器代替而降低。在资本主义发展的一定点上，资产阶级不得不牺牲它的一部分利益，以保住国内市场。于是大资本就不去破坏各种小企业、小产业（如家庭工业、小工业和乡镇企业），相反为了自身的利益而吸收它们；不去消灭它们，相反为了满足国内市场的需要而利用它们。

这些在其他各个国家的历史上也有过先例的事实对俄国经济生活是有意义的。一切统计调查资料都表明，大工厂和大冶炼厂的数字在最近10年内几乎完全没有变化；同样，在大工业、小工业和农村经济中就业的工人人数一般来说也几乎没有增加。此外地产也远远没有集中到少数私有主的手中；虽然1881年至1882年间大工业获得了巨大发展（这是由于把机器迅速引进工业而造成的），但大工业和国民生产之间的比例几乎没有什么变化。还有，除大工厂外，小工业企业雇用的工人人数要比大工业企业雇用的多得多，而且这个数字没有减少。这些事实揭示资本主义在其最后阶段内部软弱无能的本性，标志着整个工业的混乱。

俄国相当大的程度上避免了1873年的工业危机，但完全卷入了1879年至1882年的总危机，这场危机持续至今。从那时以来，俄国工业承受了国际资本主义内部衰落的一切后果。许多工业部门的生产以及对外贸易的发展缩小了。一些最靠得住的大企业变得靠不住了并经常倒闭。保证市场的唯一办法就是占领地盘，并通过收税地界和哥萨克兵来加以保护，现在这个办法也失效了，因为英国在东部地区和奥地利在西南地区也认为有必要采取同样的办法。占领新的市场已十分困难，资本主义的欧洲以恐怖的心情在等待殖民地经济解放的时刻的到来。同时，成千上万的工人失业了，组成了"赤脚者"（流浪汉）大军；成千的失去土地的农民急于找到工作和能建立新家的地方。政府在寻找防止这种状况造成的影响的办法。伊格纳季耶夫伯爵想到了反犹太人运动；工人被大批地从工业中心运送到他们的家乡。政府用武力镇压农民，把他们的领导人处死，这引起了农民的愤怒；持续不断的罢工，这是标明俄国近些年特征的事实。俄国是在资本主义已成为普遍的和国际性的生产方式的时候实行资本主义的，所以俄国资本主义像其他地方的资本主义一样，正走在结束其历史使命的道路上。

俄国同其他所有欧洲国家一起今天已接近于这个世纪的终结，因为它同这些国家一起受到了国际资本主义的影响。在资本在俄国处于开始发展的时代就被迫保存民间的生产形式和所有制形式的时候，再来谈消灭这些生产形式和所有制形式已经为时太晚了。在资本主义由于其自身的重力作用已开始崩溃的时候，再来谈资本主义在最近将来的发展已经为时太晚了。最后，俄国资产阶级在紧接着农奴制废除之后缺乏必要的力量去同人民的利益建立有机的联系，反而用欧洲资产阶级的方式去欺骗人民，在他们这样做了之后，再来考虑俄国资产阶级的自由主义的、改良的努力已经为时太晚了。资本主义自从在俄国出现之后就需要有无限的权力，以便保证它像寄生虫那样存在下去，以便使所有危及其统治的意见保持沉默，扼杀一切批判精神和保护自己免遭战斗的社会主义的攻击。因此，专制统治过去、现在和将来都是俄国资产阶级的政治纲领。**罗曼诺夫王朝的利益和资产阶级的利益是一致的。**

最近几十年来，作为俄国历史标记的是这样一个事实：各种社会主义政党站在反对专制主义的革命运动的最前列，并以人民的名义进行斗争。这个事实表明，工人的要求仍保留在议事日程上，他们要求改变现存的政治制度。背弃其历史传统的资产阶级变得反动和保守了；未来属于劳动者阶级。俄国还没有有组织的、意识到自身历史使命的工人阶级，但社会党将坚守政治阵地，政治权利对于它的发展是绝对必要的。在欧洲，革命的社会党人正在保卫他们已经获得的反对资产阶级的权利。在俄国，社会党人为达到政治自由，不得**不同时进行反对专制主义和反对资产阶级的斗争**。社会主义将是懂得争取和维护政治权利的唯一力量；只有它才能战胜俄国专制制度。俄国资产阶级被迫保存了各种民间的生产形式和所有制形式。但是，资产阶级今天保存它是为了在明天消灭它；而人民的贫困是不可能通过村社来解决的。只有政治、社会和经济制度的彻底转变才能有助于这个问题的解决。

正如欧洲社会党人有他们的理由要求制定**劳工立法**一样，俄国社会党人，至少是那些赞成民意党人的纲领（由国家保护村社和**劳动组合**）的社会党人，也要求制定劳工立法。俄国人民在当前条件下从村社和劳动组合这些历史残余中获得了好处。在1880年至1883年俄国发生危机的年代里，**工业工人**由于没有任何组织，不能抵抗工厂主和高利贷者；**农业工人**在他们的风俗和习惯中找到了反抗的手段，而这些风俗和习惯就是在村社这个机构中形成的。在相当多的行政区域内，农民的行政机构"米尔"可以保障农业工人有**固定的工资**,这个榜样为许多省的政府所仿效。我们希望,上面所阐明的事实足以说明拥护民意党纲领的俄国社会党人的要求,这就是要求支持村社,认为它作为人民生活的一种形式对目前以及最近的将来都有巨大的重要性。

* * *

迪吕克公民赞成国际劳工立法,但他要求大会就此通过正式决议,以便规定赞成决议的政党和组织必须为实现所提出的要求而奋斗的方式和方法。

孔伯莫雷尔公民指出,**巴黎**市参议会为城市工人实行**九小时工作日**做了许多工作。掌权者宣布参议会的决议无效。参议会坚持自己作出的决议,并且还对在私营企业中就业的城市工人实行九小时工作日。参议会的多数人同意要求采取保护措施,以作为工人准备获得彻底解放的必要的手段。

巴黎市参议会的**绍维埃尔**公民提出,实现大会决议的最好手段是贯彻**布朗基**提出的用**废除常备军**的办法来解除资产阶级武装和建立**人民武装**的要求。

圣安东郊区家具木工代表杜普雷表示反对认为工人可以从劳工立法中得到良好成果的看法。直到今天,立法还从未带来最好的东西和有利于人民。过去的一切立法都是衰朽的,今后的也都是腐败的。关于经济问题谈的时间已经够长了。但在对这些问题的讨论过程中,人民的事业并没有前进。必须消灭资本、资本家和一切垄断。(德国人讥讽地喊道:"必须消灭一切!")

荷兰代表多梅拉·纽文胡斯说,在他看来,当大会表达了全世界社会党人的团结时,大会就取得了巨大的成就,但是就大会在昨天开始的日程的安排方面而言,它的结果很糟糕,昨天除一些享有特权的人外没有一个人的发言被允许超过5分钟!多好呀!他说,我声明,我不是一个魔术家，能在这样短的时间内讨论这样大和这样重要的问题。因而我自动放弃就讨论的问题发言。但我要求你们注意一下对我的朋友**德巴普**的发言提出的几点补充意见。

正因为我是议会议员，所以我对**议会制度**无所要求，因为我见过全部滑稽剧。我通过我们的大会主席、英国议会议员肯宁安·格雷厄姆要向所有的议员提出一个问题，他们是否期望从议会那里得到点什么东西？"议会"（Parlament）这个词是由两个字即"Parle"和"ment"组成的。按照一位有才华的作家的说法，这两个字充分表明了议会的性质："Parle"的意思是讲话，"ment"的意思是说谎。① 因此议会就是人们在那里**讲话**和**说谎**的集会。谁能用更简短更明确的方式描绘议会的特征？议会都是闲谈会。这不仅仅是**个人**的错误，**而是体制本身的缺陷**。我们在这里已经看到了这一点。

我们的大会是由优秀分子组成的；世界上没有一个议会可以同我们这个议会相比。但是我问你们，它不是犯了完全一样的错误吗？人们讲了很多，甚至太多，最后却被迫进行表决和通过那些事先就准备好，但没有时间或机会进行认真讨论的决议案。所以错误在于**体制**。但是我们暂且假定，我们全线获得了胜利，我们假定，我们所希望的劳工立法得到实现了。但是请告诉我，你们当真相信，事态会变得大大有利于工人吗？如果有人来问我的意见的话，我将极为坦率地回答说：这可能是政府向我们玩弄的最坏的恶作剧，接受你们的建议后它就能在20—25年内扼杀工人中间的每一场革命的社会主义运动。幸运的是各国政府都是瞎子，不了解局势。但是我认为八小时工作日的最大危险在于：实行八小时工作日对工人来说无论如何都是极大的失望；因为工人可以做他们愿意做的一切，他们可以接受八小时工作日，他们可以移居国外，他们

---

① 文字游戏：在法文里"议会"（Parlament）一词的写法是Parlement。

可以不结婚和实行新马尔萨斯主义,即根本不生孩子——资本总是可以找到防止它不得不承担的提高工资的义务的手段,同时它将不让它的猎获物逃脱;只有用暴力才能夺走他的猎获物。只要资本主义生产存在一天,工资就不会超过维持生产力所必要的水平。当作为政府的后台老板的资本家看到给予八小时工作日是维持他们生存的唯一手段的时候,他们会同意八小时工作日的;但是,只要他们仍然是政府的后台老板,工人就只能当奴隶。工人们所能达到的最高要求,就是用丝绒或绸缎把奴隶锁链缠起来;但是,锁链毕竟还是锁链。那时工人们会看到,弊端不在**劳动时间**,也不在**工资**方面,否则后果会随着原因的消失而消失的。弊端的根源在于**不完善的和完全不合理的劳动产品的分配制度**。不铲除这个根子,就永远不能消除贫困和奴役。

美国统计局秘书卡罗尔·莱特完全理解这一观点,他说:

"需要解决的最重要问题之一,就是在生产者中间以按比例和更合理的方式分配越来越多的产品,因为不完善的分配和并非真正的生产过剩是危害社会机体的大祸害。现在资本得到产品的绝大部分,因而工人被迫组织起来和进行反对资本主义的宣传。资本和劳动之间的冲突只有通过废除雇佣制度并用合作劳动来代替它的办法才能解决。"

祸害就在这里,治疗的办法也在这里。如果我们是坚定的社会主义者,如果我们要成为劳工立法的先锋战士,我们就必须承认,这是我们方面的妥协。因此我们同意英国视察员桑德斯的看法,他认为,如果**工作时间不立即受到限制**,如果法律规定得不到严格遵守,那么改革社会的步骤就不可能获得什么成就。我们将把缩短工作时间作为一种杠杆加以运用,以便使被摔倒在地上还不能抵御暴君的践踏的无产阶级巨人重新站起来和施展自己的力量。这就是我想到的一个忠诚的社会主义者要努力贯彻这种论点的唯一理由。我觉得,**工人阶级**向**统治阶级**提出的**最**

后通牒再没有比英国人的四项要求更简短和更明确的了,这就是:

8小时劳动,8小时休息,
8小时睡觉,8先令一日。

我们当然知道这些要求不会使状况得到根本改善。当讨论劳工立法时,我总是想起福音书中的一个比喻:"没有人会把一块新布缝在一件旧衣服上,因为新布会撕坏它,旧洞会越来越大。"这不是切中了我们所讨论的问题的要害吗?资本主义是这样一种制度,这种制度阻碍工人取得对劳动产品和生产资料的所有权。资本主义是我们的敌人,正像**卡托**一贯强调"必须摧毁迦太基"一样,我们也必须时时处处大声疾呼:必须消灭资本主义!

如果我们想要八小时工作日,那么我们必须把这仅仅看做是一种**手段**,决不能把它当做**目的**。一辆火车不能一直开下去,有时候要停下来加点水;停的时间越少越好。我们正在寻找一种办法使它尽可能少停。八小时工作日对我们来说等于一个车站,在这个车站上我们稍事停留,以便消除疲劳,然后以更大的精力和更好的武装重新开始斗争。八小时工作日无非是一种斗争武器,仅仅是一种**临时措施**。工人们应该知道,当正常工作日法令颁布时,并不意味着斗争已告结束,而是真正的斗争才刚刚开始。

同我们一起为争取这一目标而奋斗,并没有必要成为一个社会主义者。而我们的社会党人代表大会只提出这些要求,这实在是太谦虚了,甚至是过于谦虚了。这就是为什么当我们要求这种立法时必须补充一条:如同植物必须生长在沃土上一样,这种立法要建立在社会主义的基础上。我们必须说清楚:私人财产是最大的弊端,不把它消除就不可能达到我们所希望的治愈的目的。如果有人向我提供一个内阁职位的话(我不希望但也不害怕有人这样做),我提出的唯一条件是:**是否可以**

抨击私有财产制？如果回答说可以，我将犹犹豫豫地接受，但定要履行义务；如果回答说不可以，那我就说：滚开吧，撒旦，你想诱骗我！

有人要求**柏拉图**为一个希腊城市设计一种模范的制度。这位哲学家回答说："很愿意，但是在我们中间会有所有者吗？"人们回答他说："毫无疑问，我们当中的每一个人都将占有自己的土地，并且可以用墙把它围起来。""要是那样，我对你们就再没有什么可说的了。去建造你们的城市吧，别人将像对待土地那样来对待它，你们将无法保卫自己。"哲学家的这个回答说明了一切。如果私人财产继续成为我们社会的基础，那么工人的贫穷、奴役、困苦及其所带来的一切后果就会继续存在；**现在一无所有、将来定要得到一切**的第四等级，只有通过消灭已过时的财产占有的私人形式才能获得自己的权利和地位。对国际劳工立法的每项建议都要予以支持，但我们总是回答说，这是不够的，这只是迈出的第一步。总之，我认为私有制必须消灭。

我们接受倍倍尔的决议案，但有两个条件：其一是**在法定的最长工作日之外还要规定最低工资**以作补充；其二是在论证中要说明：劳工立法只是一种**临时性措施**，如果不摆脱作为社会基础的私人财产的框框，工人的境况就永远也不会得到改善。我们的目的现在和将来都是：**把私有制转变为公有制**。（鼓掌）

* * *

在德国代表们的完全支持下，**李卜克内西**公民说，他不想讨论**议会制度是否有用**的问题。他说，我们都知道，我们对议会制度的看法如何，但不能从我们的沉默中得出这样的结论：我们同意多梅拉·纽文胡斯刚才所说的那种绝对拒绝的做法。我们对议会制度的态度已在我们的代表大会上明确地阐明了，我只简单地指出有关的论述。

至于**劳工立法**所产生的**后果**问题，发言人表示**确信**，保护性法律的实施绝不会阻止工人运动，而会有利于工人运动，并会大大促进工人运动的强大发展。

（德国代表们鼓掌和发出赞同声）

执行委员会宣布关于为圣艾蒂安城的罹难者和为向"**公社社员墙**"献花圈所募集的款项。然后，执行委员会要求各国**纺织工人代表**，在会议结束后举行一次以国际谅解为目的的集会。

会议于1时休会，并将于1时半重新开始。根据大会决议，会议将对**各项决议案**进行**表决**。

根据大会的决议，我们在这里把因时间不够而未能宣读的送交大会的报告的概要公布如下：

总报告

阿尔萨斯—洛林共和社会民主党的报告由它的代表**雅克拉尔**公民转交。

阿尔萨斯—洛林的共和社会民主党人认为，参加这次伟大的社会主义国际集会，对他们来说是一种不可推卸的责任。

我们国家面临的特殊的局势造成爱国主义感情被滥用。人们有时给这种感情打上恶劣的沙文主义的烙印，有时又把它用来为个人的政治计谋和野心勃勃的骗子服务。这就迫使我们有极大必要来参加这次大会，以便表达每个阿尔萨斯—洛林人内心深处的真实感情。

公民们！作为民主党人，我们认为，一个民族的自由同个人的自由一样是神圣的。1870年9月4日当两次遭到波拿巴的突然袭击的共和国重新宣告成立时，这个共和国的各个部分都立即宣布支持它。我们相互承担义务，保卫已经获得的一切形式的自由，并且在这种自由有可能受到威胁的一切社会机构和团体中保卫它。这种自由是一种不允许我们中间任何人加以破坏的共同遗产。和其他一切人比较起来，社会民主党人更没有权利对之加以破坏,这是由于社会民主党人把共和思想看做是一切解放的源泉,把他们的一切政治的和社会的要求都概括到共和思想中,从而真正地、充分地表达了共和思想。

这就是我们光荣地捍卫1870年的秘密。这就是我们社会党人憎恨专制主义到如此程度以致我们希望皇帝的军队遭到失败的理由,这就是我们从祖国的概念包含着共和国和革命的内容并且与之重叠的那一天起才以最坚决的保卫者的姿态出现的理由。

在这些日子里我们的抗议得到了各国社会民主党的赞同,虽然法国的那些冒牌的爱国者的联盟反对它。由于我们想惩罚巴赞的叛变行为,特罗胥、茹尔·费里和茹尔·法夫尔把我们关进监狱,当时在柏林有一批勇敢的人,他们以大无畏的精神向胜利前进的军队号召:"停止向前!"他们对要求增加军事拨款的俾斯麦最坚决地回答说:"我们拒绝支持你们!德国人和法国人是兄弟,我们不愿为一场兄弟互相残杀的战争分担罪责。"这些勇敢的人今天同我们一起坐在这个会场里!我们把他们作为朋友和兄弟来欢迎,并衷心感谢他们。同时我们也对毫不抵抗而将祖国拱手送人的叛徒表示无比愤慨。

当所有的灾难都落到我们头上的时候,阿尔萨斯—洛林不得不为大家承担后果。人们对待阿尔萨斯—洛林就像在野蛮时期人们对待被占领的国家那样。

我们不能足够活跃地抗议这些侵犯权利的行动。

我们是为了伸张正义的复仇者。但我们应如何进行复仇呢?我们应怎样能达到这个目的呢?

德意志和法兰西两个伟大民族都光荣地为文明事业作出过贡献,而且在将来还会作出更大贡献。你们社会民主党人敢于承担煽动这两大民族相互仇恨、把它们驱入一场对两国和整个人类来说都将是灾难的毁灭战争的责任吗?不管这场战争的结局如何,它只能是社会解放事业的失败和重新回到野蛮时代。

我们不干这种事，**我们希望这种战争永不发生**。我们的复仇不是要消灭人民和加强暴政。**我们的复仇在于贯彻共和主义和社会主义的思想**。这种思想的光芒从法国照到了国外，它向各国人民指出：我们不是仇敌而是兄弟，我们有同样的愿望和同样的需要，我们崇尚同样的努力，并以同样的方式去战胜同样的困难和打击同样的敌人。这个敌人用他的一切政治和社会的方式进行镇压，他是野蛮的军事专制主义，他是为资本效劳的枷锁，尽管这个枷锁伪装成很善良的样子，但它的压迫人的职能丝毫也没有减少。

就资本方面来说，它是不承认有祖国的。它在德国的土地上和法国的土地上也和在阿尔萨斯—洛林一样，都是残酷无情的。多尔富斯和克斯特林举办的慈善事业许多都保存下来了，但它们所产生的唯一结果同工人的解放相去甚远，反而使锁链拉得更紧，奴役变得更完善。共同的利益和经历把整个民主派团结在一起，并促使它把自己的力量联合起来。在这次代表大会上你们强调了这一点；我们阿尔萨斯—洛林的社会党人高兴地对此表示欢迎。我们同你们一样希望和平，只有和平才能使民主和社会主义思想扎根和成长壮大；因此我们和你们一样不愿上政治骗子的当而互相残害，相反我们要联合起来，组织各种小组，以便共同为普遍的解放，为一切无产者的大家庭的政治和经济的解放而工作！我们要向法国人和德国人以及比利时人和瑞士人等说：在社会主义思想面前，各国人民的多样性和差别消失了。对我们来说只有一个人民：**劳动人民**，他们集合在这个大厅里悬挂着的光彩夺目的旗帜下，这面旗帜将在全世界飘扬，不是为了带来由于屠杀和残暴而造成的仇恨，而是为了播下将会带来硕果的普遍解放的种子，为了在各地砸烂奴役和贫困的共同锁链。

这条锁链之所以如此牢固，是由于**战争**造成的，但我们求和平；这条锁链之所以如此牢固,是由于一支受统治者和资本家雇用的军队造成的。**再不要常备军!** 但要全民武装!这是消除战争、保障政治自由和社会自由的胜利果实,从而在人与人之间建立起博爱的统治的唯一办法。

* * *

乌勒公民以布宜诺斯艾利斯的德国社会党人的名义并受德国社会党人"前进"联合会的委托递交关于**布宜诺斯艾利斯(阿根廷共和国)工人状况的报告。**

侨居阿根廷共和国的德国社会党人以十分愉快的心情,祝贺在光荣地攻克巴士底狱 100 周年纪念日召开的两个世界的工人的社会党人代表大会。十分遗憾的是,由于距离巴黎太远和要支付一大笔旅费,他们未能派一名代表来参加大会。当然,他们认为派代表出席这次大会是有非常巨大的意义的。他们向大会递交了一份关于布宜诺斯艾利斯的工人状况的简短报告。

这里的工人运动还处在形成过程中。当地无产者的文化教育发展还很落后,以致还没有认识到保卫自身利益的必要性。

移民来的无产者队伍一般说来多半是由意大利人、西班牙人和法国人组成的,只有少数人来自瑞士、奥地利、德国和北欧国家。语言不同是大家相互了解的大障碍。许多来这里的人有一种固执的想法,即准备在短时间内赚一大笔钱,然后就回自己的祖国。这一类人在我们这里有一大批。一方面,他们既不关心社会问题,也不关心其他任何问题,只是一心想"捞钱"——像俗话说的那样:来得容易去得快;另一方面,他们又形成了一个受苦难熬煎的无产阶级。

除雇佣制度之外,工人在这个自然资源极其丰富的国家里遭受剥削的原因还有混乱不堪和不正当的管理。由于管理不当,阿根廷共和国把所有的可耕地都赠送给了私人,这些人肆无忌惮地用土地进行投机和放高利贷,并让移民终身履行进贡的义务。由于这样的管理,阿根廷共和国的国债达到9亿比索（1比索等于5法郎或4马克）；为这笔债务每年要向外国支付6000多万比索的利息。国家收入的9/10靠间接税收，而直接税主要是对生活必需品征收，结果造成生活必需品涨价，使工人特别是有大家庭的工人的状况不堪忍受。

纸币是法律规定的支付手段。根据总统致国会的备忘录中的报告，一个只有350万人口的国家有1.51亿比索的钞票在流通。这些钞票只有8%可以兑换成黄金。这种一天比一天糟糕的骇人听闻的比例失调，造成60%的黄金贴水，就是说，160比索的纸币只值100比索黄金。这种情况当然使工人的状况大大恶化，因为工人的工资完全是用纸币支付的，而他们的一切必需品的价格都是按照黄金贴水来计算的。所以高工资只是一种假象。

工人的日工资在1比索、2比索、2.5比索和3比索之间摆动；只有在一些特别景气的工业企业中工资额才超过这些数字。

住宅和租金情况是造成工人脂膏耗尽的另一个顽症。一个房间的房租平均每月为20比索，由于地皮投机，房租处在不断涨价的过程中。此外大部分房间都是没有窗户的，是用石头砌成的，潮湿而且对健康非常有害。

资本主义掠夺制度最终使这个自然条件十分有利的国家成为工人的地狱和剥削者的天堂。人们不能要孩子，因为要考虑这样的事实，人口多的工人家庭很难找到住房，而且要支付很高的房租。

学校尽管外观漂亮但完全不能满足人们合情合理地向好学校提出的要求。儿童们在文化教育上有被遗弃的危险，所以必须严肃地劝告那些有学龄儿童的家庭不要迁到阿根廷共和国来。无产者的孩子们年纪轻轻就被迫独立谋生。没有劳工保护法对限制手工工场雇用女工和童工作出规定。相反，国家通过免税、利益保护和转让田地等办法优待那些公然以剥削女工和童工为目标而建立企业的企业主。

司法是可悲的；判决完全受有钱有势的人左右。如果工人由于工资被克扣而对雇主起诉，那么他在好多年中要付出巨大的代价来打官司，而他的权利还是得不到。

这种不断恶化的悲惨的社会境况在去年冬天和今年春天引起许多次罢工事件，而且是在铁路工场的工人当中引起的。在这些罢工中，警察以残暴的方式偏袒雇主。工人结社的权利被剥夺，罢工者被关进监狱。几个月后，曾经平静地举行过一次会议的144名裁缝由于他们老板的告发而被逮捕。他们的罪名是开会商量要求增加工资25%。今年年初，资产阶级报刊要求通过一项反对那些被认为对造成罢工事件负有责任的社会党人的法律。而事实上是贫困和苦难推动罢工者进行一场没有希望的斗争，他们当中的大多数人对社会主义根本是漠不关心的。

社会党人的影响事实上还很小。小企业占优势，缺乏能为成千工人提供劳动岗位或者把他们吸引进工厂的工业。

只有这里或那里有一些行业联合会和团体；它们的成员人数极少，几乎无法存在。人们只能举出一个国际联合会，它主要由意大利人、西班牙人和法国人组成，每月举行一次集会。他们宣布自己具有无政府主义倾向，他们将募捐得来的钱寄往欧洲，以资助那里的宣传工作。

意大利人一再努力出版一份意大利文的工人报纸，但由于没有群众参加，始终未办成。

早在9年前，布宜诺斯艾利斯的德国社会党人就成立了"前进"联合会，当时只有13人，现在已超过150人了。联合会有自己的会址，那里有一个大厅、一个戏台，还有备有好几百册书籍的图书馆，图书多半是社会主义著作和科学专著。联合会的基础是德国社会民主党人的纲领。联合会有一个发行和推广社会主义书刊的代理机构。它收集捐款并把它寄往德国，资助选举以及受到迫害和惩罚的同志们。联合会进行活动的晚上举办关于社会题材的讨论。此外还组织唱歌。布宜诺斯艾利斯的德国工人很喜欢参加联合会组织的庆祝活动。联合会会员的热情被激发起来了，他们着手创办了一份德国工人报纸《前进报》，它是由报告人负责出版的。这份报纸3年前开始创办；它有150个订户，版面很小，准备把它扩大3倍，现在印刷600份。由于一些忠诚的同志的协助，这份报纸在极其困难的条件下站住脚了。

我们描述了布宜诺斯艾利斯的社会状况；**外省**的情况大体相似，农村的情况绝不可能比这更好，甚至是更加恶劣。

拉普拉塔州的德国社会党人向大会递交这份简短的报告，并向大会保证，他们将怀着极大的兴趣密切关注大会的讨论，并将尽最大的努力宣传社会主义思想，以便使资本的巴士底狱被摧毁，自由、平等、博爱胜利的那一天早日到来。全世界工人的兄弟般的团结万岁！

致社会民主主义敬礼！

专题报告

勒费弗尔公民作亚眠省和索姆省纺织工人情况的报告。

亚眠省和索姆省的大纺织工人协会认为有必要派代表参加国际大会，以说明我们不堪忍受的境况。这里的纺织工人和其他广大劳动群众一样处于负债累累的困境，而那些放债者却过着穷奢极侈和游手好闲的生活。

在纪念1789年革命100周年的时候我们必须声明，**对工人来说什么也没有改变**。只有那些不知道无产者的日常痛苦和贫困的人才会提出相反的论断。这些人没有体验过我们纺织工人所遭受的特殊苦难，纺织工人甚至连抱怨都不敢。

我们被关进或多或少有损健康的工房里每天工作12—14小时，而得到的工资几乎不够购买我们最必需的生活必需品的一半。相反，所谓国民财富由于技术方面的新进步等原因每日都在以巨大的比例增长。但是这种进步没有给工人群众带来好处；工人们创造的财富只给少数人——资本家——带来好处。这种情况不能再继续下去了。如果我们的领导人认识到这种情况并了解自己的义务的话，那么他们最好从缩短工作日开始。漫长的工作时间极大地损害了工人的健康，这些可怜的雇佣奴隶们往往从清晨六点起直到晚上七八点止一直被关在工厂里。如果有一条无产者长期来所要求的那种关于工作时间的法律，能按照消费的标准限制工作日的长度，那么工人也能获得由科学进步带来的好处。如果能有一项减少女工童工（后者在还没有足够的力气干活时就被迫进行劳动）的劳动时间的法律，工人阶级的贫困就能减少一些。那时工资就能提高一些，就会使我们能够按照我们的需要多消费一点东西；那时将不再有窝工现象，商品不会再堆在仓库里腐烂，与此同时我们工人却什么都缺乏。

但那些让我们继续受苦受难的人不想搞这样一种法律！

在亚眠和各种工业部门，许多男人没有工作，而应当操持家务的妇女顶替了他们的岗位。我们的老板从中获得好处，因为他们可以用**强迫的方式**付给这些体力弱小的人以比男工们更少的工钱，并用这个办法进一步压低我们的工资。

工人们遭受所有的困苦和一切不公正的待遇。尽管如此，他们还要不断地干活，为那些给他们带来极端贫穷的人流汗卖命，以增加他们的财富。我们自己选出来的代表一点也不为我们干事；相反，当我们提出要求生存权利的时候，他们就用他们的权力打击我们。骑在我们头上的那些人没有一点人性，否则在一个像法国这样的国家（在这个国家里生产着可以满足一切人的双倍需要的财富）里就不会有这么多的不幸。

我们是掌权者数百年来造成的不合理现象的牺牲者，我们被他们剥削，受到专门反对我们的法律的威胁。**联合起来**是能够消除由于贫困和社会不平等造成的这种悲惨局面的唯一办法。

让我们联合起来，我们是多数；让我们联合起来，我们是力量。我们成立社会民主主义共和国的时刻临近了，这个共和国将保证每个公民有美好的前程，因为它通过法律尊重共和国每个公民的权利。为了达到这个目的让我们选出自己的代表，他们要毫无后顾之忧地在社会斗争中勇往直前，他们在议会里工作不是为那些愚蠢的事和在与个人利益有关的问题上浪费时间，而是要为改善人民境况尽力。我们大家都了解在我们各自的省份里值得我们信任的那些人，那些把自己的全部精力都贡献给实现不再把人道、自由和正义当做空洞言辞的社会民主主义共和国的人。让我们在以后的大选中作出证明：我们知道选出我们信得过的代表。让我们大家手携手、同心协力地朝着这个目标前进！

* * *

博韦社会主义学习和宣传联合会代表布沙尔公民的报告。

瓦兹省的社会主义运动开始于1889年年底，我们的学习和宣传联合会就是那时成立的。为了启发民众的觉悟，联合会为所有的工会和行业联合会举办各种讲座、讨论会和社会经济学学习班。为了完成在教育方面的任务，联合会正在博韦和本省其他工业和农业中心筹备举行各种私下的和公众的集会。自从联合会成立以来，它依靠自己力量或在盖得和瓦扬等公民的帮助下举行了20多次集会。

各个小组的活动已涉及政治、经济和国际领域。

当雇主和工人之间发生冲突时，联合会通过委托人调查发生冲突的详细情况，并向受威胁的社团出谋献策和提供道义支持，因为联合会认为每一个社会党人的义务是：始终站在工人阶级斗争的前列，把劳动和资本的斗争用来作为宣传资料，帮助失业的男人、忍饥挨饿的妇女和儿童。一旦斗争爆发，那就要全力以赴，不管这样做是否会获得好结果——无产者军队的士兵必须参加一切战斗。

联合会用这种方式促成了两次刚发生的罢工的调解,并在1887年参加了克雷伊—蒙塔莱尔1200名五金工人的罢工,这场罢工不幸以工人的失败而告终。

同工人群众的紧密联系向联合会显示出这个社团组织的极大重要性,它将要进行更广泛的宣传和活动并为解放斗争培养优秀的工人士兵。按照行业组织起来的联合会,一开始就享有它在不远的将来必须承担的调节生产和产品分配的权力。

所以联合会在博韦促进了下述行业联合会的形成:

纺织工人行业联合会　……………………　160名会员

细木工行业联合会　………………………　30名会员

建筑工行业联合会　………………………　120名会员

皮革工行业联合会　………………………　25名会员

一个服装行业联合会正在筹备过程中。

在克雷伊有一个拥有300名会员的五金工人行业联合会。

在这个省的其他一些小城市联合会建立了一些学习和同行小组。

联合会的**政治活动**迄今为止局限在博韦城里。在1888年市议会选举中,我们的候选人在第一轮选举中就以1789票当选。这位社会党议员在他当选之后做了以下几件事:

1. 建立一个劳动事务委员会;

2. 投票赞成建立一个工会仲裁法院;

3. 把地方手工工场工人的保险费提高1700法郎;

4. 向失业者发放2400法郎贷款;

5. 为委派一个由男人和妇女组成的代表团参加巴黎世界博览会拨款2200法郎。

市议会已考虑了如下要求:

1. 建立学校食堂;

2. 开办一个劳动交易所。

关于规定肉价的要求和建立按照收购价格向民众提供食物的城市管理机构的愿望，以微弱多数被否决。

这些措施不能被看做是获得解放的手段，因为只要铁的工资规律仍在资本主义制度下起作用，获得解放是根本不可能的。但是这些措施能消除经济上的偏见，并使个人和团体得到锻炼，在社会关系得到改造那一天能够接管公共服务行业。

劳动事务委员会审议了城市工资表的编制，并打算为雇主规定一项按照小时确定工资的制度和规定雇主必须为保障乡镇工人生活而预付工资。

如这些要求遭到拒绝，社会党议员将受托为乡镇劳动者提出确定最长工作日和最低工资额的议案。

在政治领域里，博韦社会党人联合会拒绝任何妥协，但这并不意味着实行弃权政策。社会党人永远坚守共和主义后备军先锋队的岗位，因为这里处于资本主义政权之下，对实现社会主义目的来说是最不利的地区。对于普选权的态度也是如此，它不是万灵妙药，但它是宣传鼓动的一种手段。

联合会的政治活动使它更多地去研究现在列入大会议程的问题，也就是有关国际劳工立法的问题。

各国政府（当然是用它们**自己的方式**！）打算在伯尔尼大会上研究国际劳工立法问题，这是社会主义的强大和经济力量产生的压力的有力证明。

尽管只有通过取消过度劳动（因为这使创造剩余价值不再可能）才能使工人阶级获得彻底解放：这将是整个社会主义世界的共同事业！但有觉悟的无产者还是要提出一些自国际工人协会成立以来就已经提出的直接要求，如要求把男工和女工的劳动时间减少到每天 8 小时，把

14—18岁的青工的劳动时间减少到每天6小时。这一措施的必要补充是规定最低工资额，确保工人能养活自己、维持家庭和接受教育。

减少劳动时间对工人来说意味着提高体质、文化和道德水平，使他们有时间去学习和从事组织工作，使他们目标明确和有能力去完成他们的历史使命。因此这在一定程度上是为无产阶级的彻底解放做准备，由此可能会形成一支精干的、坚定的和对最终目的有明确认识的工人大军，因为革命不会像烧好了的鸽子那样飞进我们嘴里。

资产阶级压迫工人的现象必须完全停止。那种"在变好之前还要变得更坏"的怀疑论调和软弱的喊叫必须完全停止。否则人们会把资产阶级政权的恐怖当成是天经地义的。再没有比有些同志们所唱的最弱小的生物最适宜于造反的高调更为愚蠢的想法了。

缩短劳动时间、提高工资和增加工人福利意味着革命更快地到来。工人政党中的战士、思想家和组织者一般来说是从**受压迫较少而收入较多的工人**中产生的。

缩短劳动时间完全可以在不损害国家工业的情况下达到。我们的英国同志们每天劳动9小时，美国在国营企业中工作的工人每天劳动8小时或每周劳动48小时。我们想按照上述标准缩短我们的劳动时间，只是对于男女青工要以每周36小时为限。

生理方面和社会方面的原因使我们要求完全取消夜班和取消星期日及节假日加班（由于技术上的原因不能做到并在实施补偿制度的情况下例外）。采取这些措施后，工人的生产能力不会降低。体力得到休息之后能比疲惫不堪时干更多的活，8小时的劳动能干10小时或12小时的活，正如为了在法国、奥地利、加拿大和印度修建铁路而把庞大的挖土工人大军带到工地去的托马斯·布拉西所承认的那样。

劳动时间的缩短在某些工业部门会减少生产，但同时它也可使失业大军减少。同改善劳动条件相联系的减少劳动时间要不成为一种欺骗的话，那就必须在各地每年都规定最低工资额，而且要由劳动委员会和根据生活必需品的价格来规定。这样工人就能使获得的和消费的一样多，但比起他们生产的来还差得很远。规定最低工资额绝不会像有些人所说的那样会同商品交换规律相矛盾。

资本家为了确定产品价格，对原料和必需的生产资料的浮动价格进行精确计算，那么他们为什么不能以同样方式对工资和工人人数进行计算呢？劳动力这个商品也应当能像其他商品一样确定其价格。那种认为工人作为买者，作为消费者会使他作为生产者获得的提高的工资失去意义的说法是没有根据的。提高工资固然会使一切产品价格提高，但这些商品只有一部分是由无产阶级消费的，另一部分则是由资产阶级消费的，所以无产阶级只是支付被提高了的价格的一部分，譬如说，1/2吧。如果整个无产阶级作为劳动力的出卖者每天多获得5000万法郎，而作为消费者和商品购买者由于涨价每天要多付出2500万法郎，那么整个来说还是多得到了2500万法郎。

此外，提高工资会引起全国工业破产的说法是不对的。到处可以看到，资本是世界性的，它只想获得尽可能多的剩余价值而很少关心祖国和祖国的利益。资本的这种反爱国主义观点完全是由它的自私性决定的。此外，一些劳动报酬高的工业国家，如英国和美国，统治着世界市场。其次，也没有全国统一的工资额，而是各地根据平均数字制订出各不相同的工资额……

如果人们对认为为了使民族工业能在世界市场上同外国进行竞争而有必要实行低工资的观点进行检验的话，事实表明，这种倾向恰恰摧毁了工人的祖国概念。竞争的主要武器是降低生产成本和低价出售，甚至以最低的价格出售。这种情况又会造成造假原料、商品质量下降和体现在产品中的人的劳动价值减少等现象。这种退化会引起两个结果：或者更多地利用机械力量，或者使用报酬越来越低的工人。所以增加民族工业同外国竞争能力的必要条件是无产阶级贫困的不断增加：失业增加，用女工来代替男工，用童工来代替女工，工资下降。对无产者来说，资产阶级对民族工业的密切关注使他们的祖国变为贫困的国家。这个国家对无产者来说是一座金山脚下的充满眼泪和痛苦的山谷，而这座金山却是资本的祖国。资本主义的生产通过其本身的生存规律摧毁着每一个祖国而只让资本的世界和劳动的世界存在——没有民族的区别。如果我们的爱国者真正热爱祖国的话，就必须把他们的注意力集中在所有儿童的福利上——但这是完全谈不上的。

如果我们像现在这样提出我们两个世界的工人的要求的话，那么这些与"爱国主义"背道而驰的论调就会失去它们的最后支柱。

除规定劳动时间和有保障的工资额之外，我们还要求建立符合"卫生"法规的劳动场所（工厂、矿山、账房、工场、车间）并有保障工人生命和健康的一切保护设施。

为了实施所有这些已做好准备的和过渡的措施，无产者**只能指望自己**，虽然有时资本家世界内部的不和能促进我们事业的发展。

第一个必然要求是，向工人群众明确说明这些要求，使他们自己能理解这些要求。大会应成立一个委员会来起草一篇简单明了、易于了解和措辞坚决的宣言，并在各国散发，这将有力地促进上述工作。这个委员会应该对出版和散发宣言所必需的资金作出评估。党的所有代表要在短时期内向各自有关的人民代表机构的办公室提出有关必须进行的改革的建议。工人政党的每个演讲者（宣传员）必须大规模地开展同这一主题有关的集会活动。工会和行业联合会要就共同行动取得谅解，如果这种工作得以完成，人们就很有可能在规定的某一天，在世界各地向资产阶级世界的统治者们提出**共同的要求**，这将会产生巨大的影响和作用。

为了集中进行这项宣传工作和认真地引导工人世界，有必要创办为这个运动服务的机关刊物，它将由我们事业的著名先锋战士来负责编辑出版。我们确信，大会将研究这个问题并就这个问题通过决议。

时间在催促：我们到处可以看到在重新组合和改造之前出现的腐败没落的迹象。现在已登峰造极、不可一世的军事统治将加速资本主义世界的崩溃和没落。常备军这所对精神进行奴役和压迫的学校是资产阶级统治的最后堡垒，是替资本效劳、镇压工人和摧残政治自由的武器。因此我们要求废除常备军而代之以人民武装。

这样，军队就会成为每一个服兵役的人在几个月内就能念完的、使他们接受军训的学校。青年们在这所学校里锻炼体力、学会使用武器、行军和研究地形等。从这个学校出来之后，组成地方后备队骨干的士兵就成为一支招之即来的武装力量，这支武装力量在防御斗争中将是不可战胜的，但很难用来进行征服和进攻的战争。把武器交到无产阶级手中，就是使剥削失去权力，锋芒受挫，这是对发动国际战争的行为的致命打击。这是各国人民和平的保证，社会解放的保证。

为准备战争而造成的武装力量的急剧发展和由此引起的财务负担的加重，甚至能迫使资产阶级考虑接受我们的要求。增加实际兵员和缩短现役期将为有组织的人民武装做准备。

所有社会主义政党在要求废除常备军和代之以普遍人民武装这个问题上的认识都是一致的。但是，工人政党对一个开始进行革命运动的国家提供什么保证，**是国际声援行动吗**？根据我们的估计，鉴于德国的社会主义思想发展和组织发展（这体现在社会民主党的建设中），鉴于它的以极快速度进行的经济关系的发展，德国将带头开始革命。那么国际社会主义将向社会主义的德国提供什么样的保证呢？到了革命兴起的时候，可以看到整个欧洲的资本联盟会站在它的对立面，这是一种真正的三国联盟：利益联盟。但是在这一天，为了支援德国兄弟们的崇高的运动，两个世界的无产者也要站起来！这是我们的希望！

为了保证实现这种平等的联合，有必要从现在起建立工人的紧密联盟，以对抗皇帝和国王们的联盟。但愿大会能给德国工人阶级提供这样的保证，但愿大会支持宣传各国人民联盟的思想，这种思想目前是形成社会主义国际政策的核心。资产阶级的政客们长时间以来在各民族之间散布仇恨；我们在这个大会上要大声疾呼号召普遍支持无产阶级的利益，我们在任何地方和任何情况下都要加强把各国人民联结起来的国际纽带。那时，只有那时工人们才会不再成为他们的最可恶的敌人手中的玩具，才能成为自身命运的主人。

* * *

鲁日公民作关于圣弗洛里讷（上卢瓦尔省）矿工工会的报告。

圣弗洛里讷矿工工会面对资本的阴影利用这个机会向国际大会表达自己的愿望。资本正在饥饿者的眼前显示自己的一切财富，这些财富是它用损害工人利益的办法掠夺去的。

我们尊贵的法兰西有巨大的资金来源，但也有巨大的危急状态。有的人生产一切，却毫无所得，有的人毫不生产，却得到一切，他们之间存在着可悲的差别。我们的矿工（他们住在山谷盆地奥弗涅的边界上）工会联合会一半属于**多姆山省**，另一半属于**上卢瓦尔省**。那里同别处一样危害劳动的是资本主义制度。曾发生过这样的事情：名叫**施奈德**的**克勒索**的统治者租赁**坎伯莱**和**布霍尔**这两块租借地已有两年，他想把这两块租借地同**格罗斯梅尼**的矿山连成一片。然而市政当局和当地居民都反对这种合并企图，因为他们知道，合并之后这个地区只有一人统治，那时主人会变得更凶恶，更让人无法忍受了。但施奈德不肯善罢甘休："好呀，你们这些买来的奴隶，你们想有自己的想法吗，你们不想合并？那好吧，我是财主，我就关闭矿井！你们想递请愿书阻挠合并，我偏要强迫你们递请愿书请求合并！"事实上他已经开始要花招了。

去年坎伯莱矿井就停工了，今年6月22日起布霍尔矿井也停止生产了。在一年之内有 600 名工人被投入暗无天日的贫困深渊，整个地区遭到毁灭。但在集会上却出现了一个奴性十足的多数派，居然赞成这种飞扬跋扈的行为。而工人们心中隐隐作痛，谁能预见到在进行伟大斗争的那一天会出什么事情呢。

19 年来人们一直用谎言欺骗我们，我们的议员用他们的委托书做肮脏的交易。但是事情会起变化的。工人们越来越认识到，他们的解放只有通过他们的革命行动才能实现。为了完成这一任务，他们必须按照工人党的纲领组织起来，成为一个特定的、单独的党。

公民们，从国外传来一种噪音，说铁锤正在锻造武器的铁砧上敲得叮当响。但是并非人民要锻造武器；是各国的暴君，想把我们投入一场兄弟相残的战争，一场史无前例的大屠杀，以便把更沉重的枷锁加在我们身上。但是，先生们，住手，我们社会党人绝不允许这样做。对他们来说，没有战争，没有边界；他们有的只是贫困中的同伴，同甘共苦的兄弟。

如果暴君消失了，一切受苦的人都会得到正义。那时人们将不再制造屠杀人的武器，而要制造生产粮食的犁！前进！土地属于农民，矿山属于矿工，铁砧属于铁匠！到了实现这一切的那一天，人剥削人的王国就结束了。公民们！生活在**见不到阳光的世界**的同志们向大会表示兄弟般的问候。他们要向各国无产者阶级的代表们说，他们把希望寄托在你们身上。

* * *

J. 塞费尔斯代表作关于根特纺织工人情况的报告。

报告人以根特纺织工人的名义向大会作这个简短的报告，不仅要说明减少劳动时间的紧迫必要性，而且还要指出，必须在**所有**国家里制定调整劳动时间的法规。

几年以来，失业者的人数可怕地激增。机器的完善一天比一天更厉害地压迫着工人；机器和机械的完善很快就会代替工人。如果不迅速采取有效措施来改善整个工人阶级的状况，那会出现什么情形呢？每一个有工作并以此为生的人必然会问，工人的状况能这样继续下去吗？在我们面临的危机到来的时刻怎么办呢？

因此个人利益问题牵动着所有的人。无论是神甫的狂妄野心（他们现在比过去任何时候都更加梦想享有教会的至高无上的权力，以便统治世界），还是发生一场欧洲战争的可怕危险，无论什么东西都再也不能引起公众的注意和激起人们的热情。为什么？因为这些事件，甚至几百万士兵之间的战争，都无法同另一种可怕的殊死战争相比，这就是全球被剥夺者开始进行的反对统治阶级的战争，这场伟大的斗争已准备了很长时间，它要比人们想象的来得更早。

法国工人以及美国和英国的工人要求把外籍工人送回去。各地的商人、工厂主和工业家向他们的政府要求保护法，而后者也在努力为他们制定这种法律。由于各种闻所未闻的保护税和关税，竞争无法进行。

各地越来越多地出现危急状态，工商业都陷于停顿；另一方面，我们看到，流浪汉、犯罪者和不幸的饥饿者的人数在增加。到处显示出同样的贫困化的征兆，不管是在人口较少的地区还是在工人居民密集的地区。工人们到处都生活在水深火热之中，不管是在实行共和制的国家还是在实行君主制的国家，不管是在把自己的力量用来进行战争的大国，还是在没有这样做的小国，不管是在公民享有普选权的国家还是在实行专制统治的国家，不管是在教会和国家政权分离的地方还是在天主教和其他懒汉靠人民血汗为生的地方，不管是在已实行免费的义务教育的地方还是在人民仍生活在愚昧无知之中的地方，不管是在酒的消费按每人若干立升计算的地方还是在实行禁酒的地方。不管是在气候温暖的地方还是在气候寒冷的地方，到处都有这些征兆，因为无论在全世界的什么地方都存在着工人的苦难：资本主义制度，它作为君临一切的主人统治着我们的社会。

如果我们想列举全体工人阶级遭受的一切苦难的话，那真是罄竹难书。因此我们只限于以纺织业为例，并从不可辩驳的事实中举出一些数字。

我们根特纺织工人的劳动时间是每周69—74小时。工资如下：

12—15岁装配女工 ………………………… 每周6法郎
16—20岁装配女工 ………………………… 每周7—10法郎
成人装配女工………………………………… 每周13—18法郎
纺纱工………………………………………… 每周20—30法郎
11—15岁梳毛女工 ………………………… 每周2—5法郎
挡车工 ………………………………………… 每周8—12法郎
成年车工……………………………………… 每周10—14法郎
11—16岁的顶班工 ………………………… 每周2—15法郎
梳毛工（男工）……………………………… 每周14—17法郎
梳毛工（学徒）……………………………… 每周10—12法郎

纺织工人，包括女工和童工在内共有5800人。但是有900多名失业者。随着机器的每一步改进，越来越多的男工被女工或童工所代替。

在比利时没有关于童工的法律。许多工厂主都要求儿童是举行过第一次圣餐礼的，而不问他的年龄究竟有多大。因此许多许多家长被迫在比其他地方早得多的情况下为孩子举行第一次圣餐礼。神甫出于狂热的信仰，在资本家的默许下，以拯救灵魂出地狱为借口，同意这样做。娇嫩的儿童们勉勉强强地跨进工厂大门，只有当他们要回家时，关闭的厂门才重新打开；这些不幸者已与学校无缘，因为这些小家伙的劳动时间与成年人的劳动时间一样长。

这就是在我们的工业中心有这样多残疾人、这样多身体孱弱的人、这样多病人的主要原因，这也是传染病如此猖獗，我们的工人居民正当青春年少的时候就被夺去生命的主要原因。

因此，根特的纺织工人希望在这次大会上提出我们经过深思熟虑的想法，即通过坚强有力的手段把奴役工人的祸害——这个雇佣劳动的必然结果——从根铲除，以达到我们的理想目标：让生产者成为世界的主人。

* * *

贝律兹公民以拥有 975 名织布工的拉格雷斯莱（卢瓦尔）工会及卢瓦尔省地区所有纺织工人的同业工会的名义作报告。

拉格雷斯莱的社会主义工会派了一名代表参加国际大会，以便同其他的工人代表取得谅解并同其他国家工人一起采取共同行动，使长期来一直受老板即资本家阶级剥削的我们贫穷的工人的工资重新得到提高。全体工人的统一和团结必定会摧毁企业主阶级，这个阶级通过它的金钱即它的资本恐吓工人，残酷地迫使他们每天在织布机旁进行 15—18 小时的劳动，而每天只能挣得 1 法郎 25 生丁到 1 法郎 50 生丁的工资。而且从这些微薄的工资中每天还得扣除 25 生丁作为必须由工人来支付的织布机的保养费。

我们要向外国同行们报告，我们在拉格雷斯莱和上述工会所属的整个地区组织织布工人进行了为期 10 天的小规模罢工。如果说我们的罢工取胜了的话，这要归功于我们的毅力。我们已完全懂得，如果工人没有全力以赴进行反对老板的斗争，警察就不会帮助他们。否则，会完全相反。人们已制定了关于工会的法律，但不让它的执行有利于工人。所有来自卢瓦尔山区的社会党工人都希望成立社会民主党政府，以便消灭资本家阶级。

* * *

里昂铁匠工会和里昂工会联合会代表布拉什公民作的报告。

在所有欧洲国家，企业主在压迫名字叫做无产者的贫穷的殉难者方面都十分精明。为了过一种穷奢极侈的可耻的放纵生活，他们榨取工人的劳动和糟蹋工人的健康。难道不是这些剥削者把他们从牺牲者的劳动中压榨出来的利润用来制造和维持卖淫？资本对劳动的剥削越来越厉害了。

为了改变这种状况，各国政府必须尽快制定一项关于不降低工资的八小时工作日的法律，以及关于完全禁止转包工的法律。

时间太长或过分紧张的劳动不仅会毁坏工人的健康，而且一个人的时间过长的劳动会造成另一个人的失业。此外，这种劳动还会妨碍工人接受文化教育，损害人的尊严和破坏博爱原则。只有在全部劳动收益归创造一切的工人所有和他们的健康得到保障的情况下，才能谈得上公正。为了实现这个目的，我们提出最低限度的要求：在缩短每天工作时间的同时不降低工资。只有**国际工人组织**，全体无产者手携手地前进，才能坚决有力地提出我们的合理要求；只有联合的力量才能帮助我们争得我们的人权。

工人的这个国际组织也是工人阶级获得彻底解放所必要的前提条件，而实现彻底解放的办法是由工人阶级掌握一切生产资料，也就是，机器和劳动工具归冶炼厂和工场的工人所有，土地归农业工人所有！

* * *

蒙科尔热公民作关于马尔多雷（罗讷）织布工和参加工会的 400 名同行业工人状况的报告。

报告人作为代表参加这次光荣的大会为的是说明长期以来受企业主剥削的马尔多雷工人的状况。

手工织布工人每天劳动的时间是 14—15 小时，他们在潮湿的作坊里劳动，而得到的却是 1 法郎至 1 法郎 25 生丁这样少的工资。这一点工资绝对不可能养活一个家庭。不到两个月前，由于这种恶劣的劳动条件工人们不得不宣布实行罢工。由于织布工人的毅力和团结一致，罢工获得了良好的结果。为了进行报复，企业主向工人们大发兽性。

织布工的工联组织参加这次大会是想同法国和外国的一切组织联合起来。它答应一旦爆发一场旨在要求实现全世界工人的权利的总罢工，它将采取共同行动。

* * *

纽约犹太工会联合会代表米勒公民作关于纽约犹太工人运动的报告。

纽约犹太工人运动同全美国的工人运动一样是六七年前开始的。这要追溯到犹太手工业者和小市民的大量入境，他们从俄国逃出来而且现在还在继续出逃，原因是那个国家的政治和经济状况令人无法忍受，那里对犹太居民的压迫特别厉害。这些入境的移民一年比一年多。正是他们在美国形成了犹太工人运动的真正核心和中心。这个运动同美国其他各种工人运动一样，是从纯粹的和单一的工会组织工作开始的：减少劳动时间，提高工资，在资本主义社会的范围内普遍改善无产阶级的生存条件——这是成问题的组织开始时都有的倾向。

工人运动把组织当做达到这些目标的手段，当做能够进行经济斗争（如组织和实行罢工、抵制等）的手段。然而只要争取实现这些要求的战士只有工会组织一家，1886年争取八小时工作日的运动以及类似的努力必然遭到挫折。这种挫折不仅意味着工会组织这一独立的社会力量的垮台，而且另一方面也向无产阶级表明，必须组织起来，成为一个独立的和组织坚强的**政党**，以便把政治权力用做劳动人民解放斗争中的一个有效武器。

由于看到了这个事实，多数和绝大多数犹太工人参加了**亨利·乔治**发起的运动，这个运动最后演变为一个**交易所**运动，但在开始时它确实是一场纯粹的**阶级运动**。

犹太工人运动的中心在纽约。在这个城市里存在着一批组织，它们各有自己的特殊目标，但它们相互支援，以实现一般目标，它们还联合起来共同组成了犹太工会联合会。这个联合会由下列各组织组成：

1. 美国社会主义工人党犹太支部。

这个组织包含相当多的犹太工人，它在只讲行话的群众中特别积极地进行宣传社会主义的工作，它还考虑根据社会主义纲领把他们在经济上和政治上组织起来。

2. 美国社会主义工人党俄国支部（俄国社会主义者俱乐部）。

这个俱乐部的宗旨同上述支部一样，唯一的区别是它只在纽约会讲俄语的工人群众中进行工作。此外，它打算收集财物以支援俄国的革命社会主义运动。

3. 自由先锋队。这是一个相当大的组织，它在犹太工人中热心地进行社会主义（当然有时还同无政府主义眉来眼去）的宣传鼓动工作。这个组织用俄文出版一份《真理》周刊。

4. "旗帜"小组。这个组织为自己提出的任务是发行和推广俄文社会主义图书。小组出版《旗帜》周刊。

5. 衬衫工人联合会。它完全是由内衣工厂的男女犹太工人组成的。这个组织不仅以追求实际利益为目的，而且还对它的成员进行思想、文化教育和培养。此外，它还组织群众集会，进行宣传鼓动工作，向各行各业的工人解释社会主义原则。

6. 犹太排字工联合会。它吸收纽约所有的犹太排字工。它受到大家的重视，因为它能充分监督纽约的全部犹太印刷所，尽管这种印刷所数量是相当大的。

7. 合唱队员联合会。

8. 演员联合会。

这两个组织是由纽约犹太剧院的合唱队员和演员组成的。这些人首先从他们的职业中了解到,艺术早已失去了它的享有特权的地位;艺术家在当前的资本主义社会中像所有其他工人一样是受人雇用的奴隶;他们只有参加战斗的无产阶级的队伍才能战胜他们的敌人。

9. **俄国音乐家联合会**。它是由讲俄语和犹太语的音乐家组成的一个小组。

10. **裁缝联合会**。它是一个很强大的组织,由犹太裁缝组成。

11. **妇女服装裁缝联合会**。

12. **灯笼裤制作工联合会**。它是由制作童裤(灯笼裤)工厂的男女工人组成的。

13. **床垫制作工联合会**。

14. **丝带织造工联合会**。

犹太工会的纲领同与它一起手携手前进的德国工会联合会的纲领一样,是以**阶级斗争**原则为基础和基石的。犹太工会宣布自己的主要目标是,通过废除私有制和使生产资料及运输工具社会化来消灭雇佣制度。

犹太工会联合会的策略及其实际活动符合这个纲领的基本原则,所有愿意参加联合会的组织都必须承认这个纲领。

除上述组织之外,在纽约男女工人中还有一些未参加组织的小团体,如:

1. 俄国进步分子联合会(进修联合会);
2. 妇女学习小组,俄国妇女联合会;
3. 自助协会,进行合作性质的工作,等等。

所有这些组织,不管是属于哪一类的,都在以极大的热情宣传社会主义。经常有这样的情况:同一个晚上在纽约俄国人住宅区的各个地方同时有五六个公众集会,成千名犹太男女工人在那里认真倾听新的福音。组织起来的犹太无产阶级派代表出席这次代表大会就是一个证明,证明全世界被剥削者的团结友爱思想已深深地铭刻在犹太无产者的心上。

整个犹太工人群众的阶级觉悟已有很大的提高,这可以从下述事实中得到证明,即犹太**资本家**的刊物,包括最大的和最有力量的,为了自身存在的利益不得不或多或少地用社会主义的羽毛来装饰自己。

* * *

塞纳省和塞纳—瓦兹省玻璃工人工会代表欧·勒孔特公民的报告。

玻璃工人工联组织早已在它参加过的波尔多和特鲁瓦**代表大会**上提出过最低限度的要求,在这两个代表大会上宣读的和提交给两个大会主席团的报告被合并成一个报告,这个报告在今年 2 月 10 日和 24 日工人宣言发表之后几天内被提交给了议会社会党工人小组。社会党议员们正式答应过,愿意在议会里申诉这些要求,我们知道,他们将遵守自己的诺言。但是每个人都知道,发号施令的资产阶级是怎样对待工人的要求的。建议提出来后就被送交给**提案审查委员会**,它把这些建议往公文包里一塞就不闻不问了,除非下一次再谈到它们。

尽管我们的老板心肠歹毒,但我们不放弃我们的要求。由于我们不可能使当权者倾听我们的意见和控诉,所以我们要向工人阶级、向联合起来的社会党人说明我们的愿望:争取公众舆论,这使我们能够实现今天人们还拒绝答应我们的要求。

由于所有协会在这个大会上都有代表,他们中的每一个都有权阐述自己的特殊要求,以便比较容易地用一种确定的说法来表达我们的工业需要进行的改革。为了进一步强调我们的要求,为了能更好地论证我们正当地提出(不仅向每天剥削我们的剥削者提出,而且也向公共权力机关提出)的改革,把无数不公正的事情(我们是这些不公正的事情的牺牲者)摆到光天化日之下来是有好处的。玻璃工人协会尤其有权利尖锐地提出他们的要求,这是因为他们的劳动条件极端恶劣,连起码的卫生要求都不符合。

玻璃工人的工作是通过由12—16人组成的集体来完成的，这个集体的名字叫"岗位"。

当这种劳动"岗位"上的一个工人，或者由于烧伤，或者由于身体不舒服或虚弱，不得不放慢他在平日必须拼死拼活地干的活儿时，他却不能这样做，因为他的劳动完全受整个"岗位"的牵制，即不允许他比别人少干一天活，而且他的劳动条件同服苦役的囚犯的劳动条件毫无二致。

所以玻璃工人在40—50岁时就被榨干，无力再继续从事他的职业了，更为糟糕的是去另谋生路。在我们这个行业干上15—20年体力就消耗殆尽了。由于受到高达1800度的炉温的烤灼，视力也减退了，这给我们的悲惨处境又加上了一种新的折磨。

对我们的境况所作的这些一般描述说明，由公共权力机关制定一项劳工立法，以结束我们在冶炼工场天天受到的令人发指的虐待是多么必要。

我们还想讲一讲夜班劳动，特别是在塞纳省和塞纳—瓦兹省工业企业中使用童工的问题。

劳动"岗位"的组合允许使用**童工**，于是儿童们被大量雇用。

关于使用童工的法律规定对雇主来说不过是一些死条文，实际上在作为我们的作坊的巨大熔炉旁有大批12**岁以下**的小小不幸者。至于这些可怜的孩子们的**教育**问题，那是在一种对他们和他们的健康来说也许是有害的而不是有帮助的和有益的情况下进行的。有的冶炼工场甚至根本没有为儿童开办学校，有的即使开办了学校，也只有一个班，在那里儿童们在白天劳动了12—14小时之后可以学习2小时。因此他们一天要劳动14—16小时，甚至更多！由于孩子们是在白天劳动之后去上学的，因此他们经常是（我们甚至可以说始终是）全身都被汗水淋透了，因为他们没有时间换衣服，所以他们背上的汗是蒸发干的。而这些小小贱民们被逼着干的是什么样的活呀!

确切地说,这是一种**苦役劳动**,我们从小到老都被迫从事这种劳动。

但是撇开我们的劳动的那种有损健康和体力的性质不说,我们还要承担夜班劳动。这种劳动之所以令人更加难受,是因为我们不可能用正常的方式来弥补冶炼劳动所需要的巨大体力消耗。你们想想看!我们的雇主所要求的劳动时间平均是 12—24 小时。这样就要用一种连轴转的方式来安排白班和夜班劳动,虽然这种方式把每班的劳动时间分为 12 小时,但我们必须白班和夜班都做。因此我们的休息时间绝不会超过 6 小时,而且从这 6 小时中还得扣去从工厂到住所的路上所费的时间、吃饭和洗澡等必须占用的时间。

公民们,这就是我们的(用几句话来归纳的)劳动条件,我们的 11—15 岁的孩子们也是在同样的条件下劳动的。

难道你们不和我们一样认为,公共权力机关必须制定保护法吗?即使不是为了我们这些男人(当我们认识到我们的权利和力量时,我们自然能打碎锁链),那么也要为了那些遭到资本主义残酷剥削的**儿童**。

公理在我们一边,我们得到各国工人和社会党人的支持,我们要求立即实行以下措施:

1. 取消夜班劳动;

2. 禁止使用 16 岁以下的童工;

3. 每天劳动时间缩短为 8 小时;

4. 实施 1884 年行业工联组织法的绝对权利,并根据当前的工人大会的决议进行修改和改进;

5. 社会为老人、丧失劳动力的人和儿童提供赡养和照顾。

我们再重复一遍,这些就是我们的最低要求。至于我们的目标和我们的努力方向,我们同各位代表所想的是一致的。我们孜孜以求的唯一目标是争取获得彻底、完全的解放。只有这才符合我们的需要，才值得我们去努力。

第十一次会议
（7月20日，星期六下午）

德维尔公民任会议主席。

根据先前作出的决定，首先要宣读向大会提出的并由委员会尽量加以归纳的决议案和对这些决议案进行表决。如果有人想对个别问题提出意见、声明、论证和补充的话，那必须在表决之后进行讨论。

形形色色的无政府主义者认为，这种做法是不民主的，等于大会把自己的意志强加于人，等等。只要有人要求宣读决议案和进行表决，他们就连续不断地发出吵闹声。

主席提请注意，有一些人在可能派代表大会上采取的态度和在这里采取的态度截然不同。我们对这些人表现出来的宽宏大量的，甚至是过于宽宏大量的容忍态度，使他们更加肆无忌惮了。一位法国代表证实，无政府主义捣乱分子的头子意大利人梅利诺在可能派代表大会上表现得规规矩矩，所以人们有理由得出这样的看法：他们想破坏社会党人代表大会，使它得不到结果。这时，他们闹得更凶了。这个说法不仅从其他代表的发言中得到证实，而且也从无政府主义者的顽固态度中得到证实：只要会场一安静下来和有可能进行表决时，他们就又开始大声喧哗起来。非常明显，这样干是有预谋的，它给人造成一种印象，好像大会违反了协定。

瓦扬公民要求每位代表都坐到自己的座位上，这样就可以看清那些破坏秩序的人。必须保持安静，否则只要有一个坏分子，就足以给整个大会带来混乱。

在主席多次发出遵守秩序的呼吁和大会明白无误地表示愤慨之后仍然无法使无政府主义者停止胡闹时,大会不得不下逐客令了。捣乱分子的头子梅利诺和他的两个朋友被带出会场,在门边站岗的代表们受委托,只有持有许可证的人才能进入会场。

吉约姆-沙克女公民抗议把破坏秩序的人赶走的做法,并同7名英国人和意大利人一起离开了会场。

表决并通过关于废除常备军和实行全民武装的决议

于是就第四个议题,即"**废除常备军**等"问题进行表决。摆在大会面前的决议案是瓦扬提出的,并根据德国和法国方面提出的各种不同的决议案作了一些修改。全文如下:

第四个议题
废除常备军和实行全民武装

鉴于:

为统治阶级或有产阶级服务的常备军或武装力量完全与民主政体或共和政体背道而驰,它是军事统治、君主统治或寡头统治和资本主义统治的表现,同时它也是实行反动政变和社会压迫的工具;

常备军是侵略战争的原因及其结果,是导致国际冲突发生的经常性危险;因此常备军和以军队为工具的侵略政策应当让位给防卫政策和和平民主,即让位给不是为掠夺和侵略而是为捍卫自己的独立和自由而武装起来的、训练有素的全民组织;

正如历史已证明的那样,常备军是引起战争的普遍原因,同时它也不能保卫国家免受占优势的联合力量的侵犯,而是会给国家带来失败,使没有防御力量的国家任凭胜利者蹂躏，而一个训练有素的、组织起来和武装起来的民族在外敌入侵面前是不可战胜的；

常备军夺走了每个国家处在学习和受教育时期的青年的花季，夺走了最广大的劳动力的精华，把他们送进兵营并使他们道德败坏，所以常备军对全体公民的生活起着腐蚀作用；

常备军的存在，使劳动、科学和艺术趋于衰萎，使它们的繁荣受阻，使公民、个人和家庭的发展受到威胁；

相反，在存在着一支真正的国民军，即全国都被武装起来（"全民武装"）的情况下，公民在国民生活中能发挥自己的天然禀赋和才能，他会履行服兵役的义务，因为这是他的公民权的必要属性。

常备军使军事债款的负担不断加重，使赋税和公债不断增加，这是造成贫困和破产的根源。

巴黎国际工人代表大会愤怒地拒绝正在进行垂死挣扎的政府提出的战争计划；

大会把和平看做是工人解放的首要的和必不可少的条件；

大会要求在废除常备军时按照下列原则建立全民武装：

国民军，即武装起来的国民，由所有能够作战的公民组成，它按地区进行组织，每个城市、每个县和每个区都要建立一个或几个营队（根据居民人数的多少），组成营队的公民彼此认识，必要时可以在24小时内集合起来，整装待发。像瑞士那样，每个公民的家里都有枪支和军事装备，以保卫民众的自由和国家的安全。

大会声明，战争是现代经济关系的可悲产物，只有当资本主义生产方式让位于劳动的解放和社会主义在国际上的胜利时，它才会被消灭。

* * *

上述决议案被一致通过。表决时有7人弃权，但这7人被认为是无政府主义者。

表决并通过关于实现劳工保护要求的手段和途径的决议

于是对**第三个议题**的决议案进行表决。决议案全文如下：

第三个议题
实现劳工保护要求的手段和途径

巴黎国际工人代表大会号召各国工人组织和社会党，立即行动起来并利用一切手段（集会、报刊、请愿、示威游行等）来影响本国政府和推动它们：

1. 参加由瑞士政府倡议的将在伯尔尼召开的各国政府国际会议。
2. 在这次会议上支持巴黎国际代表大会的决议。

凡是在有社会党人被选入乡镇、州和全国议会的国家里，社会党人要在地方议会中以声明的形式，在全国议会中以提案的形式来贯彻巴黎代表大会的决议。

在进行选举时——不管是全国议会选举还是地方议会选举，社会党候选人必须把这些决议作为自己的竞选纲领提出来。

为了贯彻巴黎代表大会作出的有关瑞士政府起草的国际劳工保护立法的决议，决定成立一个执行委员会。

这个委员会由5名委员组成，它负责把在7月14—20日巴黎代表大会上欧洲和美洲工人组织和社会党认为制定国际劳工保护立法必不可少的基本原则转达给伯尔尼会议。

这个委员会还被授权召开下一次国际工人代表大会。它将在瑞士或比利时举行，具体地点将在以后确定。

在派代表参加巴黎国际代表大会的各国社会党的合作下，准备出版一份名为《八小时工作日》的周报，它的任务是收集关于各国争取通过立法手段减少劳动时间的运动的一切消息。

＊　＊　＊

根据**荷兰**代表的提议，这个决议案按国家进行表决。13 国赞成，3 国弃权，2 国缺席。赞成决议案的有：德国、法国（有 4 人弃权）、匈牙利、英国、西班牙、瑞士、丹麦、瑞典（有 1 人弃权）、罗马尼亚、波兰、俄国（波兰和俄国由于它们所处的特殊状况而持有保留条件）、美国（1 名弃权，3 名代表支持）和阿根廷。缺席的是：挪威代表和意大利代表。投弃权票的是：比利时、荷兰和奥地利。

对决议案的一项**补充**提案被提出：

国际代表大会专门委员会受大会委托，选举上述执行委员会。

这项补充提案被一致通过。

表决关于国际劳工立法的决议
（倍倍尔—盖得提案）

大会对最重要的一项决议案，即关于**劳工保护立法**的决议案进行表决。这项决议案是把倍倍尔提案和盖得提案合并而成的，有的地方还由**莫里斯、基尔·哈第、谢勒尔**等人作了修改。

决议案全文如下：

> 第一个和第二个议题
> 国际劳工保护立法。法定工作日。日班、夜班和星期日、节假日劳动，青工、女工和童工的劳动时间。对大小工厂以及家庭工业实行监督

巴黎国际工人代表大会：

确信，劳动和人类的解放只有依靠作为阶级组织起来的和在国际范围内组织起来的无产阶级才能实现，无产阶级要取得政权，以剥夺资本主义，并将生产资料转归社会所有。

鉴于：

资本主义生产方式在其飞速发展中正逐渐席卷具有现代文明的一切国家；

资本主义生产方式的这种发展意味着对工人剥削的加强；

日益加强的剥削所造成的后果是工人阶级在政治上受压迫、经济上受奴役、体力上衰退和道德上堕落；

因此，各国工人有义务，运用他们拥有的一切手段来反对那种压迫他们并威胁人类自由发展的社会制度，然而首先要做的是，必须对现存经济制度的破坏作用给予有力的抵抗。

代表大会决定：

在资本主义生产方式占统治地位的所有国家里，有效的劳工保护立法是绝对必要的。

代表大会要求把下列几点作为劳工保护立法的基础：

1. 规定青年工人的工作日最长为 8 小时；

2. 禁止使用未满 14 岁的童工，未满 18 岁的男女工人的工作日不得超过 6 小时；

3. 除了某些需要不间断地进行生产的工业部门以外，一概取消夜班制；

4. 禁止在有害妇女身体健康的一切生产部门使用女工；

5. 禁止妇女和未满 18 岁的青工上夜班；

6. 所有工人每周至少应有连续 36 小时的休息；

7. 禁止损害工人健康的工业企业和经营方式；

8. 取消实物工资制；

9. 禁止用生活资料支付工资，取缔厂主开设的店铺（餐厅等）；

10. 取缔包工工头（血汗制）；

11. 取消私人劳动介绍所；

12. 对一切作坊和工业企业（包括家庭手工业）实行监督，监督工作由国家支付薪俸的工厂视察员（其中至少有一半人是由工人选举的）负责进行。

代表大会声明，所有这些为使社会关系获得复原所必须采取的措施应当成为制订国际法律和条约的对象，大会还号召各国无产者，以此精神来向本国政府施加影响。这种法律和条约一旦生效，为了使之得到彻底贯彻，必须对其执行情况实行监督。

其次，代表大会声明，工人应当把按平等原则吸收女工加入自己的队伍当做自己的义务，并要求实施不分性别、不分民族的同工同酬的原则。

为了实现无产阶级的彻底解放，代表大会认为世界各地的工人都组织起来是极其必要的，因此要求有不受限制的、充分的自由结社和联合的权利。

表决并通过关于 1890 年 5 月 1 日 举行国际性游行示威的决议

拉维涅公民接着以法国工联全国联合会和各社团小组的名义，提出一项提案，建议举行一次有助于贯彻大会决议的大规模**游行示威**。提案全文如下：

关于 1890 年 5 月 1 日举行国际性游行示威的决议

代表大会决定：

在一个作为永久规定的日子里，组织**大规模的国际性游行示威**，以便在一切国家和一切城市，工人们都在同一天里向**执政当局提出规定八小时工作日**和实施巴黎国际代表大会其他决议的要求。

考虑到**美国劳工联合会**已于 1888 年 12 月在圣路易斯代表大会上规定 1890 年 5 月 1 日举行这种游行示威，所以**决定国际游行示威**也在这一天举行。

各国工人应按照本国条件所允许的方式方法组织这场游行示威。

* * *

根据**比利时**代表的提议，按国家进行表决。除比利时和俄国外，**所有**国家都**赞成**上述决议案。比利时人想稍后说明投票理由，俄国人只是由于在俄国不可能举行这样的游行示威而弃权。

通过关于确定瑞士作为执行委员会所在地的决议

下述决议也得以通过：

决　议

根据国际工人代表大会 7 月 20 日第二次会议的决定，主席团确定瑞士作为执行委员会所在地；委托瑞士代表组成五人委员会，该委员会设在出版《八小时工作日》机关刊物的那个城市。

讨　论

大会开始进行**讨论**，这使一些代表能够说明一下他们投票的理由，对一些决议进行补充和修改。

沃尔德斯公民以**比利时代表**的名义抗议委员会在讨论开始之前就进行表决的做法。这给他造成一种印象，好像有人想扼杀讨论。发言人始终认为，先表决后讨论是行不通的。虽然比利时代表原则上同意那些提供表决的决议案，但他们在表决时弃权了，为的是抗议委员会的这种做法。不是让大会自由进行讨论，而是提出一些**教条**并交付表决。他希望下一届国际代表大会能开得民主一些。

德维尔公民反驳说，委员会对沃尔德斯的指责无须回答，因为委员会并没有独断专行，而只是执行大会作出的决定和安排。

克尔纳公民抗议委员会办事不周。决议应在表决之前印出来，这样每个人可以明确地知道，他要投票赞成什么。他本人在投票时弃了权，因为他不懂会上宣读的决议案的内容。

李卜克内西公民认为替委员会辩护是多余的。谁参加过讨论，他就知道领导的困难。至于在讨论**之前**就进行表决，这种做法绝不像有人断言的那样不切实际，因为涉及的问题每位代表早就很清楚。发言人深信，没有哪一个人来这里开会只是为了听人讲大会议程上的问题；每个人都带有一个确定的纲领。正是由于考虑到规定的时间，有必要在讨论之前先进行表决；如果我们不想使大会无结果而散的话，也有必要如此。讨论会用另一种方式使会议没完没了地拖下去。如果投票之后还要进行讨论，那就只有一个目的，就是提供机会来说明采取各种不同态度的理由。

谈到大会的领导，人们不应忘记存在着巨大的困难，单是由于语言障碍委员会就不得不克服巨大的困难。人们知道领导**一个国家**的党代表大会的困难，而**国际代表大会**要使用 3 种正式语言，因而使困难至少增加 3 倍。

如果能把决议案事先印发给大家当然很好，但是要知道，这里的社会党人既没有机关报也没有印刷所，虽然想尽办法，但还是没有能找到愿意立即为我们工作的印刷所。

通过美国代表布希提出的一项决议

接着，美国代表**布希**还提出一项决议案，全文如下：

决 议

鉴于各国代表在本届大会上所作的报告都表明，单是劳动的经济组织（工会及类似的联合会）对于工人阶级的解放是不够的，而要求缩短劳动时间、限制使用女工和童工和制定劳工保护法的宣传鼓动证明是唤起工人阶级的觉悟的一种手段，这是工人阶级自己解放自己必不可少的前提条件；

鉴于掌握政权使统治阶级能够维护它的私营企业主的和资本主义生产方式的剥削制度；

鉴于国家借助政治权力对工业的监督和人民借助政治权力对国家的监督受到阻碍；

巴黎国际工人代表大会决定：

1. 在无产者享有选举权的一切国家里，无产者都应加入社会党的队伍，不同其他任何政党作任何妥协，利用选票，在遵守有关国家宪法的情况下去夺取政权；

2. 在无产者尚未获得选举权和宪法规定的权利的一切国家里，无产者要利用一切可以使用的手段去争取选举权；

3. 如果统治阶级为了阻止社会和平地向合作的、工业的和社会的组织发展而使用暴力镇压，这将是对人类的犯罪，镇压者的不人道行为将受到起来保卫自己生命和自由的人们的应有惩罚。

* * *

这个决议案除1票反对外,被一致通过。

韦尔纳公民(柏林)说,事先没有讨论就进行表决是违反民主原则的。大会在讨论没有实际意义的问题上浪费了3天时间,然后说现在没有时间深入讨论议程上安排的那些问题,并以高压手段迫使我们进行表决。

里昂机器制造工人代表**迪莫捷**公民说,他反对大会的决议,因为他不赞成由一个资产阶级政府召集的伯尔尼会议。

4名对**第三个议题**投了弃权票的法国代表说,他们投弃权票是为了避免造成他们似乎信任某一个政府的印象。

2名西班牙代表**梅萨**和**伊格列西亚斯**和1名匈牙利代表要求通过一项提案:建议大会主席团任命一个由各国代表参加的**中央委员会**,以便保持各国工人组织和政党之间的国际团结。

瓦扬公民说:考虑到许多国家的法律,要通过这项提案是不可能的,因此这项提案最好撤销。

通过克兰兹提出的关于取缔包工头的附加条款

伦敦犹太社会主义工人联合会代表**克兰兹**公民要求把取缔**包工头**(造成"血汗制"的因素)作为附加条款列入倍倍尔—盖得决议案。发言人恰好在伦敦有机会亲眼看到"血汗制"及其悲惨后果。

这个补充被委员会和大会一致通过(写入关于**第一个**和**第二个议题**的决议)。

塞茨公民(柏林)反对对委员会的攻击。他完全理解委员会必须克服的大量困难。他承认,最后是有点赶,但这是由情况决定的。每个人对列入议程的问题都是清楚的,此外大家也知道对委员会是可以完信任的。

李卜克内西公民感谢这个说明，虽然认为它是不必要的，因为委员会不需要为自己辩护。

克莱蒂安公民（马赛）说，他是怀着充分的信心投票的，因为他知道，要求采取的措施事实上将改善工人的状况。当然如果能进行深入的讨论那是很好的，委员会只是由于考虑到时间紧迫才决定采用先表决的办法。

通过伦茨提出的关于取缔私人职业介绍所的附加条款

伦茨公民代表酒馆和冷饮店招待员提出把取缔**私人职业介绍所**作为附加条款列入倍倍尔—盖得决议案。

这项提案被一致通过（写入关于**第一个**和**第二个**议题的决议）。

特雷梭公民（马赛）说，预定于1890年5月1日举行的游行示威不会有什么作用。必须举行一次总罢工来壮大游行示威的声势。所以大会应该"决定举行总罢工作为社会革命的开始"。发言人为此提出一项提案，场内发出了讥笑的叫喊声。

李卜克内西公民作了简短的发言，表示反对这个提案。发言人说明，举行总罢工是一件不可能做到的事，因为其前提条件是要有一个足够强大和统一的工人组织，而当前没有，并且在资产阶级社会也根本不可能有这样的组织。英国工人在30年代末和40年代初组织得很好，比法国工人现在的组织情况好得多，但是，他们的大罢工都失败了，连一般性的罢工尝试也失败了。如果工人组织有一天强大到足以发动一场总罢工，那么但愿它不要满足于这一行动，而要**更好地**利用他们的组织。那时工人是世界的主人。那时举行罢工就会是一种十足的愚蠢行为。

特雷梭公民提出，他的决议案只适用于通过总罢工有可能得到些什么东西的国家。

有两名代表支持他的提案。

有人提出一项关于结束讨论的提案，但受到许多代表反对。其中多尔穆瓦（来自法国的一个省）指出，外省代表迄今为止很少有机会发言。他们认为，面对如此重要的问题，他们能够表明自己不是站在无政府主义的或含混不清的立场上，而是站在明确的社会主义立场上，是重要的。

关于总罢工问题的讨论宣告结束。特雷梭的提案被绝大多数人**否决**。

接着对两项关于对**所有**因政治过失或由于参加工人运动而被判刑的人实行**大赦**的提案进行表决。

李卜克内西公民声明说，鉴于德国社会民主党正在同政府进行斗争，如果他们投票赞成恩赐，那将是一种胆怯行为。

关于要求大赦和进行大赦宣传的提案被通过。德国代表弃权。

福尔公民受7名英国代表和1名意大利代表的委托，抗议对梅利诺和他的朋友们下逐客令的做法。

一位**法国**代表指出这个抗议是有道理的；他要求大会通过投票予以承认，然后转入议程问题的讨论。

帕尔姆格伦公民希望不要提抗议。他只是发现，出现了一些异常的做法，然而这些做法是自然的和不可避免的，这只是表明，这个代表大会是社会主义的而不是议会式的。委员会完全尽了自己的责任，工作负担过重，使它不能做得更井井有条。但是它不能设置宪兵，以便对所有决议和措施进行令人难堪的监督。

发言人对大会没有像议会一样进行表示满意。代表大会完成了自己的任务，我们相互之间有了联系并看到，各地的工人都在为共同的目标奋斗。

贝塞公民声明，他曾得到赞成游行示威和总罢工的委托书，但代表大会否决了总罢工的提案，所以他退出大会。

福尔马尔通知说，星期日上午 10 点向公社社员墓以及白尔尼①和海涅墓献花圈。

伦茨公民确信，所有的代表在**解放全人类**这个要达到的目标上是一致的。但问题在于：如何实现这个目标？他本人确信，只有通过社会革命才能实现。

这时可以明显看出，大家都希望结束代表大会。

契普里安尼公民以意大利代表们的名义声明：他们没有缺席，但他们仅仅作为旁观者参加大会，因为他们受委托的敦促两个代表大会合并召开的使命没有完成。

主席**德维尔**宣布，德国人、美国人和英国人提出一项**结束代表大会**的提案，因为代表大会的议程已进行完毕。

这一提案以大多数票赞成获得通过。

大会主席**德维尔**说："本届代表大会的议程已进行完毕，我现在宣布代表大会闭幕。**代表大会已经闭幕了！社会革命万岁！**"

德国代表高呼：**社会民主主义万岁！国际社会民主主义万岁！**法国代表高呼：社会共和国万岁！社会革命万岁！法语和德语口号声响亮地交织在一起长达几分钟。德国代表唱起了**工人马赛曲**，法国代表也跟着唱起来。代表们互相激动地握手告别。

"再见！""再见！"

最后一次会议于晚上 8 时半结束。

---

① 白尔尼，路德维希（1786—1837）——德国政论家和批评家，激进的小资产阶级反对派的卓越代表人物之一，晚年成为基督教社会主义的拥护者。——译者注

第二天，7月21日上午，代表们来到了**拉雪兹神甫公墓**，这里是公社社员们在1871年5月的一个腥风血雨的星期中坚守最后阵地的地方，是"神圣的一群"进行战斗和牺牲的地方。德国代表团星期日安放在拉雪兹神甫公墓里的1871年牺牲的公社社员的坟墓上的大花圈是由蜡菊做成的；它像一个大水磨轮那样大，大家轮流抬着走，每次需要16个人抬。在黑色大缎带上写着金色的字："1889年7月21日巴黎国际工人代表大会"。各国代表（其中有**瓦扬、契普里安尼、龙格、李卜克内西**——他用德语和法语演讲）相继发表演说，对"为无产阶级事业牺牲的人"深切怀念。所有这些发言都表达了一个基本思想："公社已逝去，公社万岁！"

在此之前，**李卜克内西**在路德维希·白尔尼的墓前发表了简短的演说，以怀念"这位自由和世界主义的殉道者"。然后德国代表们在白尔尼墓前安放了一个精致的花圈。代表们寻访了布朗基墓后，其中一部分人来到蒙马特尔墓地凭吊。霍夫曼（来自萨勒河畔的哈雷市）以德国社会民主党人的名义向**亨利希·海涅**墓献了一个漂亮的大花圈。花圈的白色缎带上写着金字："献给亨利希·海涅。德国社会民主党人1889年7月21日。"霍夫曼叙述了海涅为无产阶级事业所作的贡献。

星期日晚上在圣芒代街举行的联欢宴会上，**瓦扬**（巴黎）为"**新的国际**"干杯，**李卜克内西**（德国）**为用社会主义精神加强各国人民兄弟情谊和为世界联合国干杯，帕尔姆格伦**（丹麦）**为各国无产阶级牢不可破的团结干杯**，一位来自法国南部的代表为各国工人乐于助人的兄弟情谊（这种兄弟情谊在帮助**圣艾蒂安**遇难矿工的事件上表现得非常明显）干杯。

代表们在同声高唱马赛曲之后开始跳舞，直至深夜始终洋溢着欢乐的气氛。当代表们在高呼**公社和社会民主主义**的口号声中踏上归途时，天色已经大亮了。

巴黎国际社会主义工人代表大会代表和他们所代表的工人政党、小组和组织名单

德 国

奥古斯特·倍倍尔、卡尔·贝克尔、爱·伯恩施坦、威·博克、A. 布森本德尔、J. 布鲁恩斯、斐迪南·狄克曼、亚当·迪特里希、丹尼尔·埃卡特、F. 艾尔哈特、F. 埃瓦尔德、理查德·费舍、埃米尔·弗莱施曼、卡尔·弗罗梅、H. 弗尔斯特、A. 格克、弗里德里希·盖尔、特奥多尔·格洛克、R. 格林贝格、弗里德里希·哈尔姆、奥古斯特·海涅、弗里德里希·希施、恩斯特·希尔默、弗兰茨·霍夫曼、阿道夫·霍夫曼、格奥尔格·霍恩、埃·伊雷尔（女公民）、F. 约斯特、赫尔姆·云格、奥古斯特·卡登、亚历山大·凯尔斯滕、古斯塔夫·凯斯勒、F. E. 基尔希纳、F. 克洛斯、H. 克嫩、W. 克尔纳、弗里茨·库奈尔特、F. 莱吉恩、卡尔·列曼、威廉·李卜克内西、特奥多尔·卢茨、恩斯特·迈、亨利希·麦斯特、海·弥勒、海·莫尔肯布尔、A. 帕施基、W. 普凡库赫、莱·普法伊费、奥·普法伊费、卡尔·平考、保尔·赖斯豪斯、胡果·勒迪格、保尔·席曼、W. 施米特、弗兰茨·施奈德、巴尔杜因·施赖伯、R. 舒尔采、L. 舒马赫、特奥多尔·施瓦尔茨、F. 施瓦尔茨、W. 施韦泽、奥斯卡尔·许茨、马丁·泽吉茨、J. 塞茨、布鲁诺·佐默尔、W. 施托勒、A. 施特龙茨、卡尔·

乌尔里希、V. 瓦伦霍尔茨、格·冯·福尔马尔、保尔·瓦格纳、胡果·瓦尔德斯基、约翰奈斯·韦德、A. 韦施、尤·维尔瑙、卡尔·韦内格尔、威廉·韦尔纳、特奥多尔·岑克尔、克拉拉·蔡特金、约瑟夫·茨温纳。阿尔萨斯—洛林：B. 雅克拉尔博士。

英 国

社会主义同盟：米恰姆支部——托·库珀；诺威奇支部——F. 内特洛夫；哈默史密斯支部——H. B. 塔尔顿；社会主义同盟委员会——F. 基茨和威·莫里斯；加茅斯支部——托查蒂（女公民）；曼彻斯特支部——约翰·里特森；北肯辛顿支部——莱恩；伦敦东区支部——G. G. 沙克（女公民）。国际工人俱乐部：W. 威斯特；哈默史密斯激进派俱乐部：托查蒂；布卢姆斯伯里社会党人：达尔德；威尔士社会党人：德雷肯；新罗德激进派俱乐部：哈利迪；东芬斯伯里激进派俱乐部：爱·艾威林；霍克斯顿工人联盟：K. 唐纳德；苏格兰工人党：O. 吉布里；艾尔郡矿工：基尔·哈第；设菲尔德社会党人：J. E. 卡彭特；工人选举协会：肯宁安·格雷厄姆议员。

阿根廷

布宜诺斯艾利斯社会主义小组：亚历山大·佩雷。

奥地利

维也纳：鲁道夫-波科尔尼、尤·博普、埃米尔·克拉利克、维克多·阿德勒博士；布吕恩：希贝什；布拉格：威廉·科贝尔；耶格恩多夫：约瑟夫·弗兰茨；北波希米亚：赫尔曼·迪特尔、阿尔特汉斯；斯拉夫同盟捷克支部：格奥尔格·哈布罗夫斯基。

比利时

根特工人合作协会：安塞尔；根特冶金工人：王德尔赫根；布鲁塞尔宣传小组：T. 梅斯；根特棉纺织工：J. 塞费尔斯；根特亚麻纺织工：C. 拜依尔特；根特纺织工人：托凯尔特；根特宣传小组：斯陶特马斯；布鲁塞尔工人联合会：塞扎尔·德巴普；中部机械工人：塞尔瓦斯；比利时工人党总委员会：让·沃尔德斯；根特棉纺织工：哈丁；安特卫普联合会：哥特夏克；"劳动"合作社：莫特尔曼斯；博里纳日：德夫伊索。

保加利亚

布鲁塞尔保加利亚学生联合会：马尼。

丹 麦

丹麦社会党：P. 克里斯滕森、A. C. 迈耶尔；阿马雷和厄斯特布罗社会主义联谊会、哥本哈根雕刻者工会、哥本哈根德国和瑞典工人联谊会：尼古拉·L. 彼得逊。

西班牙

社会主义工人党：帕布洛·伊格列西亚斯；《社会主义者》杂志编辑部：何塞·梅萨。

美利坚合众国

社会主义工人党：布希；纽约德国工会联合会：F. E. 基尔希纳；

纽约犹太工会联合会：L. L. 米勒、J. 巴尔斯基；衣阿华联合兄弟会：卡尔·阿勒斯。

芬 兰

尼古拉斯·芬恩。

荷 兰

荷兰社会党：J. A. 福尔图恩、W. H. 布里根、W. P. G. 赫尔斯丁格尔、多梅拉·纽文胡斯。

匈牙利

匈牙利工人党：莱奥·弗兰克尔、A. 伊尔林格尔；布达佩斯鞋匠：R. 博普。

意大利

世界人民联盟（拉丁分部）及其在意大利、西班牙、葡萄牙和罗马尼亚的许多小组、支部，以及在意大利的其他许多联合会：阿米尔卡雷·契普里安尼；普雷达皮奥社会主义联盟：安·科斯塔和克罗切；罗马涅社会主义革命党：巴尔杜奇、皮塞利、瓦尔杜奇；罗马社会主义联盟：梅利诺；埃及亚历山大"铁与火"社会主义—无政府主义小组：C. 皮基；瑞士苏黎世"解放"工人协会：贝尔托亚、E. 梅利纳里；里窝那"劳动解放"社会主义小组：F. 奇尼、厄齐奥·福拉博斯基。

挪 威

挪威社会党：卡尔·耶珀森；克里斯蒂安尼亚①工人联合会：J. 奥尔森、C. 贝格嫩。

波 兰

纽约奥斯维塔社会主义革命小组：费利克斯·达钦斯基；"阶级斗争"派：玛丽亚·扬科夫斯卡娅；社会主义革命工人党中央委员会等：斯坦尼斯劳斯·门德尔松；斯拉夫同盟（波兰支部）：莱昂·维尼亚尔斯基。

罗马尼亚

布加勒斯特印刷工人及其机关刊物《谷登堡》等：马尼、D. 沃伊诺夫；布加勒斯特工人联谊会和巴黎罗马尼亚社会民主主义学生联谊会：拉科维茨；布加勒斯特马鞍工协会：普罗科皮乌；罗马尼亚工人小组：A. 塞乌列斯库。

俄 国

《社会主义者》、巴黎俄国工人协会等：拉甫罗夫；俄国社会民主主义者联合会：普列汉诺夫；拥护"民意派"纲领的三个小组：贝克；伦敦工人国际教育俱乐部：菲力浦·克兰兹；纽约以色列手工业者联合会：巴尔斯基、路易·米勒。

---

① 今奥斯陆。——编者注

瑞 典

瑞典社会党和巴黎斯堪的纳维亚社会主义者联合会：C. 帕尔姆格伦、O. 阿拉尔。

瑞 士

瑞士社会民主党：L. 施拉格；瑞士行业工会联合会：A. 梅尔克；格吕特利联盟：保·布兰特、约·福格尔赞格尔；巴塞尔州格吕特利支部：S. 格施温德；纳沙泰勒格吕特利支部：H. 豪斯特。

法 国

塞特搬运工工会：安东·阿弗尔；菲雅克社会主义委员会：安特雷格；阿莱斯社会工人联合会及其他小组：阿罗、肖韦；社会主义共和党人罗讷省委员会：阿尔尚、C. 博丹；波尔多女裁缝工会：莱昂·阿雷科；里尔制铁造型工工会：路易·奥桑；巴卡兰（波尔多）社会主义学习会"平等"小组：沙·阿雷科；塞特搬运工联合会：巴尔曼；北部省和加来海峡省矿工工会：巴利；特罗伊便帽制造工工会：G. 巴蒂塞；维耶尔宗工人工会联合会等：博丹；拉格雷斯莱（卢瓦尔）纺织工人工会及相近的同业工会：贝律兹；贝济耶等工会联合会：贝塞；工人党里昂小组及其他小组：贝西－普拉斯；特鲁瓦五金工人工会等：Ch. 比施勒；里昂 54 个工会联合会：布拉什、法尔雅、加布里埃尔、佩罗南；塞特马车夫和汽车、电车售票员工会：埃蒂耶纳·博内；里昂"既不靠上帝也不靠主人"小组：博诺特；图卢兹社会主义联盟：布斯凯；拉塞勒（阿列）团结工人工会等：邦万；博韦社会主义小组等：阿·布沙尔；塞特泥瓦工工会：马克·布雷萨克；里昂社会主义革命青年中央委员会等：布勒耶、杜普拉；兰斯"无政府主义行动"组织：布吕内；卡尔莫矿工工会：卡尔维尼亚克；波尔多面包师：沙尔·卡拉；波尔多尖兵小组（工人党）等：J.卡拉代克；尼斯挂面工人工会：C.卡兰；罗阿讷印染工工会：朱利安·沙巴；波尔多工人党"团结"小组、"先锋"小组：希拉克（在圣佩拉热狱中）；马赛58个工会联合会：克莱蒂安、特雷梭、吉莱、路易·让蒂、伊萨雷内；蒂济（罗讷）纺织工人：科尔热；塞恩（瓦尔）共和激进派委员会联合会等：克吕泽烈；蒙吕松工人共和主义者联合会（工人党）：库尔蒂尼翁；圣康坦青年无政府主义者组织：库尔图瓦；塞特高级细木工组织：克拉苏；珀蒂-库尔甘委员会等：A.德尔克吕兹；图卢兹工会联合会等：阿尔方·德尔马；罗阿讷联合会地区委员会等：路易·德洛姆、德塞涅、盖依-西蒙、吉约姆·默尼耶、让·帕罗、韦尔涅；工人党北方联合会、74个小组和工会：G.德洛里、A.勒佩尔；塔拉尔纺织工人工会及相近的同业工会：博斯特·德芒热；卡斯特尔工人工会联合会等：德尼；塞特木匠和锯木工工会：德马兹；蒙吕松团结工人工会：J.多尔莫瓦；亚眠社会主义委员会（工人党）：迪塞尔夫；里昂机械工人：迪莫捷；波尔多"瞭望船员"小组、注册海运人员工会联合会：杜邦；塞特海员和渔民工会：费利克斯·艾斯吉让；里昂革命中央委员会：阿德里安·法尔雅；勒阿弗尔团结工人同盟：塞巴斯蒂安·福尔；南特社会主义工人委员会：路易·费兰；纳博讷社会主义协会：费鲁耳；贝兹内（阿列）团结工人工会等：拉乌尔·弗雷雅克；沃邦—尚齐（加来）工人党委员会等：富克斯；圣康坦木工工会：莱昂·加德鲁瓦；马赛烟草工人：格罗；马赛"自由思考者"工人小组、《激进阿尔及尔》小组：茹尔·盖得、利摩日先锋队小组、阿里斯蒂德·于梅尔；里昂第三区"苍蝇"小组：雅凯；塞特五金工人工会：路易·让诺；加来木工工会：亨利·瑞德；库尔（罗讷）家具制作工工会：拉歇兹；阿韦龙（迪卡兹维尔）

矿工工会：安东·拉孔布；全国工人同盟（波尔多）：拉菲特；里昂第三区选举联盟：朗德兰；圣康坦纺织工人工会：朗格朗；庞坦社会主义工人联盟：拉皮埃尔；波尔多工商业行政管理人员工会：拉沃；社会主义小组中央委员会等：拉维涅；谢尔（布尔日）社会主义共和党人中央委员会：路易·勒博、吉尔贝·普雷肖；亚眠纺织工人工会：勒费弗尔；科芒特里五金工人工会等：S.勒唐；阿尔奈勒迪克（科多尔）制锉工匠工会：茹尔·莱维特；蒂勒工人联盟：马塞兰·马洛里；圣旺革命社会主义委员会：马凯尔；马孔社会主义委员会：马尔莫尼耶；兰斯第三区平均主义者：马蒂厄；里昂第三区革命小组：约瑟夫·米歇尔；马尔多雷（罗讷）纺织工人工会：埃米尔·蒙科尔热；塞纳和塞纳—瓦兹（欧贝维利耶）水晶玻璃切割工：莫塞；阿诺奈（阿尔代什）纺织工人联合工会等：亨利·内沃；卢瓦尔（圣艾蒂安）矿工工会：安东·奥坦；搬运工工会舒瓦西勒鲁瓦分会：波莱；兰斯工人党社会主义小组联盟等：佩德龙；圣旺市政委员会：梅尔·佩尔南；里昂"既不靠上帝也不靠主人"小组：亚历山大·佩罗；南特工人工会联合会等：约瑟夫·皮龙、里戈；阿尔代什（阿诺奈）自由思考者：亨利·普拉斯；圣法尔若伐木工工会等：埃利·普瓦尔布朗克；维埃纳纺织工人工会：蓬塞；圣康坦"哨兵"等：维克多·雷纳尔；里昂鞋匠：里什朗；格勒诺布尔三个区的革命中央委员会：罗伯斯托；上卢瓦尔和多姆山省（圣弗洛里讷）工会联合会：鲁日；阿诺奈独立党人：鲁永；波尔多20个工会联合会等：卢；罗讷河口（马赛）矿工：萨巴蒂埃；加来五金工人工会：萨朗比耶；塞特渔民：索韦尔；洛蒙（吉伦特）社会学习小组：西奥塔；塞特印刷工工会：塞内加；莱鲁维尔（默兹）工会：西弗特；拉尔布雷勒（罗讷）丝绒纺织工人等：路易·索尔；上维埃纳（利摩日）社会主义联盟：亨利·苏拉；阿列（蒙吕松）社会主义联合委员会：蒂西耶；（马赛）革命社会主义联盟：特雷梭；圣阿芒

（谢尔）社会主义革命小组等：瓦扬；塞特啤酒桶和葡萄酒瓶工人：皮埃尔·瓦拉；奥尔良社会主义小组：维亚尔；里昂社会主义工人联盟：让·维默内；塞纳河畔布洛涅社会主义自由思考者联盟：马舍雷；众议院社会主义小组：布瓦埃、卡梅利纳。

巴　黎

斐迪南·亚当、安布尔、安德里厄、昂克蒂尔、佩莱格里·巴朱、博代、贝迪耶、贝斯、布瓦塞伏瓦塞、布莱、布萨盖、雅克·毕罗、卡尔梅尔、卡梅斯卡斯、沙勒龙、绍维埃尔、格朗热、瓦扬、路易·希雷、科马耶、孔伯莫雷尔、库尔贝、当热、德尔马、德拉科特、德雷尔、德格罗让、G. 德维尔、尼古拉·丹内、杜布瓦、迪比克、杜普雷、吉永、保尔·拉法格、若尔日·费兰、莱韦耶、盖夫、盖勒、热尔博、热瓦、古宗、格雷尼尔、吉约-普帕尔丹、卡恩、埃罗、伊纳尔、雅诺、拉谢、拉科斯特、马克西米利安、莱内、洛朗松、欧仁·勒孔特、伦茨、勒帕热、勒珀、洛姆、利涅尔、卢斯、梅尔西埃、马尔沙、梅瑟、蒙索、蒙唐、帕特里科、波利康、雷内尔、里加尔（女公民）、韦伯·鲁瓦奈、卢梭、鲁塞尔、西居雷、斯蒂埃夫纳、特罗凯、瓦莱特（女公民）、吕西安·魏尔、多马、安贝尔、龙格。

可能派代表大会文件

巴黎国际社会主义工人代表大会纪要[①]

(1889年7月15—20日)

议　程

法国工人党全国委员会在克服重重困难后，于1889年7月终于成功地组织了去年在伦敦决定召开的巴黎国际工人代表大会。

大会议程如下：

1. 国际劳工立法，包括法定工作日，白班、夜班和假日劳动，男工、女工和童工的劳动时间，对大小工厂和家庭工业实行监督，实现这些要求的手段和途径；

2. 各国工人组织在不损害自主的条件下，为建立经常联系所应采取的最切实可行的手段；

3. 雇主的同盟和当局的干预；

4. 确定下次代表大会的时间和地点，以及有关召集、组织和举行会议的具体事项。

第一次会议

(7月15日下午)

代表大会于7月15日下午1时半在朗克里街10号工商联合会大厅

[①] 可能派代表大会。——译者注

举行了第一次会议。

成群代表和许多公众拥进大厅,会场张灯结彩,红旗飘扬,座无虚席。

全国委员会在主席台就座,主席台两侧安放着戴有红色弗吉尼亚帽的共和女神的半身塑像。

全国委员会由以下公民组成:

艾·拉维,巴黎市议会议员,全国委员会法国事务书记;

E. 安德烈·热利,职员,工人住宅问题委员会委员,《劳工协进会通讯》秘书,全国委员会外国事务书记;

E. 皮科,钢琴工,中部地区联合会书记,全国委员会会议书记;

阿韦,职员,全国委员会法国事务副书记;

里巴尼耶,白铁工,劳工协进会总书记,全国委员会外国事务副书记;

德拉库尔,书籍装订工,全国委员会司库;

让·阿列曼,排字工;

Ch. 安德烈,机械工;

贝尔托,钢琴工,劳资纠纷调解顾问;

保·布鲁斯,医生,巴黎市议会议员;

库蒂拉,钣金工;

德让特,制帽工,

杜梅,机械工,巴黎市议会议员;

黑彭海默,钢琴工;

茹尔·若弗兰,机械工,巴黎市议会副议长;

S. 波拉尔,职员,巴黎市议会议员;

普吕当·德维莱尔,裁缝,《无产者报》编辑;

J. 瓦迪,职员,《社会问题》和《无产者报》经理。

如同以往历次代表大会一样，斯密斯·黑丁利公民负责大会各项报告的翻译工作，给大会提供宝贵的帮助。

拉维公民代表全国委员会宣布大会开幕，并宣读以下报告：

男女公民们：

根据巴黎和伦敦两次国际代表大会的委托，我们组织了第三次国际社会主义工人代表大会。

我们本希望全世界的工人和社会主义者代表能在这里汇聚一堂，我们本希望这次会议能有力地显示无产阶级的伟大团结，从而使世界的资本家们终于懂得，他们必须认识到，劳动者不仅有双手而且有头脑和意志。

多么美妙的梦想！在100年前曾宣布了人权原则的巴黎，全世界的无产者和劳动者的代表兄弟般地欢聚一堂，团结一致，郑重宣布：不争得劳动权，不把正义和平等变成全人类关系的准则，他们就决不罢休！

我国的劳动者和社会主义者始终把这个梦想当做自己行动的指南和鞭策；我们痛苦地看到，灿烂阳光下的金色云彩竟被暴雨前的急风所驱散。

当时，我们没有想到竟会出现今天的分裂。

我们一贯真诚待人。我们不能设想，有人竟要从我们手中夺走两次国际代表大会交给我们的委托。

在伦敦代表大会上，我们为德国社会主义者仗义执言，力主社会主义的国际团结；我们曾向德国俱乐部宣布，即使我们把该俱乐部排斥在代表大会的门外，任何一名外国同志也都决不会有所抱怨。

可是，我们刚从伦敦回来不久，于11月26日和12月4日先后发来的两封信已使我们预感到了困难。著名的荷兰社会主义者多梅拉·纽文胡斯向我们谈到，德国社会主义者准备在瑞士组织一次代表大会。

我们在复信时回答说,两次国际代表大会已就此问题作出了决定;我们的德国同志不能把自己的意志凌驾于代表大会之上;本着兄弟般的态度,我们希望他们放弃可能危害劳工事业的计划。

瑞士开会的问题从此不再被提起。但是,这一危险刚刚消失,又冒出了另一个危险。

1月10日,我们接到8日自博斯多夫发出的下列信件:

"德国社会民主党议员已决定参加根据波尔多工人党代表大会和伦敦国际代表大会决议于今年在巴黎召开的国际工人代表大会。为了做好必要的准备,我们认为需要举行一次**预备会议**。

经与瑞士、比利时和荷兰的朋友商定,我们准备于1月18日在南锡召开预备会议。

我们刚向法国的马克思主义派和布朗基派朋友发出了邀请,我们也邀请你们派一至数名代表参加,**以保证统一行动能提前实现**。

李卜克内西(签字)"

这个做法意味着什么?

有人在外国策划召开国际代表大会,而负责组织大会的我们却最后接到通知,甚至在"法国的马克思主义派和盖得派"之后;他们丝毫不告诉我们究竟进行了什么会商,仅提前八天以一纸文书强行邀请我们参加一次目的和议程均不明了的代表会议。

此外,他们说国际代表大会是根据波尔多全国代表大会的决定召开的,我们认为这是一种奇谈怪论。

在两次国际代表大会作出了有关决定后,难道一个国家的一个工人派别竟可以推翻许多国家通过正常协商达成的一致意见?

他们最后对我们说,必须保证统一行动提前实现。这些话背后掩盖着什么呢?他们打算在大会之前和大会之外建立一个多数,迫使大会接受他们的领导；对此，我们坚决反对。

鉴于以上理由，全国委员会拒绝派遣代表前往南锡开会。

不仅如此，我们照常继续工作。《无产者报》于2月16日发表了我们的第一份号召书。

号召书宣布了大会将在7月下半月举行，确定了参加大会的条件，指出资格审查和投票将分国进行，决定把伦敦代表大会提出的两个问题列入议程，并请各国代表把自己的愿望在开幕时提交大会。

号召书还指出，各劳动者团体和社会主义团体都可要求追加议程，最后的议程将根据他们的意见于5月31日确定和通知大家。

在此期间，我们获悉代表会议未能在南锡举行，改于2月28日在海牙举行。

在再次接到开会通知后，我们再次拒绝应召参加，因为：（1）我们知道并非所有的国家都接到了邀请；（2）人们不愿意告诉我们会议的目的，拒不同意先承认我们组织代表大会的权利。

海牙代表会议召开了。它起草了一封文书，由比利时工人党全国委员会委员沃尔德斯公民负责交给我们。

全国委员会于3月初接待了沃尔德斯公民。

以下是他以海牙会议名义交给我们的文书：

"下面签名的人建议法国社会主义工人联盟根据1888年伦敦代表大会授予它的全权，协同法国及其他国家的工人组织和社会主义组织召开巴黎国际代表大会。

由工人组织和社会主义组织的全体代表签名的关于召开代表大会的通知书，应该尽快通告欧洲和美洲的工人大众和社会主义者。

这个通知书内容如下：

1. 巴黎国际代表大会将于1889年7月14—21日举行；
2. 各国的工人和社会主义者都可以在符合每个国家的政治法令的条件下参

加代表大会；

3. 代表大会对审查代表资格和确定议程方面将拥有最终决定权。

议程暂定如下：

（1）国际劳工立法。法定工作日（白班、夜班和假日劳动，男工、女工和童工的劳动时间）；

（2）对大小工厂和家庭工业实行监督；

（3）实现这些要求的途径和手段。

德 国 代 表　奥·倍倍尔、威·李卜克内西
瑞 士 代 表　赖歇耳、维赖比尔
荷 兰 代 表　多梅拉·纽文胡斯
比利时代表　爱·安塞尔、让·沃尔德斯
法 国 代 表　保尔·拉法格
1889年2月28日于海牙巴伐利亚广场'人民之家'"

经交换意见后，我们确信他们将背离巴黎和伦敦两次国际代表大会的决议，单独组织一次国际代表大会。

何况，法国社会主义运动中的布朗基派早已公开宣布大会即将召开。

全国委员会于3月20日开会，决定对海牙会议的文书作以下的答复：

"沃尔德斯公民：

我把全国委员会开会的日期搞错了，我曾告诉您是3月18日，其实是20日。会议作出了以下决议：

全国委员会首先宣布，由它负责组织1889年巴黎国际代表大会的问题是毋庸争议的事，巴黎和伦敦两次国际大会的决定是所有人都应信守的法律。如果不是这样，世界各地很可能以同样的权利同时组织20个所谓的国际代表大会，但它们都将是冒牌的，因为它们不是国际意志的产物。

这只是彻头彻尾的各自为政，既不是自由协商达成的团结一致，也不是自愿服从历次国际大会的决定，从而完成劳动者和社会主义者的国际组织事业。

全国委员会重申它在致李卜克内西、安塞尔和纽文胡斯公民以及致比利时工人党全国委员会的信件中表达的对海牙会议的保留立场。你们知道，这些保留的内容是：（1）不是所有国家的代表都被邀请去海牙开会，这次会议因而不合惯例；（2）尽管我们一再要求和坚持，会议的目的没有讲清楚；（3）会议召集人拒不接受先承认我们组织代表大会的权利。根据他们给我们的答复，我们可以相信他们打算否认这个权利，而我们则不能同意让他们践踏巴黎和伦敦代表大会的决议。

在重申这些保留和表明我们的立场后，全国委员会再次以自己的和解态度，强烈希望不使任何有碍劳动者和社会主义者国际团结的事得逞。只要权利得到确认，它就决心接受其使命和尊严所能容许的各种让步。

你们要求我们让各工人组织和社会主义组织的代表共同签署召开代表大会的通知书。

我们认为，从其绝对含义上讲，这是不可能的。仅在巴黎一地就有以下的工人组织：布朗基派、盖得派、巴伯雷派或内阁派、实证主义派、无政府主义派以及各工团，后者虽然加入劳工协进会，却与任何政治或经济团体没有联系。如果全国委员会必须同所有这些派别的代表开会协商，这岂不是要建立一个真正的工人议会，而这个工人议会将在一年过后，即在1890年，才能准备就绪，它所讨论的问题也将远不是筹备代表大会的召开。如果他们的代表不参加组织委员会，当然也就不可能同意签字。你们或许会说，我们可以在他们中进行一番挑选。我们不能同意做这样的事。既然我们接到了委托，我们可以单独去干；我们不能接受在委托之外另搞一套，拉拢一批集团的代表和排斥另一批集团的代表。这将是一种派别活动，会把大会的筹备工作搞坏，因为大会的门应该对所有人都是开放的。

尽管如此，我们的全国委员会还是尽最大可能在这个问题上满足你们的愿望。巴黎的各工团都是劳工协进会的成员；它们已决定参加代表大会。如果你们愿意，我们将要求它们派二至三名代表协助我们工作。你们知道，这些工团反映着十分广泛的观点。

你们希望大会确定于 7 月 14—21 日举行。我们在 2 月 15 日的通告中曾宣布，大会将在 7 月下半月举行。因此，我们的主张是一致的。当然，我们也还要考虑其他各国的意见。

你们表示希望，'各国的工人和社会主义者都可以在符合每个国家的政治法令的条件下参加代表大会'。我们在 2 月 15 日的通告中写道，大会将接纳以维护劳动者的利益和解放为目的，并能证明其存在的各团体、小组和工团。在具有政治自由的国家，我们要求各团体能证明它们在 1888 年的合法存在。但是，像在德国那样的国家，工人组织只能是秘密的，我们将相信代表的诚意和使命。

无论在伦敦或在致李卜克内西、安塞尔等公民的信中，我们反复重申了以上的意见。

实际上，对未来代表大会规章的这一修正业已存在，因为我们已决定代表资格将由本国的代表自己审查。在这个问题上，我们不能同意你们的意见。我们现在仍坚持我们在通告中的提法：'各国代表由于对本国情况最为了解，他们将负责审查本国代表的资格，确认他们的委托书是否有效。'考虑到你们的担心，我们补充一句：'除特殊情况例外'。换句话说，我们相信，在委托书问题上，只有本国才能判明事实真相和可靠地衡量其有效性；相反，总的说来，代表大会并不了解情况，它的判断只能带有倾向性。然而，我们仍然接受，在例外情况下，假如发生严重的争议，假如出现不公正的排斥性建议，代表大会将作出的最后裁决。

我们不能接受代表大会对确定议程拥有最终决定权。代表既不是领导，又不是主宰，而是接受委托的公仆。因此，他们前来出席代表大会，必定带有他们的委托人事先经过讨论的托付。

鉴于以上理由，必须遵守我们所采用的方法：先根据伦敦国际代表大会的决议，起草一份临时议程，并请各参加的集团提出修正和补充，然后，经汇总各方意见，于 5 月 31 日（即在大会召开前 6 个星期）确定最后的议程。这样，所有人的意见都将被听取，每个人都将有所遵循；委托的使命将十分明确，任何人将不可能感到突然。

你们认为议程的第一项应采用一种更广泛的表述方法为宜，我们对此完全同意；3月23日《无产者报》发表的全国委员会最近一次会议的记录已足以为证。

临时议程的其余各项在收到各参加国的意见前将暂且不变。

沃尔德斯公民，您说如果我们的全国委员会不接受海牙会议的决定，你们甚至将组织另一次代表大会，同我们受命筹备的大会相对抗。

你们这是给我们下最后通牒，而不是以同志式的友好态度，为保证全体劳动者的团结交换意见。

我们可能作出的让步已如上述，而且我们没有把海牙会议的不合惯例以及你们对我们的不信任和不友好态度放在心上。我们不愿意在可能导致国际劳工世界分裂的事情中承担任何责任。我们希望你们也持同样的立场，以便结束这些有害国际团结的无谓纠纷。

1789年曾是全人类伟大和光明的一年，1889年应标志着人类进入一个更高级和更成熟的阶段；它应展现出要求人类彻底解放的全体劳动者和社会主义者的世界大团结。

我们满怀信心地等待你们的答复。我们已认真地完成，并将继续完成巴黎和伦敦两次代表大会交托给我们的任务。在作了这些恳切的说明后，我们希望一切误会将被消除，希望比利时、德国、瑞士和荷兰的代表将如同丹麦、英国、美国、葡萄牙和意大利的代表一样，接受我们的主张，希望你们在100周年的纪念日不让资本主义的政治封建制为看到国际劳工队伍的分裂而庆幸，我们的利益和使命是为打倒资本主义封建制而建立牢不可破的兄弟团结。

根据全国委员会的指令并代表全国委员会

国内事务书记　艾·拉维

3月22日于巴黎"

我们的这封信没有接到任何答复，对方也没有向我们进行任何新的联系。他们曾威胁要组织另一次代表大会，并且果真这样做了。

至于我们，我们在自己的权利问题上坚定不移，但在完成我们的任务的过程中，我们一方面宣传巴黎和伦敦国际代表大会的决议，另一方面又作出足以表明我们的诚意和宽容的各种让步。

根据我们的要求，巴黎绝大多数工团从一开始就配合我们工作。例如，它们于3月9日在《无产者报》发表了致法国所有工人团体的宣言书。

这些工团建立了一个委员会，同我们的全国委员会配合行动，我们这里要向所有曾给予我们积极帮助的同志致以兄弟般的谢意。

我们于4月6日发表了一项新的宣言，在我们以上陈述的限度内，考虑了海牙会议的要求。

我们积极采纳了丹麦和英国的同志向我们提出的一系列建议，深得他们的好评。为使他们满意和避免一切含糊，我们于5月18日发表了以下声明：

"负责组织1889年国际代表大会的全国委员会经与大多数国家商定，坚持主张大会议程应在开幕前确定。

议程应提前通知代表们，以便他们能在每个问题上都能接到授权。

与会各国关于补充和修改议程的意见均将得到听取。如果有三四个国家在5月31日前提出相同的意见，全国委员会将根据它们表达的愿望，补充或修改议程。

在5月31日后，特别在大会开会期间，任何问题将不再列入议程。然而，假如涉及劳工利益和社会主义事业的严重事件突然发生，任何代表仍可要求大会进行讨论，甚至投票作出决定。

诚实和社会主义原则要求代表仅以受委托人的身份行事；但根据常识要求，面对突然的和不可预见的严重事件，这些代表也可为委托人的利益着想，在时间不允许征询委托人意见的情况下，负责作出决定。

代表全国委员会
国内事务书记　艾·拉维"

为了满足英国和丹麦同志的愿望,我们还明确宣布,虽然我们认为必须分国审查代表的委托书,我们也接受,"在遇到困难的情况下,任何受委托人有权向代表大会申诉"。

为达此目的,我们在议程上增加了两项新条款。

我们接到的信表明,英国和丹麦同志承认我们的立场完全正当,认为我们完全具有诚意和谦让精神。

近日来,我们的丹麦同志再次出面同我们联系,争取两次代表大会合并召开。我们再次表现出宽容精神,并作出以下的答复:

"致丹麦工人党指导委员会

公民们:

对你们最近交来的照会,我们谨答复如下。

1. 我们认为,在代表大会的问题上,外国的社会主义者和劳动者只有并只可能采取一种立场:参加正规的代表大会,竭尽全力使一切都按原规定办,然后前往分裂派代表大会,力争使他们迷途知返。如果所有的外国代表都这样做,目前的形势将不会使任何人感到担心。

2. 我们准备尽一切可能争取只举行一个代表大会。我们已多次向你们证明了这一点。即使在7月15日以后,我们的大门仍将开放,我们将忘记旨在反对我们的分裂活动,从而促使只举行一个代表大会。

何况,我们不能持别的立场。我们受到的委托仅仅是组织代表大会,因而我们无权把愿意接受巴黎和伦敦国际代表大会邀请的任何劳动者和社会主义者团体拒之门外。

3. 在问题明确提出后,全国委员会只能根据以下条件接受分裂派代表大会同正规的代表大会合并:

(1)委托书的审查将在代表大会范围内分国进行,遇有争议时可向代表大会提出申诉。

(2)代表大会将只讨论今天召开的两个代表大会的议程。任何新问题将不再被列入议程,除非在大会期间突然发生严重的政治和经济事件。

(3) 正规的代表大会的第二项议程将代替分裂派代表大会的同一议程。

在陈述了这些保留后，我们祝愿你们的努力得以成功，我们尤其强烈希望，我们的丹麦同志能在几天内到达巴黎，以加强我们之间的兄弟般的团结。

公民们，请接受我们诚挚的革命敬礼。

根据全国委员会的指令并代表全国委员会

国内事务书记　艾·拉维

1889年7月9日于巴黎"

经过以上介绍后，人们会诧异地问，我们的行为以及英国和丹麦的社会主义者向分裂派代表大会的组织者所作的种种劝说怎么竟未能制止分裂和使破镜重圆？

为什么有人要搞分裂？他们没有公开讲出另开一个代表大会的任何理由。

是否因为我们暗中在排斥我们的某个对立面呢？

我们历来接纳所有的对立面参加历届全国代表大会。我们怎么会有疯狂的打算，竟想把对立面从我们负责召集的国际代表大会中排斥出去呢？

何况，已经商定，代表大会将亲自裁决有关委托书的争议；我们接受了这项条款，这是我们诚意的最好证明。

人们或许会责备我们拒不接受代表大会对确定议程拥有最终决定权。

对于这种责备，我们引以为荣。作为民主派和社会主义者，我们决不容忍代表大会的代表竟能不受委托而有权进行讨论和投票。拥有决定权的应该是我们团体中的公民群众，他们不应该听任一小伙人向他们发号施令。

作为共和派、民主派和社会主义派，我们决不参加仅有知名人士而无忠实执行其伙伴委托的代表的那种代表大会。

难道有人觉得我们还不够社会主义吗？

我们这里不想说些使人发怒的话。但是，我们的民主社会主义经得起同任何社会主义相比较，我们力求比较，而决不逃避比较。

召集另一个代表大会的主要原因是什么呢？我们很难把问题讲清楚，以免被别人说有污蔑之嫌；同时，我们决心不做任何有损团结的事，许多外国同志正力争实现我们乐于接受的团结。

男女公民们，我们不必向你们更多地去深究这场可悲的分裂的原因。你们已经为我们主持了公道。你们的出席表明了你们对我们的尊重和同情。在你们面前，长篇大论的解释是多余的。

英国、苏格兰和爱尔兰派来了42名代表。尽管工联议会委员会反对（该委员会的自由主义比基层工联要低百倍），17个工联组织赞同了我们的主张。

在伦敦，一个委员会接受了排除困难和争取两个代表大会合并的崇高使命；时至今日，它的努力已遭失败，它只能看到，如果分裂未能结束，错误不在我们的方面。

作为法国代表，我们要对该委员会的兄弟般的努力公开表示感谢。

尽管经费困难，"社会民主联盟"仍派来了15名代表。这再次表明了它对社会进步事业的忠诚。

奥地利和匈牙利共有7名代表，分别代表奥地利的28个工人团体以及匈牙利的48个团体和18个小组。对于一个自由横遭摧残的国家来说，这是一个巨大的努力。

7名西班牙代表参加了大会，这表明比利牛斯山彼侧的伟大社会主义运动的空前活跃。

意大利派来了7名代表，他们来自罗马涅、那不勒斯、罗马、里窝那、佩萨罗等城市的工人党以及苏黎世、亚历山大里亚和开罗的意大利团体。

比利时工人党在若利蒙代表大会上听取了我们的全国委员会代表波拉尔公民的解释,正式决定参加本次代表大会,他们的代表共有 7 名。

美国仅有 4 名代表,但他们代表着成千上万名英雄的"劳动骑士",他们对我们事业的忠诚受到普遍的钦佩。

葡萄牙的工人团体比较穷,但这个勇敢的小国还是派来了 2 名代表,巍然屹立在世界社会主义运动中。

我们在今年初曾接到丹麦工会联合会关于准备参加代表大会的信件。后来,我们的朋友认为必须收回这一许诺。他们友好地对我们说,我们没有做错事,他们没有理由不来参加代表大会,但他们不愿影响同任何社会主义者的友谊,因而宁愿留在国内。接着,他们又采取了一个新的决定,我们高兴地向他们的两位代表致敬,其中有我们的朋友、丹麦工会联合会主席延森公民。

在这以前,哥本哈根铣工工会已同意参加我们的代表大会。

我们这里仅有 1 名瑞士代表;但他代表着一个友好国家的人民,我们欢迎他的光临,并希望在不久的将来,因不明我们的意图而受骗的瑞士同志能回到我们的行列中来。

波兰不顾俄国的残暴统治仍派来了 1 名勇敢的社会主义者代表。

最后,法国有 213 个团体赞成参加代表大会,并派出了 477 名代表。

巴黎和外省有 136 个工会或工会联合会以及 77 个社会问题研究小组参加大会。

42 个法国城市在这里有它们的代表。

我们为这一成果而自傲,它证明法国社会主义民主运动的欣欣向荣。

尽管我国多年来政治分裂,尽管人们为搞垮和瓦解我们而向我们进行了种种攻击,我们始终岿然不动,更加壮大,更加坚定,为确立劳动权利和争取社会平等而奋斗。我们向来自世界各地的朋友们伸出友谊之手，让我们在我国革命的百年纪念日同你们一起宣誓，决心竭尽全力，为人类的彻底解放而奋斗。

这份报告在宣读过程中不时被强烈的赞同声所打断；报告结束时，全场掌声雷动，经久不息，这证明全国委员会的诚恳和明智态度得到了与会代表的一致公认。

拉维公民于是宣布，全国委员会的任务既已结束，就应该立即引退，并让大会自己主持会务组织工作。这再次证明，全国委员会不打算把自己的意见强加于人。

大会投票选举了办事处。

英国代表斯诺公民当选外国代表团主席；巴黎市议会副议长茹·若弗兰公民当选法国代表团主席。助理为英国的西姆科克斯女公民和意大利的安德烈亚·科斯塔公民，书记为拉维和加利蒙。

经决定，办事处成员每次会议均将更换。

法兰西联盟代表吉拉尔公民对在门口多次盘查证件一事表示不满，要求门卫应佩戴证章。

法国代表团主席指出，大会不是用空谈浪费时间的场所。知名人士已经有很高的地位，不宜再使他们过分突出，而应更多地考虑如何去完成社会主义的事业。

他对各外国代表表示欢迎，感谢他们对法国同志表现出的同情。他们意识到，法国是社会主义运动中的一支强大队伍；法国社会主义运动失败之时，也是国际垮台之日。今天，国际的复活正是1871年烈士们流血牺牲的成果。

至于工人党，它历来珍重同各国工人的兄弟情谊，因而也毫不奇怪地遇到各国工人的同情。如果出现了两个代表大会，这绝不是它的过错。但是，既然分裂业已造成，让我们努力使分裂不致过分损害社会主义的事业。让每个代表大会各自努力工作，维护无产者的利益。劳动党应带头多做有益的事。

若弗兰公民宣读被译成多种语言的以下电文：

英国布里斯托尔1500名工人的贺电，祝贺劳动者的国际团结；

社会主义民主俱乐部为纪念攻克巴士底狱向两个工人代表大会寄发的致敬电；

罗马社会问题研究小组为纪念攻克巴士底狱向两个国际社会主义者代表大会寄发的电报，希望重组国际工人协会。

法国主席接着向大会宣读了蒙马特尔高地小组和鞋匠工会提出的动议。

安德烈·热利向代表们宣布，当晚将在瓦格朗大厅为代表们举行欢迎酒会。

西班牙代表富尔盖洛索指出，巴塞罗那的布业工人正在罢工，并请法国工人切莫同他们的西班牙同志竞争。

意大利代表克罗切说，意大利工人党已同意派代表前来出席代表大会。他希望这次代表大会将为劳动者真正的团结战斗开辟道路。在介绍了意大利农民为争取社会主义胜利进行的努力后，他指出，工人不久前投入了这一运动。最后，他祝愿在本届代表大会后将结束只是空发议论而无实际行动的状态。

葡萄牙代表德坎波斯公民希望尽快重建工人国际。

英国激进派俱乐部联盟代表尼尔斯公民向代表大会表达了他的同志们的友好感情。

丹麦工会联合会主席延森公民谈到，哥本哈根建筑业木工的一次罢工使3000名工人失业。他指出，雇主竭力欺骗劳动者，迫使劳动者忍受他们的压迫。他吁请各国的工人兄弟给予帮助。

奥匈帝国社会主义者代表多博希公民带来了维也纳和布达佩斯社会主义者的兄弟敬意。他刚接到布达佩斯工团联合会发来的一份致敬电。

社会主义联盟和卷烟女工工会代表赫伯特·伯罗斯公民建议开始审查委托书。他还要求各外国代表团同英国代表团一起，赞同法国工人党为组织代表大会和开展革命社会主义行动所做的一切。他声称，夺取公共权力将为社会革命做好准备。

主席若弗兰公民请全体会议成立会务委员会。

科斯塔公民建议由全国委员会承担这一职责。

拉维公民就这一委员会的作用作了解释：接受、研究、整理和发表各种愿望，处理大会的具体组织工作，以及解决经费问题。他坚决主张各国均派一名代表协助全国委员会从事这项工作。他不愿让全国委员会招惹嫌疑，即使是毫无道理的嫌疑。

热莱兹公民要求先行审查委托书。

白恩士公民也建议先审查委托书，然后让各国指定一名代表参加会务委员会。

拉维公民指出，审查法国代表的委托书将需要很长时间。他建议会议休会，各国代表团将立即开会审查委托书。

这项建议被接受，会议于5时30分休会。

巴黎工人为欢迎大会代表
举行的友好招待会

当天晚上，国际代表大会的组织者巴黎各工人团体举行友好招待会，招待来自外省和外国的代表。

招待会在瓦格朗大厅举行。

自8时起，人们纷纷来到，大会代表和巴黎各行业代表约七八百人纷纷在宽敞的星形大厅的各桌子前就座。

招待会由英国代表海德门主持；助理有意大利议员安德烈亚·科斯塔和巴黎代表阿韦女公民；书记是外省代表莫帕。

安德烈·热利公民代表劳工协进会向全体代表表示欢迎，并感谢市议会给予方便，使巴黎工人能体面地接待世界的劳动者。他吁请外省代表把在社会蜂房中制造混乱的黄蜂驱逐出去，并维护共和制度。吁请外国代表结成人民的同盟，反对国王的同盟，进而在世界共和国中实现劳动者的解放。（长时间鼓掌）

他的演说立即由 A. S. 黑丁利公民译成英语。

随后，若弗兰公民起立代表市议会——他几乎可以说代表市议会的多数——向来自各方的劳动者表示欢迎，祝愿他们在本国和外省能进一步活跃解放和共和的思想。

王公们对博览会感到不快，而各国人民却齐集巴黎，巴黎欢迎各国人民，欢迎他们的代表来到巴黎城内携手团结，互相声援。

人民将会说，法国只要求和平，即对外的光荣和平和对内的共和国，因为人民在经历了暂时的挫折后，将用雄狮那样有力的牙齿，把妄图给我们的自由套上枷锁的布朗热运动化作齑粉。但是，我们必将用劳动建立起世界共和国。

若弗兰公民的演说几乎句句被掌声所打断，演说结束时，全场的法国人和外国人群情振奋，高呼：**社会共和国万岁！打倒布朗热！**

劳动骑士团代表鲍恩公民、意大利代表安德烈亚·科斯塔和克罗切在热烈的掌声中先后发言。

雕刻者工会的乐队为这一亲切愉快、和谐诚挚的酒会增添了欢乐的气氛。

第二次会议

(7月16日上午)

比利时代表德弗内公民、阿登高原代表让·巴·克莱芒当选为主席。助理是西班牙代表富尔盖洛索和沙泰勒罗代表利穆赞。书记是拉维。

经决定，当选的办事组仅主持一次会议。

德弗内和让·巴·克莱芒公民感谢代表大会给予他们这样的荣誉；接着，大会在昨天任命的专门委员会审查的基础上，对每名代表的委托书分别予以认可。

各团体和各代表的资格业已分国进行了审查，名单如下：

大不列颠诸岛

社　团

1. 都柏林社会主义俱乐部：A. 库隆。
2. 费边社：威廉斯·克拉克。
3. 伦敦市激进派联盟：J. –D. 尼卡斯；候补代表：贝赞特夫人。
4. 劳动联盟霍克斯顿支部：A. K. 唐纳德。
5. 劳动骑士团：查夫曼。

社会民主联盟

1. 社会民主联盟伦敦理事会：亨·迈·海德门。
2. 萨瑟克和兰贝斯支部：约·汉特·瓦茨。

3. 基辛顿支部：乔治-亨利·杨。

4. 圣潘克拉斯支部：托马斯·沃克。

5. 巴特西支部：哈里·巴尼翁·罗杰斯。

6. 萨默斯镇支部：塞巴斯蒂安·凯珀斯。

7. 托特纳姆支部和伍德格林：威廉斯·斯诺。

8. 克莱肯阿思支部：赫伯特·伯罗斯。

9. 格拉斯哥支部：约翰·沃里罗德。

10. 爱丁堡支部：J. 达尔马·克里斯蒂。

11. 布莱克本支部：威廉斯·威斯特。

12. 伯明翰支部：P. 坦纳。

13. 百蒙德西支部：萨米尔·奥利弗。

14. 切尔西支部：瓦尔特·吉尔德。

15. 伊奇宁敦支部：H. –W. 霍博特。

工　联

1. 机械工人协会总理事会：托马斯和亨利·伊夫利。

2. 伯明翰机械工人：约翰·白恩士和路易·威尔恩科尔。

3. 中部各省行业工会联合会（伯明翰）：B. 尤金斯。

4. 玻璃瓶制造国际协会：罗伯特·汉特。

5. 伦敦排字工人协会：A. –G. 库克和 J. –H. 弗拉尼迪。

6. 化学火柴制造女工同盟：安妮·贝赞特。

7. 卡莱尔行业联合会：T. 诺尔。

8. 艾兰德玻璃瓶制造工人协会：J. 奥戈尔南。

9. 争取建立女工工会同盟：A. S. 黑丁利。

10. 伦敦女工工会联合会：伊迪丝·西姆科克斯小姐。

11. 伦敦工会联合会：W. 帕涅尔和 B. 库珀。
12. 诺森伯兰矿工联合会：下院议员伯特先生和芬威克先生。
13. 工联莱斯特理事会：詹姆斯·霍姆斯。
14. 高级细木工联合会：H. 汉。
15. 伦敦木工和细木工：乔治·迪夫。

匈牙利

特兰西瓦尼亚的工人，赫曼施塔特、考森堡、费尔摩拉克、盖尔拉和贝凯什的社会民主小组，布达佩斯联合会，克罗地亚、斯拉沃尼亚和达尔马提城联合会以及的里雅斯特市和阜姆市社会问题研究小组联合会，瓦罗什勒德瓷器工人，佐洛、绍莫吉和塔斯特区工人联合会，法普索洛佐、许迈格、维斯普雷姆帕普斯和斯图特森堡的民主社会主义选举小组：共派出 7 名代表；为避免本国政府的查究，他们的姓名将不予公布。

奥地利

维也纳面包工人同盟。
上奥地利和萨尔茨堡联合会。
波希米亚、摩拉维亚和西里西亚工人联合会。

比利时

1. 比利时工人党总委员会：古斯塔夫·德弗内。
2. 列日和韦尔维耶社会主义工人联合会，机械磨面和烤制面包工工会，圣吉尔矿工工会，烈日机械工联合会，韦德尔河谷联合委员会：泰奥菲尔·布朗瓦莱。

3. 矿工工会、福斯·阿贝尔·拉埃斯特尔①：爱德华·默尼耶。

4. 工人党布鲁塞尔联合会：洛朗·韦里肯。

5. 依克赛尔工人同盟：埃米尔·王德威尔得。

6. 布鲁塞尔社会主义宣传小组：路易·瓦尔尼耶。

7. 安特卫普无产者：奥古斯特·沃特尔曼，康斯坦·哥特夏克。

丹 麦

哥本哈根铣铁工人工会：夏尔·尚比。

哥本哈根工会联合会：J. 延森。

俄 国

革命社会主义流亡者小组：马里诺·波隆斯基。

西班牙

1. 巴塞罗那及其郊区机械工人协会：安东尼奥·费尔南德斯·富尔盖洛索。

2. 纺织工人协会：欧道尔图·希里盖拉。

3. 巴塞罗那理发工人协会：何塞·坎波斯。

4. 巴塞罗那高级细木工协会，圈筒工协会，洗染工协会：巴尔多梅罗·奥列尔，安·费·富尔盖洛索。

美 国

1. 劳动骑士团，哥伦比亚特区和排字工人国际同盟：威·S. 沃

---

① 比利时一工人组织的名称。——编者注

德比。

2. 劳动骑士团联合会：保罗·J. 鲍恩。

3. 华盛顿德意志工人协会：M. 麦克斯·乔治；排字工人国际同盟：P. –F. 克劳利。

荷 兰

荷兰社会主义工人党：W. H. 弗里根，J. A. 福尔图恩。

意大利

1. 意大利工人党中央委员会：克罗切·吉塞普。

2. 罗马涅革命社会主义工人党：亚历山德罗·巴尔杜奇，杰尔马尼奥·皮赛利，斐迪南多·塔尔杜奇。

3. 里窝那解放和劳动社会主义小组：奇尼·弗兰契斯科，埃齐夫·乔拉博什。

4. 罗马涅革命社会主义党和工人党：科斯塔·安德烈亚，意大利众议院议员。

5. 米兰社会主义同盟，拉韦纳工人质询会：科斯塔·安德烈亚。

6. 拉韦纳《未来的太阳报》，罗马革命社会主义小组：科斯塔·安德烈亚。

7. 雷焦（艾米利亚），那不勒斯工人思想和行动协会，卡斯泰洛城民主思想和行动协会：科斯塔·安德烈亚。

8. 罗马涅革命社会主义党，罗马涅工人党，拉韦纳国际协会，拉韦纳联合会，米兰多拉社会主义小组和老战士，拉韦纳路易丝·米凯莱妇女小组，帕泰尔诺无政府主义委员会，帕尔玛和外省平民协会联合会，世界联合会拉丁支部，阿方西内国际小组，里米尼和圣马西莫无政府主义小组，里米尼工人子弟革命社会主义小组：阿米尔卡雷·契普里安尼。

波　兰

1. "米纳"中央委员会，波兰社会主义民族主义组织：波莱斯拉斯·利马诺夫斯基。
2. 《迪安娜报》编辑部：波莱斯拉斯·利马诺夫斯基。

葡萄牙

1. 波尔图制帽工人协会：弗朗西斯科·维特雷沃·德坎波斯。
2. 波尔图冶金工人协会：弗·维·德坎波斯。
3. 波尔图织布工人生产合作社：弗·维·德坎波斯。
4. 波尔图工人协会：弗·维·德坎波斯。
5. 社会主义工人党南方联合会：曼努埃尔·路易斯·菲格雷多。
6. 波尔图织布工人消费合作社：弗·维·德坎波斯。
7. 波尔图建筑工人协会：弗·维·德坎波斯。
8. 波尔图雪茄烟男女工人协会：弗·维·德坎波斯。
9. 波尔图烟草工人协会：弗·维·德坎波斯。
10. 织布工人抵抗组织联合会：弗·维·德坎波斯。
11. 社会主义工人党北方委员会，波尔图：弗·维·德坎波斯。
12. 波尔图制帽、饰帽女工、缩绒工工人协会：弗·维·德坎波斯。
13. 波尔图制鞋工人协会：弗·维·德坎波斯。
14. 波尔图细木工协会：弗·维·德坎波斯。
15. 《工人之声报》和小组：安德烈·热利。

16. 葡萄牙工人党联合会：曼努埃尔·路易斯·菲格雷多。

瑞 士

1. 卡鲁日行业工会同盟：S. 波拉尔。
2. 卡鲁日《先驱者》编辑部：S. 波拉尔。
3. 苏黎世意大利解放协会：莫利纳里，贝尔通奇。

法 国

外省工会

1. 普瓦捷联合会：E. 乌里。
2. 书籍业工会：E. 乌里。
3. 鲁昂棉纺织业工会：贝尔坦。
4. 圣艾蒂安冶金联合会：贝尔坦。
5. 阿尔及尔纸版业工会：马谢拉尔多。
6. 穆斯塔法石匠工会：布尔代·皮埃尔。
7. 阿尔及尔粉刷工人工会：莫帕·约瑟夫。
8. 阿尔及尔马车夫工会：达勒·弗朗索瓦。
9. 绍莱机织工人工会：让·巴·杜梅。
10. 图尔宽地毯工人工会：穆齐拉尔。
11. 君士坦丁工会联合会：蒙蒂厄和培列。
12. 阿尔及尔厨工联盟：西热和苏莱里。
13. 阿尔及尔金属加工工人工会：弗里施和路易·勃朗。
14. 圣克洛德钻石工人工会。

15. 里昂理发工人工会（非正式）。

16. 圣康坦绣花工人工会：阿韦，普特拉，米内乌。

17. 贝塞日矿工工会：皮埃尔·布吕内。

18. 雷恩家具工会：托马。

19. 奥尔良缝衣工人工会：梅纳热。

20. 克莱蒙费朗建筑业木工工会：沙萨涅。

21. 第戎铣铁工人工会：若斯朗。

22. 阿尔及尔鞋业工人工会：布罗卡尔，蒂耶桑。

23. 阿尔及利亚工会联合会：加布里埃尔·罗日埃。

24. 加来编织工人大同盟：厄内斯特·勒格朗，爱德华·格里泽尔。

25. 君士坦丁泥瓦匠、粉刷匠、抹水泥匠工会：索皮克。

26. 阿尔及尔—穆斯塔法泥瓦匠瓦工工会：皮埃尔·克莱芒。

27. 第戎成衣工工会：费利克斯·贝克。

28. 昂古莱姆制鞋工会：皮埃尔·沙尔东。

29. 圣纳泽尔各行业联合工会：弗朗索瓦·雅各贝尔。

30. 菲迈（阿登省）石板工会：让·巴·克莱芒。

31. 绍莱各行业联合工会：路易·巴尔托。

32. 格朗里（罗讷）棉毛织工人工会：安泰尔姆·西蒙。

33. 圣迈克桑制帽工人工会：迪富尔·路易。

34. 里昂丝织工：A. 西蒙德。

35. 尼姆劳工协进会：维克托里安·布吕吉耶。①

36. 尼姆工会联合会。

---

① 此处法文原文为布吕尼耶（Brugnier），根据下文推测应为布吕吉耶（Bruguier）。——编者注

37. 圣瓦斯特棉毛织工工会：普雷沃·米勒。

38. 卡尔莫矿工工会：J. G. 卡尔维格。

39. 尼姆冶金工人工会：庞斯-吉罗丹。

40. 尼姆成衣工工会：库仑·马丁。

41. 尼姆制桶工人工会：朱利安·约瑟夫。

42. 尼姆制鞋工人工会：德尼·皮埃尔。

43. 尼姆高级细木工工会：吉伯特，E. 拉丰，埃蒂耶纳。

44. 阿夫尔河谷工人工会：克莱因。

45. 圣艾蒂安枪械工人工会：西莫内。

46. 沙勒维尔刷帚工工会：让·巴·克莱芒。

47. 利摩日排字工人工会联合会：莫罗。

48. 里昂丝织工人工会联盟：A. 西蒙德。

巴黎工会

1. 钻石细刻工人工会：达迪耶，维奥肖，屈尔。

2. 下水道清洁工工会：Ch. 勒克莱尔，菲力浦，博沙尔。

3. 弹子房工人工会：罗朗，布洛，莫蒂法。

4. 制帽工人协会：拉韦西耶尔，法夫罗。

5. 铣铁工人工会：埃尔代维尔，赖德律，科特雷。

6. 机械工人同盟：让·巴·杜梅，巴黎市议会议员；茹尔·若弗兰，巴黎市议会副议长。

7. 瓶塞工人工会：A. 肖马。

8. 面包工人工会：勒努瓦尔，莱诺，布朗热。

9. 房屋粉刷工人工会：菲南斯，热拉尔，韦内特。

10. 法国拓印工人联合会：梅洛特，缪齐拉尔，盖昂。

11. 法国书本工人联合会：德克鲁瓦，弗洛尼。

12. 纸张工人工会：布勒农，埃梅莱，佩里奥。

13. 套鞋制作工人工会：皮卡代，米舍拉，罗雷。

14. 轮车制造修理工人工会：科尔奈鲁，帕里斯，布隆多。

15. 外墙装饰工人工会：Ch. 布儒瓦，科克雷，图雷尔。

16. 雕塑工互助会：博纳，德洛姆。

17. 钢琴工人工会：E. 皮科，贝索纳尔，贝尔托。

18. 铸铜行业小组：德夫拉米克，加拉，罗比亚尔。

19. 书籍装订工人团结工会：德拉库尔，贡捷，雷尼埃。

20. 理发工人团结友爱小组：爱·勒诺尔芒。

21. 木工工会：E. 布吕内，勒瓦瑟尔，梅尔西埃。

22. 光学器械车工工会：布拉尔，杜朗，雷诺。

23. 车工和抛光工工会：马利耶，采尔，皮安。

24. 刷帚工人工会：布雷尔，拉古厄特，勒托尔。

25. 玻璃制品工人工会：A. 格里泽尔，A. 施米特。

26. 洗衣工人工会：沙福，马雷，Ch. 科隆布。

27. 包装工人工会：布拉沙尔，M. 马姆，迪蓬谢勒。

28. 鞋跟工人工会：布泰尔，多巴奈，费尔南特斯。

29. 地板工人工会：巴尼耶，E. 莫拉斯，普里乌。

30. 皮垫工人工会：F. 南凯特，阿内尔，贝朗热。

31. 车辆工人工会：杜布瓦，贝朗热，奥拉。

32. 制图修版工人工会：夏洛，格朗让，帕特。

33. 房架工人社会联盟：奥德让，拉法热，勒福尔。

34. 制图工人工会：埃尔比内，贝尔希，阿扎纳。

35. 制革工人工会：卢卡斯，马里，E. 巴龙。

36. 马路清洁工工会：阿瓦尔，穆瓦纳，戈捷。

37. 内衣裁剪工人工会：梅朗，佩兹龙，法尔赛。

38. 锯刨工工会：凯塞，卡朗特里弗。

39. 法国商业推销员联盟：P. 潘，E. 朗热，B. 勒费弗尔。

40. 青铜工人工会：P. 卢瓦耶，L. 内格罗，L. 塔贝特。

41. 铸铜工人工会：韦尔特，普拉达尔，阿尔莱。

42. 园艺工人工会：P. 贝特朗，E. 阿尔舍诺，H. 介朗。

43. 铸铜工人工会：巴尔丹，康斯坦丁，拉洛。

44. 机械工人工会：佩兰，法亚尔，贝尔托。

45. 塞纳省马车夫工会：迪吕克，卡雷，卡尔梅尔。

46. 阀门制作工工会：巴利耶，勒迈尔，卡特琳。

47. 铜木乐器工人工会：龙布洛，蒙瑟，布歇。

48. 细木工人工团：苏桑，弗拉芒。

49. 法国墙壁装饰行业工会：拉皮罗，迪马，卡尔利埃。

50. 集市搬运工人工会：欧仁·亚当，J. 茹阿诺，L. 林多尔。

51. 手工针织工工会：尚巴拉斯基，奥沙尔，M. 鲁。

52. 雕刻工人联盟：沙尔多，贝尔，迪德洛。

53. 制鞋工人工会：芒特农，Ch. 帕特里，亨利·吉尤。

54. 会计工团：博诺姆，多雷，维拉。

55. 车辆工人工会：米歇尔，戈兰，穆斯凯斯。

56. 仿金首饰工人工会：德维瓦苏，德利尔，加亚尔。

57. 新书装订工人工会：阿里奥，E. 吉利亚尔，J. 孔韦尔。

58. 石匠社会主义工会：V. 勒努，卡米尼亚克，索耶。

59. 铅字铸造行业工会：F. 布谢，L. 蒂约，E. 洛雷。

60. 刷墙工人联盟：巴兰，迪盖，布朗凯。

61. 制桶工人联合会：布尔德龙，L. 格拉亚，博纳吕。

62. 驿车工人工会：阿谢尔，E. 弗雷，克林克劳斯。

63. 铅锌用具装修工工会：勒布朗，罗塞，尼古拉。

64. 手工针织行业工会：富瓦亚尔。

65. 锻铁工人工会：杜尼乌，迪帕尔，菲奥。

66. 塞纳省鞋匠联合会：拉布梅，迪博斯，卡蒂克波。

67. 建筑业锁匠工会：拉尔谢，佩吕埃。

68. 金银首饰匠工会：康德利耶，巴伯，巴拉。

69. 皮包匠工会：吉勒，德古莱。

70. 铁锅工匠工会：安德烈·杜布瓦，沙庞蒂埃，比约。

71. 职员工会：奥佩，库尔图，博尔萨里。

72. 泥塑匠工会：V. 迪法伊。

73. 白铁匠工会：莱夫里耶，多芒盖蒂，加蒂埃。

74. 打井工匠工会：老富埃，弗拉维安·罗布莱，J. 马尔特莱。

75. 刷墙工匠"甘蓝汤"小组：加来，戈贝，弗兰克。

76. 巴黎厨师工会：J. 巴拉福，F. 肖邦，比安费。

77. 花匠工会：阿布里奥尔，布尔代，卡雷。

78. 洗染行业工会：里博，法利埃，韦尔德莱。

79. 教育工会：阿韦（女公民）。

80. 篾匠工会：阿勒贝尔，格罗。

81. 巴黎排字工人工会：阿默兰，莫兰。

82. 雕刻匠工会：小圣布里斯，P. 勒布朗，古斯塔夫·布瑟诺。

83. 锁匠工会：阿杜安-菲约尔，莫斯基埃。

84. 马掌工匠工会：勒加德尔。

85. 建筑业木工工会：托尔特利耶，蒙唐。

86. 车辆业木工工会：迪朗，马丁，斯皮埃。

87. 机器操作和修理工工会：图特菲，迪邦库尔，佩克斯塔。

88. 车辆修理工工会：特雷莫莱，贝尔维克，利泽。

89. 建筑业挖土工工会：维尔塔洛，贝斯克特，茹吉。
90. 制桶匠行业小组：雷尼耶，德拉特，珀蒂-邦。
91. 模印工匠工会：A. 贝图，A. 巴比永，E. 达尔蒂。

市郊和外省

政治、社会和职业问题研究小组

1. 圣莫-德福塞研究组：当贝尔，勒鲁，瓦雷纳。
2. 勒瓦卢瓦—佩雷研究组：帕科脱，墨尼耶，托拉尔。
3. 蒙特勒伊—万塞讷研究会：菲希特，马朗丹，博韦。
4. 沙朗通—圣莫里斯研究组：雷米，德帕丹，鲍威尔。
5. 库尔布瓦研究组：奥干，德尚，德南。
6. 凡尔赛研究组：G. 卢卡斯，阿贝尔，M. 卢卡斯。
7. 塞纳河畔布洛涅研究组。
8. 圣旺研究组：菲力浦，勒菲弗，维克林热尔。
9. 蒙特勒伊苏布瓦自由思想小组：奥本斯，卡尔庞捷。
10. 雷恩研究会。
11. 圣康坦工人小组：德尔贝库尔，劳资纠纷调解委员。
12. 奥尔良工人小组：G. 富尼埃，罗兰。
13. 第戎工人小组：J. 莫若内，A. 若斯朗。
14. 法兰西和阿尔及利亚公平会：莫热尼耶。
15. 沙泰勒罗团结会：吉耶莫，爱·利穆赞，克雷布斯。
16. 昂古莱姆平等派研究组：奥珀蒂，纳瓦尔，奥捷。
17. 阿尔及尔地区委员会：莱昂·索皮克。
18. 皮托小组：纳瓦尔，普兰，马托克。

19. 绍莱研究会：路易·巴尔托。
20. 圣但尼委员会：图鲁德，蓬图瓦。
21. 讷韦尔研究组：艾·拉维。
22. 阿尔福维尔小组：福尔（菲力浦），奥布里，穆勒。
23. 普瓦捷劳工小组：利穆赞（乔治）。
24. "图尔卫兵"小组：勒夫雷尔，雷蒂夫。
25. 图尔利益总委员会：迪福尔，福特拉斯。
26. 君士坦丁劳工联盟：蒙蒂厄。
27. 君士坦丁劳工俱乐部：培列（亨利）。
28. 沙勒维尔火星俱乐部：让·巴·克莱芒。
29. 阿登省联合会：让·巴·克莱芒。
30. 尼姆小组：安德烈·热利。

巴　黎

政治、社会和职业问题研究小组

1. 第一区研究小组：珀蒂（路易）。
2. 第二区研究小组：杜耶，安德里克，古拉东。
3. 第三区研究小组：穆勒，雷诺。
4. 第四区研究小组：拉洛，缪奥特，库德雷。
5. 第五区研究小组：马蒂内，特里奥莱，让特。
6. 第六区研究小组：阿韦林，加利蒙，杜山。
7. 第七区研究小组：勒巴，德尼塞尔，勒洛兰。
8. 第九区研究小组：布古安，斯塔萨尔，丹德勒。
9. 第十区第一分区小组：勒格朗，拉沃，布里夏尔。

10. 第十区第二分区小组：施米特，布瓦东，库安。

11. 第十一区第一分区小组：樊尚，热莱兹，J. 韦伯。

12. 第十一区第二分区小组：拉莫特，肖斯，波-德费尔。

13. 第十二区研究小组：莱昂·马克，科莫，布多。

14. 第十三区研究小组：亚当，里夏尔，奥沙尔。

15. 普莱桑斯小组：拉布尔，戈龙东，老佩兰。

16. 第十五区社会主义工人联合会：尚瑟莱，马斯科，托马。

17. 第十六区克莱贝尔小组：德拉莫尔，佩罗内，菲埃尔。

18. 第十七区埃皮内特小组：Ch. 安德烈，布吕内，市议会议员保·布鲁斯。

19. 第十七区泰尔内小组：沙农，特里皮耶，格里斯。

20. 第十七区巴蒂尼奥尔小组：拉纳克吕斯，默让，马罗。

21. 第十八区拉沙佩勒小组：拉古，加尔德，布隆多。

22. 第十八区大卡里埃尔小组：罗伯尔，热尔瓦，布勒尼埃。

23. 第十八区诺尔小组：杜芒，蓬图瓦兹，博内。

24. 第十八区克里尼昂库尔小组：杜布瓦，佩兰，伊尔茨。

25. 第十八区蒙马特尔高地小组：J. -B. 尼克，奥弗勒，托兰。

26. 第十九区战斗小组：勒比格尔，德内肖，普吕当-德维尔耶。

27. 蓬德佛兰德和维莱特俱乐部：莫雷，德肖姆，佩兰。

28. 军用鞍具小组：西蒙，沙耶，马蒂厄。

29. 第二十区小组：沃蒂埃，雅科布，普兰。

30. 第二十区竞选募捐委员会：乌里，于普莱，里基耶。

31. 圣法尔若小组：朱利奥，市议员雷蒂，小米肖。

32. 贝尔维尔小组：波捷，雅科布，普兰。

33. 第二十区拉雪兹神甫小组：巴莱。

34. 第十八区机械工人小组：基尔什，西蒙，莱·封丹。

35. 第十八区自由思想小组：杜泰尔特，吉洛迪耶，雅尔丹。

36. 职员小组：奥热，达勒，安德烈·热利。

37. 阿登社会主义者小组：热诺姆，格雷戈里，朗多瓦。

38. "妇女选举"小组：阿斯蒂耶·德瓦尔赛尔（女公民）。

39. 实证主义无产者小组：A. 克费，S. 多曼格，E. 博丹。

40. 索恩—卢瓦尔省同乡会：沙尔特龙，杜布瓦，波特拉。

41. 排字工人小组：让·阿列曼，P. 索特奈。

42. 拓印工人抵抗会：塔凯特，德拉夫尼，巴雷茨。

43. 劳资纠纷调解员警惕委员会：尚皮，A. 菲力浦。

44. "女权"小组：A. 樊尚（女公民）。

45. 古特道尔小组：P. 罗兰，梅尔西埃，维尼奥。

46. 里拉《觉醒报》：库格勒。

47. 沙罗讷俱乐部：克雷佩，库帕尔，索德蒙。

48. 欧特伊日出俱乐部：图尼耶，弗拉雄。

以上团体和代表的名单可概括如下：

比利时：共有 8 名代表，代表 13 个工会以及 51 个团体和小组，拥有会员约 204000 人。

西班牙：共有 5 名代表，代表约 25000 名会员。

葡萄牙：共有 3 名代表，代表 13 个团体和 25000 名工人。

丹麦：共有代表 2 人，由 70 个工会和团体派出，约有 20000 名会员。

波兰：有几个工人小组和学生小组派出的 1 名代表。

意大利：共有 12 名代表。

荷兰：45 个大小团体和 73 个工会派来 2 名代表，共代表 5000 名工人。

美国：共有 4 名代表，代表 200000 名会员。

英国：共有 39 名代表，代表 214643 名会员。

奥匈帝国：共有 6 名代表，代表 89 个团体和 35 个城市。

在法国方面，勒诺尔芒公民作了代表资格审查报告。

巴黎和塞纳省共有 92 个工会和工会联合会，派出了 252 名代表；外省共有 46 个工会和其他团体，派出了 52 名代表。

大会对几份有争议的委托书进行了讨论，除一个雇主和职工混合团体外，其他委托书均获批准。

主席让·巴·克莱芒公民介绍了工人党在阿登地区的发展，阿登代表团共代表 10 个工会，8 个社会问题研究小组，有 9000—10000 名会员。

接着，报告人科莫公民宣布社会问题研究小组委托书的审查结果：共有 74 个小组（巴黎 50 个，外省 24 个）派出了 220 名代表。全部委托书均被认为有效。

代表资格审查完毕后，比利时主席德弗内公民代表比利时工人党宣读了一封信，敦促互相竞争的两个国际代表大会实行合并。他还建议下次国际社会主义代表大会在中立国比利时举行。

意大利代表和丹麦代表先后表示附议，该问题将留待下次会议继续讨论。

英国代表希望能去公社社员墙向 1871 年烈士墓献花。

这一提案获比利时代表的附议，大会决定这一活动将在当天进行。

会议于 12 时 30 分休会。

第三次会议

(7月16日晚间)

巴黎市议会议员波拉尔公民当选法国代表团主席,西班牙代表坎波斯公民当选外国代表团主席。

丹麦代表延森公民和尚皮公民任助理,加利蒙和布吕吉耶公民任书记。

在宣读上两次会议的纪要前,拉维公民宣布,本星期六将在市政厅为两次代表大会的召开举行庆祝活动。

大会收到了许多新的入会要求。

尼克公民对书记未把蒙马特尔高地小组关于纪念攻克巴士底狱的愿望列入会议纪要表示遗憾。

拉维公民回答说,把表达的愿望全部写进会议纪要是不切实际的,只要把问题谈到就足够了。

约翰·白恩士公民代表英国代表团建议接受会议纪要。纪要获得通过。

拉维公民宣读星期二上午的会议纪要。

这一纪要也获得通过,勒诺尔芒作了一点修正,指出外省出席大会的代表为52人,代表46个工会。

拉维公民提醒全国委员会委员,他们作为会务委员会的成员,在可能情况下,应参加该委员会的会议。他还要求法国的工会和团体通报它们会员的人数。

根据布隆多公民的提议,资格审查委员会报告人科莫和勒诺尔芒公民将听取这方面的汇报。

科斯塔公民翻译了巴塞罗那印染工人的入会申请书。

约翰·白恩士公民建议，为避免浪费时间，今后只通告入会申请，不再宣读申请书。

拉维公民向大会报告，里昂纺织工人联盟代表的委托书已经送到。

美国劳工联合会的一名代表宣读了该联合会的一封告大会书。

德内肖公民指出，劳工联合会的代表并非本大会的代表，劳联代表离开了讲坛。

根据议程，大会应讨论比利时工人党关于两个代表大会合并的建议。

在此之前，奥匈帝国的一名代表说，分国审查代表资格业已结束。1名代表退出了大会。另1名代表，特兰西瓦尼亚的绍贝特公民回国奔丧。剩下6名代表，共代表64个工会、25个团体和35个城市。

波拉尔公民以大会的名义对绍贝特公民不幸丧亲表示同情。

拉维公民重述了比利时代表关于两个大会合并的建议。

让·巴·克莱芒公民以部分代表的名义提出以下动议：

"鉴于革命社会主义者之间的团结和两个国际工人代表大会的合并符合由法国社会主义工人联盟在朗克里街组织的国际代表大会的法国代表和外国代表的意愿；

鉴于该大会的组织委员会不分派别地向法国和外国的工人和社会主义团体发出了号召，并欢迎他们能响应这个号召；

鉴于该大会的大门过去和现在始终向所有善良忠诚和通情达理的人开放；

鉴于没有必要再讨论联合或合并的问题；

我们主张，在两个代表大会联合和合并的问题上，讨论将仅限于研究应确定什么基础。"

契普里安尼公民代表意大利要求社会主义者为同资产阶级进行斗争而团结起来。

荷兰代表多梅拉·纽文胡斯公民向马克思主义者代表大会提出的一个折中建议已被拒绝；德国代表李卜克内西公民的另一个建议被接受。

两项建议内容如下：

多梅拉·纽文胡斯的建议："大会遗憾地注意到，所有争取开成一个统一的大会的努力都未能取得结果，

鉴于两个大会的议程几乎完全相同；

鉴于全世界工人的统一是大家的义务；

代表大会宣布本大会准备同另一个大会合并，并要求两个大会对双方的委托书不提出异议；大会决定把这项决议通知另一个代表大会，待接到类似的决议后，大会将任命一个工作委员会，同另一个大会的会务委员会进行协商。"

李卜克内西的建议："代表大会确认，海牙会议和巴黎组织委员会与会者已实现其促进所有社会主义政党和工人组织就国际代表大会问题达成谅解的坦诚愿望。代表大会对为达成这项谅解采取的措施并未达到目的表示遗憾。

我们真心诚意地指出，统一是无产阶级解放不可或缺的先决条件，因而不放弃一切机会尽力消除不和，是每个社会民主党人的义务。

代表大会声明，**它现在依然**准备走向和解和统一。条件是：另一个代表大会的各团体以同样精神通过一项为我们大会的所有成员接受的决议。"

代表布隆多公民和巴黎第六区联合会代表阿夫林公民提出以下动议：

"大会将根据以下条件接受合并：

1. 两个代表大会将组织混合委员会，审查大会代表资格；

2. 未列入两个代表大会议程的任何建议将不予讨论。"

热莱兹公民提出了以下议案：

"考虑到各外国代表团向两个代表大会提出了统一的建议；

代表大会宣布完全相信：

为争取社会平等原则的胜利，必须实现各社会主义工人力量的国际团结。但鉴于双方的代表各有其必须服从的特殊要求，并鉴于两个代表大会的合并颇费时日；

我们建议：

1. 两个代表大会将各自按其议程进行讨论；

2. 对于已列入两个代表大会议程的三个共同问题，每个代表大会将分别任命由 15 人组成的决议起草委员会；

3. 待这些问题在每个代表大会讨论结束后，**两个决议起草委员会**将共同协商，分别对各有关事项提出一个**统一的**报告；

4. 这**三项报告**将由全体会议（在新的场所举行）投票通过，参加 1889 年两个社会主义国际代表大会的所有代表团均将出席全体会议；

5. 全体会议将就下次国际代表大会的有关建议作出决定，并确定大会的议程；

6. 两个代表大会的组织委员会应就全体会议的问题进行协商，并在大会结束后**立即**举行全体会议。"

丹麦代表要求实现劳动者的团结。这位公民承认，工人党（法国社会主义劳工联盟）曾受巴黎和伦敦国际代表大会的委托，负责组织 1889 年的代表大会。

奥匈帝国代表说，不必花更多的时间去讨论合并问题，这会浪费宝贵的时间。然而，可以举行两个代表大会的全体会议，就决议进行投票。

约翰·白恩士公民声称，他在两个代表大会都有朋友。法国人应该像英国工联和社会民主联盟的代表那样把分歧问题搁在一边。每个国家的代表不妨在每个代表大会商讨如何开始有关合并问题的谈判。

英国代表贝赞特女公民说，可能派代表大会的大门对所有人开放。她指出参加马克思主义者代表大会的某些英国代表只能代表他们自己。代表大会应是能够代表工人的社会主义议会。

伦敦工联代表帕涅尔公民又说，为实行合并，必须审查代表的委托书，不能接受虚假的委托书。

荷兰代表弗里根公民说，审查委托书是个原则问题。两个代表大会必须合并，以便实现各国无产者的解放。

葡萄牙代表维特雷沃·德坎波斯公民认为合并是不可能的，因为马克思主义者代表大会的葡萄牙代表不代表工人。

科斯塔公民说，意大利代表的使命是参加两个代表大会和克服实现合并的困难。他还指出，审查委托书只是个普通的手续问题，完全可以免去。

法国工人党全国委员会委员拉维公民回答说，该党已作出了一切让步。他认为无产阶级分裂的责任应由别人来负。知名人士没有凌驾于普遍意志之上的权利。法国工人党接到了巴黎和伦敦国际代表大会的委托，负责组织1889年的代表大会，它业已完成自己的义务。如果分裂派愿回心转意，他们应接受共同的规则，把他们的委托书提请大会认可。

我们愿意实现各国间劳动者的统一。应该让每个国家独立自主，革命力量将因此万众一心，争取胜利。

有人要求休会，讨论的问题被交付表决。

合并的原则可被接受，但马克思主义者代表大会的代表应把他们的委托书交统一的代表大会分国进行审查。

投票赞成的有：英国、奥匈帝国、丹麦、西班牙、法国、葡萄牙、瑞士。

投票反对的有：美国、比利时、荷兰、意大利、波兰。

会议于晚12时20分休会。

第四次会议

(7月17日上午)

会议于9时45分开始。

当选外国代表团主席的是美国劳动骑士团代表鲍恩公民。

当选法国代表团主席的是排字工人小组代表让·阿列曼公民。

当选助理的有葡萄牙代表坎波斯公民和巴黎制桶工人代表雷尼耶公民。

会议书记拉维公民宣读日内瓦工人中央委员会的一份电报："向世界社会主义无产阶级的代表表达衷心的团结情谊，并希望同在彼得雷莱大厅举行的另一个代表大会实现合并。雅科布签字。"

安德烈·热利公民通告外省和外国的代表，劳工协进会办事组准备为他们组织游览，如愿参加，请他们每天上午11时30分前往劳工协进会所在地。7月17日的郊游将是参观麦涅耶和德科维尔的工厂①。

埃皮内特的代表Ch. 安德烈公民说，已经商定，凡有时间的公民今天将陪同外国代表前往拉雪兹神甫公墓瞻仰公社社员墙。

英国代表伊夫利公民和伯罗斯公民提出一项关于大会秩序的动议，要求确定每次会议结束的时间。大会一致决定最迟不得超过中午12时。

主席征求大会代表的意见，是否让每个参加国派一名代表口头讲述本国劳动者的道德和物质状况或宣读一份报告。

美国代表乔治公民和英国代表S. 黑丁利公民认为时间已经浪费很多，建议将有关这个问题的书面报告列入大会的文件，而不必宣读，希

---

① 分别为法国著名的大巧克力制造商和铁路公司。——编者注

望大会立即开始讨论已列入议程的问题。

关于报告是否当堂宣读的问题，分国投票结果如下：

赞成的有比利时、丹麦、西班牙、波兰、法国。

反对的有美国、英国、荷兰。

弃权的有意大利、葡萄牙。

因此，5 票赞成，3 票反对，2 票弃权。大会决定让每个国家宣读一份有关本国劳动者状况的报告。

英国代表要求每份报告不超过 10 分钟。要求获得通过。

美国和英国代表宣布，他们将不作报告。

意大利代表科斯塔公民要求了解昨晚会议投票的确切结果，并想知道大会将如何把决定通知另一个代表大会。

主席阿列曼公民认为意大利代表团可把答复送达，既然它自荐充当两个代表大会的中间人。

芬威克公民建议由大会指定专人去送昨天投票的结果。

德拉科斯特公民表示附议。

菲力浦公民支持阿列曼公民提出的建议。

阿列曼公民的建议以较大多数获得通过。

大会书记拉维公民宣读致分裂派代表会议的下列通告：

"致在彼得雷莱举行的国际代表大会

公民们：

谨以根据巴黎和伦敦国际代表大会的决定在朗克里街 10 号召开的国际工人代表大会的名义，我们将这个代表大会昨天通过的动议通报你们：

代表大会声明，在委托书由统一的代表大会分国进行审查的条件下，可接受合并。

然而，凡委托书遇有争议的代表仍可向代表大会申诉，由大会作出最后决定。

意大利代表团负责将本通告送达。

代表大会办事处

书记 艾·拉维 主席 让·阿列曼"

投票赞成的有英国、西班牙、葡萄牙、奥匈帝国、丹麦、波兰、瑞士和法国。

投票反对的有美国、比利时、荷兰、意大利。

总计：8票赞成和4票反对。

比利时代表德弗内公民接着宣读了关于比利时劳动者道德和物质状况的报告。

他指出，工人完全被排斥在政治事务之外，1830年宪法虽然宣布公民在法律面前一律平等，但仅给缴纳直接税42法郎以上的公民选举权。因此，仅2%的选民间接地参与制定法律，法律也就可被认为是由富人针对穷人而制定的。

争取普选权的斗争正在激烈进行中。

在这"资本家的天堂"里，不存在任何保护劳动者的立法，修道院和监狱竞相争夺劳动者。

经济危机达到如此严重的地步，以致工资在10年内至少减少10%，在许多工业部门，甚至减少30%—40%。

煤矿区爆发了许多流血罢工，不仅为了增加工资和减少工作时间，而且为了维护遭受雇主威胁的结社权；可惜，由于缺少组织，这些罢工未能获得成功。

在深入分析了仅领取"饥饿工资"的男女童工的经济状况后，报告人最后说，比利时工人党相信，通过本次代表大会的讨论，各国劳动者将能找到迅速实现无产阶级彻底解放的新途径。

延森公民接着宣读了有关丹麦劳动者状况的报告。

在对工农业状况作了历史回顾后,他指出社会主义运动在哥本哈根于 1871 年才刚开始,政府力图使用暴力进行镇压。

7 年来,社会主义运动仍在发展,70 个工会组成了 7 个联合会,在哥本哈根拥有 20000 名会员,在外省拥有 5000 名会员,还有一个由 50000 名工人参加的、包括 70 个社团在内的政治团体;在哥本哈根出版 5 份社会主义报刊,在外省有 4 份,还有 1 份讽刺周报。这些数字是最好的证明。

他详细阐述了工农业劳动者在工资和劳动时间方面的悲惨境遇。

他举 1885 年的罢工为例,为争取每小时 40 生丁的工资,机械工人斗争了两个月,募捐了 70 万法郎支持斗争,但罢工仍然失败了。他还告诉大会,细木工人目前正在罢工。他最后说,哥本哈根的工人拥护社会主义,他们为推翻国王和建立共和国而奋斗,并吁请其他国家的工人也行动起来。

西班牙代表随后宣读了报告,由科斯塔公民译成法文。

他说,工人运动于 1848 年开始出现,加泰罗尼亚的针织工人建立了第一个反抗团体,抵制资本家的剥削。

1868 年以来,特别在 1869 年巴塞尔国际代表大会以后,其他反抗团体纷纷发展起来。那时,工人运动以崭新的面目出现;它开始参与旨在推翻国王政府的政治斗争。事实上,争取自由和权利的革命势必得到遭受专制君主压迫的工人的支持。

后来政治和社会主义性质的工人中心也得以建立,并向议会和市政机构派出了代表;工人组织开始从参加的政治斗争中取得好处。

在 1869 年,即在布拉格国际代表大会和巴塞罗那地区代表大会以后,西班牙劳动者国际联合会得以建立,这是一个拥有 7 份报刊(他列举了报刊的名称)的庞大的革命抵抗联合组织。

运动发展十分迅速,如果不是派别分裂一度造成停滞,发展还会迅速得多。社会主义发展之所以不够理想，主要应归罪于派别纠纷；此外，议会决定宣布这些组织为非法。

最大的劳工反抗组织是具有坎坷历史的加泰罗尼亚"蒸汽三阶级联合会"，该组织拥有一份机关刊物和大批会员（70000人）。

制桶工人联合会拥有500名会员，曾同资本家进行了强有力的斗争。金属加工工人全国联盟也组织得很好，等等。

这些组织分属三种倾向：无政府主义派、马克思主义派和可能派，但很难说社会主义的这三种类型中的任何一种在人数和道义力量方面超过另外两种。在纯共和派阵营中也有工人参加，但大部分工人对这个阵营不感兴趣。以上是西班牙工人运动的状况。

主席宣读贝塞日纺织工人工会的一份来信，该工会因最近斗争失败无力派代表专程前来参加大会，指定蒙索莱米纳的矿工波特拉公民在大会上代表他们。

拉维公民宣读上次会议的纪要。纪要被大会通过，只有一点修正，即帕涅尔公民不是伦敦细木工代表，而是工联伦敦理事会的代表。

英国代表 S. 黑丁利公民报告大会接到了社会民主联盟温布尔登支部的贺信。

大会书记拉维公民报告大会接到了社会民主联盟绿色贝特那支部发来的贺信。贺信说，在伦敦的一次群众大会上，人们庆祝了攻克巴士底狱，并悼念了在事件中牺牲的先烈。

书记通知代表，下午2时整将举行会务委员会会议，请全国委员会委员和有关外国代表准时参加。他还告诉代表，迪博斯公民为巴塞罗那罢工工人在大会义卖《无产者的马赛曲》，每份10生丁。

白恩士公民要求组织委员会每天上午提供几份《工人党报》，使代表们能及时了解他们关心的消息。

工会问题委员会报告人勒诺尔芒公民提醒大会代表，他们应向他报告工会的会员人数。

拉维公民告诉大会，瑞士政治流亡者小组决定参加大会。

荷兰、葡萄牙、英国和美国代表把有关本国状况的报告送交大会，不再宣读，以节省时间。

爱尔兰联盟的代表说，他的伙伴曾交给他采自芝加哥烈士墓的一束花草，要他献在公社社员墙前。

会议在正午休会。

第五次会议

(7月17日晚间)

会议于9时开始，由荷兰代表福尔图恩公民和法国代表科莫公民担任主席。助理是意大利代表克罗切公民和圣艾蒂安冶金工人代表西莫内公民。会议书记为H.加利蒙公民。

奥热公民宣读上次会议的纪要。一名丹麦代表作了订正，指出丹麦议会中有一名社会党议员，纪要接着被通过。

拉维公民通报分裂派代表大会在合并问题上的答复。

"致在朗克里街10号召开的国际工人代表大会

公民们：

谨以根据波尔多和特鲁瓦代表大会以及海牙国际代表会议的决定在罗什舒阿尔大街42号召开的国际社会主义工人代表大会的名义，我们把取得全权处理此事的常设办事处关于你们来信作出的决定通知你们。

根据昨天大会上通过的决议，我们的代表大会只赞成两个代表大会实行无条件的合并。

我们过去和现在都没有提出任何限制和任何条件，当然也不接受任何限制和条件。

意大利代表团受委托转达这项通知。

代表大会办事处
书记 雷·拉维涅 主席 威廉·李卜克内西"

若弗兰公民相信，外国代表将会作出公断。我们对分裂派代表大会的社会主义者没有说过一句难听的话。而他们却凭空把阿尔萨斯—洛林当做单独的国家。如果照此办理，他们也完全可以拼凑香槟代表团、诺曼底代表团，如此等等。马克思主义派也许希望用虚假的委托书来欺骗我们，但他们未免过于天真了。

分裂派代表大会派来送有关合并问题答复的代表科斯塔公民对统一未能实现表示遗憾。他认为，对审查委托书的手续问题，完全可以不去计较。他补充说，意大利代表团将列席两个代表大会，但不参加决议的投票。

意大利工人党代表克罗切公民对这些话提出抗议。他将参加唯一正规的代表大会的工作。

关于合并问题的讨论已经结束。除意大利外，与会各国进行了表决。

工会问题委员会报告人勒诺尔芒公民通知与会代表，请他们把本工会的会员人数告诉他。

拉维公民告诉大会，瑞士政治避难者小组决定参加大会。

大会开始讨论议程的第一个问题：

国际劳工立法。法定工作日，白班、夜班和假日劳动，男工、女工和童工的劳动时间，对大小工厂和家庭工业实行监督，实现这些要求的手段和途径。

书籍装订工代表发言。他说，劳动日应定为8小时。生理卫生专家认为劳动时间过长会使肌体疲劳。从政治角度看，也必须缩短劳动日，以便对人民进行政治教育。从道德的角度看，人应该有一定的家庭生活时间，劳动时间过长会影响家庭生活。每星期必须有一天休息。妇女不应就业，而应留下操持家务。儿童应从15岁起开始劳动。对工场的监督不够严厉。如果夜班劳动不能完全禁止，冶金高炉的老板就必须按夜班的工时缴纳一定的捐税。这笔税款将用于养老金和工伤抚恤金。

丹麦代表延森公民说，丹麦劳动者要求实行八小时工作制和禁止夜班劳动和假日劳动。如同法国一样，对工场的监督做得很差，因为督察的职务由资产者包办，工人代表均遭排斥。

塞纳拓印工人抵抗会的代表宣读了关于第一个问题的报告：

劳动日过长造成了生产过剩的危机。妇女应该为抚养孩子和操持家务而争得作为母亲的权利。男子应单独承担起一家的开支。工场中雇用女工和童工使工资下跌。如果妇女参加劳动，应实行与男子同工同酬。最后，必须调节生产，以免出现工人四个月日夜加班和四个月失业的现象。

美国劳动骑士团的代表在全体社会主义者一致同意的原则问题上不再多发议论，他着重探讨了实现原则的途径和手段。在美国，立法行动受到独立各州的限制。另外的困难在于每年有5万名欧洲移民前来美国。资本家可以在半个月内用来自欧洲的工人代替罢工工人。美国制订了一项法律，对欺骗无产者的移民代理人进行制裁。欧洲工人应对本国领导人施加压力，促使他们禁止开办移民业务。美国工人在摆脱外国竞争后，将帮助他们的欧洲兄弟取得解放。

里昂纺织工人和辅助工联盟代表宣读报告。该报告要求制订国际劳工立法，以保护劳动者的利益。这项立法应肯定八小时工作制。与此相联系，还应在日用品价格指数的基础上规定最低工资，这一工作由工会负责执行。老年工人和伤残工人应由社会赡养。禁止妇女从事过重的劳动。童工必须在16岁以上方可录用。

作为手段，该报告建议出席国际代表大会的工人联合会分别向本国当局展开有力的行动，应向各级民意机关不断递交建议，直至以上要求最终实现。

纺织工人工会还要求在新的基础上重建国际工人协会，同时尊重各组织的独立自主。他还建议下次代表大会于明年在瑞士举行。

拉维公民宣读了意大利工人党的报告。他在宣读报告前指出，该党代表克罗切公民不赞同其他意大利代表的行动。

意大利工人党认为，限制工作日对减少工业危机是必需的。它还主张应废止夜班劳动，在万不得已的情况下，夜班工资应等于白班的一倍。妇女劳动应受到保护。童工则应绝对禁止。有组织的工人代表应对工厂实行监督。为实现这些权利要求的最好手段是组织有力的工人团体和不断宣传社会主义原则。

时间已晚，关于第一个问题的报告和讨论将在星期四上午继续进行。

根据勒诺尔芒公民的报告，雕刻工会因其会员包括雇主和工人，被从大会除名。

会议在11时30分休会。

第六次会议

(7月18日上午)

会议于9时开始。

丹麦代表延森公民和巴黎市议会议员杜梅公民当选主席；社会民主联盟代表帕涅尔和里昂代表西蒙德为助理；奥热为书记。

在宣读了4份新的入会申请（外省2份，巴黎2份）后，大会继续昨天开始的关于议程第一个问题的讨论。

社会民主联盟代表沃克公民赞成把实际工作日降低到8小时。英国工联想用组织社团、工会等手段达到这个目的，沃克公民认为这是不够的。工联在花了许多本可更有益地用于其他事业的钱以后，终于懂得为达到此目的的唯一手段是立法。

向上院递交的一份报告承认，工作日在伦敦达16—18小时；女工每天平均挣20苏；童工仅2苏；有手艺的男工每星期可挣20法郎。报告又说，大陆各国的状况更糟。

沃克公民在发言中得出结论说，不应该仅仅要求增加工资，而应该首先把工作日缩减至8小时。这样，工人将能有时间研究和了解社会问题。

君士坦丁代表培列公民认为问题没有提对。如果要保持现有的工资水平，就不应该要求减少工作时间，更不应该谈论星期天休息，因为有些行业每星期仅工作2—3天，其中包括星期天。只要几天的劳动所得使工人能生活下去，工人也就满足了。

英国代表霍博特认为仅仅缩减工作日是不够的。他不久前成功地创立了伦敦煤气工人工会。该工会最初仅有80名会员。不到半个月时间，会员人数增加到5000人。当工会首次提出权利要求时，慌了手脚的雇主当即接受一切要求：增加工资，加班和周末工作工资加倍。唯一的出路是组织起来。

他建议，如果雇主不能解决被机器代替的工人就业问题，机械工人就不给雇主生产机器。

工人只能依靠自己，自己的事情要由自己来办，要向资产阶级表明，工人能够自己领导自己，并能够广泛地改善自己的处境；首先采用和平和合法的手段，然后必要时不惜使用武力。

阿尔及利亚厨师代表苏莱里公民讲述了希法隘口铁路工人最近的一次罢工。他指出，雇主利用沙文主义情绪组织反罢工；他要求外国工人如果工资低于本国工人就不在法国工作。

阿登代表让·巴·克莱芒公民要求减少工作时间而不减少工资；工资应由工会确定；禁止监狱或修道院组织工场或经商，特别是在他所代表的阿登省；采石工应享受矿工待遇；法国的工作应由法国工人做；建立养老金制度；取消童工，儿童应一律接受职业教育；尽可能选举更多的工人充当立法议会议员和省市一级的议员（他举工人党在巴黎市议会选举中取得的巨大成果为例）；最终实现生产资料公有化。

英国代表帕涅尔强调应制定统一的国际立法，包括减少工作时间，由本行业的工人任视察员监督工厂，建立同行业工人的国际组织。社会主义工人党的命运掌握在自己的手里，只要组织得好，它就能做到它所要求的一切。

最后，巴黎理发工人代表勒诺尔芒公民与西班牙代表一起要求：取消职业介绍所，每周休息一天，取消女工和童工的夜班劳动，男女同工同酬，禁止14岁以下的儿童从事劳动。

书记宣读上次会议的纪要，纪要获得通过。

拉维公民代表书记处要求大会同意撤换布吕吉耶的书记职务。大会接受这一要求，改选制桶工人代表雷尼耶公民为书记。

主席指出还有许多法国和外国代表要求发言，讨论占用的时间将会过长，他要求大会就此问题采取措施。

大会决定每个国家将由一名代表发言。

荷兰代表团声明，他们的委托人责令他们参加马克思主义者代表大会，并对中途退会表示遗憾。大会注意到这个声明。

会议在正午休会。

第七次会议

(7月18日晚间)

会议于9时开始，主席是葡萄牙代表菲格雷多公民和法国代表贝尔托公民。助理是英国代表贝赞特女公民和安德烈·热利公民，会议书记是 H. 加利蒙公民。

奥热公民宣读上次会议的纪要，勒诺尔芒公民要求订正，指出所有食品工会要求废除职业介绍所，纪要随后获得通过。

勒诺尔芒公民报告大会，洛里昂各行业工会决定参加代表大会。他还请各工会把会员人数告诉他。

英国代表 S. 黑丁利公民宣读会务委员会关于第一个问题的报告：

"会务委员会认真研究了向代表大会提交的各项报告和建议后，要求大会通过包括绝大多数代表团意见的下列决议：

1. 由一项国际法确定最高工作日为8小时；

2. 每星期休息一天，假日不工作；

3. 尽可能取消男工的夜班劳动，完全取消女工和童工的夜班劳动。

4. 取消14岁以下的童工劳动，对18岁以下的童工实行保护；

5. 全面的、普遍的职业技术教育；

6. 加班每天不得超过4小时，加班工资加倍；

7. 发生工伤事故时，追究雇主的民事和刑事责任；

8. 由工人任命足够数量的视察员，这些由国家和市镇当局付给薪俸的视察员有权随时进入工场和商行，并视察徒工的住地；

9. 由市镇当局或由国家津贴工人建立工场；

10. 教养所和监狱的劳动条件应与自由劳动相同，并尽量从事公共建设工程；

济问题，定期缴纳工会会费，完成自己的任务；以后，当最后的斗争之日到来时，他们将英勇地完成自己的义务。

杜梅公民回答梅利诺公民说：我们应利用资产阶级向无产阶级提供的武器。例如，法国关于儿童和未成年女子劳动问题的1874年法对我们很有用处。尤其在巴黎，它使一些工人参加了地方的监察委员会。雇主们被这一法律所困，不再招收徒工，从而使巴黎市得以设立职业学校。

正是依靠政治斗争，劳动者才能派自己的代表参加民意机构，才能为举行代表大会和向外国博览会派遣代表团争取到津贴，从而密切同各国劳动者的联系。

资产阶级既然就渔业等问题制定了国际立法，就不能拒绝国际劳动立法。

北英格兰矿工代表芬威克公民接着发言。在缩短工作日至8小时的问题上，劳动者只可能有一种意见。劳动立法在每个国家都遇到很多困难，因而必须实行国际立法。

科莫公民通报，台莱姆社会问题研究小组决定参加代表大会。

哥特夏克公民指出会务委员会报告中的几个缺点；他主张应禁止工业使用有毒材料，有些有毒材料，如铅白，很容易改用代用品。

必须建立国际劳动监察机构，视察员有权进入任何国家的工厂和商店。

哥特夏克公民要求会务委员会记下这些意见。

波兰代表利马诺夫斯基指出，劳动立法在专制主义国家里犹如黄粱美梦。例如，在波兰，学校不但不开发儿童的才智，反而向儿童灌输对极权制度的服从，压制他们的才智。

为了实现劳动立法，自由的人民必须帮助被奴役的人民获得解放。

波兰代表还要求把建立世界社会共和国的必要性列入会务委员会的

报告。

丹麦代表认为应禁止小作坊，而代之以行会工场。

英国代表团赞成这个意见。但作为过渡措施，它要求工人劳动视察员对小作坊拥有监督权。

委员会的报告经出席大会的各国代表提出各种修正后，由主席提交大会表决，并得到通过。

英国代表拒绝接受报告的第六项。意大利代表弃权。

会议于晚12时休会。

原定于星期五晚间举行的会议因与市政厅的庆祝活动冲突，改在当天下午2—5时进行。

会议书记　亨利·加利蒙

第八次会议

（7月19日上午）

尽管开会时间较早，代表们到会仍十分踊跃。会议主席为波兰代表利马诺夫斯基公民和锅炉工会代表 A. 杜布瓦公民；助理为苏格兰代表 J. 达尔马·克里斯蒂公民和阿登省代表卢普公民；书记为雷尼耶公民。

波兰代表利马诺夫斯基公民感谢代表大会出于对不幸的波兰的同情，给予该国代表主持大会的荣誉。

代表大会接着投票通过了几项建议，特别是西姆科克斯女公民关于社会主义工人党组织行业抵抗团体的世界联合会的建议。

大会决定把已经通过和即将通过的各项建议交未来的伯尔尼代表会议进一步研究。

阿登省代表团希望应给予夜班劳动较高的报酬，儿童应由国家承担其全面教育。

根据主席利马诺夫斯基的建议，大会表示希望，各民族应保持或恢复其政治自主。

大会宣告，各国人民应竭尽全力争得本民族的社会和政治自由。

大会转而开始讨论议程的第二个问题：

各国工人组织在不损害自主的条件下，为建立经常联系所应采取的最切实可行的手段。

伦敦社会民主联盟总委员会代表亨·迈·海德门公民提出以下建议（在讨论过程中经拉维公民修正补充）：

"代表大会确认各民族能够对本民族采取的政治策略和社会策略作出最好的判断的原则。

为便于国际联络，每个国家的工会可组织一个办事机构。

凡设有全国委员会的国家，各社会主义政党将联合组成类似的办事处，否则，全国委员会将代行办事处的职能。

这些委员会每三个月开会一次，必要时可更加经常，以便共同协商和保持联系。"

海德门公民还说，再没有别的问题能比建立国际工会组织更加重要。直到现在英国社会主义者让工联代替他们参加这些讨论。但他想告诉法国社会主义者，他们在英吉利海峡彼岸的同仁随时准备追随工人权利要求的红旗。

他主张加强国际协商，但各国应该自主制定自己的特殊策略。不应该成立常设的中央委员会，这样的组织势必会具有专制性。只要有一个方便国与国之间通讯的委员会就足够了。他不希望缔结任何有损于民族自主的同盟。

在伦敦，同时存在着较为温和的工联社会主义和较为激进的社会民主联盟。美国、法国和荷兰也有类似的情况。这两种派别应首先按国家协商达成一致，然后再在他刚才谈到的国际委员会的帮助下，实现国与国之间的团结一致。该委员会开会的次数将视有待处理的事务多少而定。

切莫认为缩短工作日和争取每小时工资增加至 4 苏是无产阶级权利要求的目的；雇主将用机器来代替人。

不！必须把眼光放得更远，并把劳动者的解放事业进行到底，也就是说，使劳动者不再是奴隶，把土地、机器和**运输工具**掌握在自己的手里。其余一切都是权宜之计而已。

这篇精彩的演说，经 A. S. 黑丁利译成雄辩的语句后，有力地打动了全体代表的心，他们十分赞赏海德门撇开抽象的思辨，而着重阐明社会主义纲领中可望实现的部分和提出切实的建议。

伦敦工联代表库珀公民对海德门公民就英国社会主义两大派之间的和解所说的话表示祝贺。在他这方面，他全力支持对方表达的愿望、所说的话和所投的票。但他这里只代表个人发言。假如海德门去年就提出关于团结和统一行动的这些建议，工联肯定会授权自己的代表接受建议。

同时，他向大会指出工联议会委员会的不良行径，该委员会竟没有把代表大会法国组织委员会的邀请书分发各工会。

他顺便指出，工联并非如海德门公民所说的那样不求进步。在 1888 年举行的年会上，工联投票赞成了土地和矿山的公有化原则。

他再次表示，将尽一切可能促进工联和社会民主联盟的团结，以便同心协力，为实现劳动者的彻底和普遍解放奋勇前进。

西班牙代表巴尔多梅罗·奥列尔仅作简短发言，由西姆科克斯女公民作翻译；他主张通过国际同盟保护各国的工会联合会。至于通讯委员会，各国均应设立一个。

英国玻璃工人代表格林伍德公民支持成立国际同盟的计划，但他希望应定期就各国劳动者的道德、政治和社会状况进行统计，中央委员会将接受所有这些报告，译成各国文字后通报各国。他指出，在巴黎玻璃工人上次罢工期间，英国玻璃工人因不能读懂寄来的信件，被迫把信件退回。S. 黑丁利公民告诉他说，这一愿望在上次伦敦会议上已经提出过，在此情况下，劳动协进会将负责这项国际通讯工作。

拉维公民以法国代表的名义感谢格林伍德公民在上次罢工期间对法国工人的帮助，并感谢英国玻璃工人慷慨地寄来了5000法郎。

他指出，外国代表长篇论述的职业问题属于工会的范畴，各工会必要时可通过国际通讯和加强联系解决这些问题。

至于各国之间的通讯联系，凡设有全国委员会的国家，这些委员会已足以迅速有效地推动各国间的情况交流。

因此，不必建立国际性的中央委员会，这样的机构可能孕育很多危险。他高兴地看到，出席大会的所有人都持这种主张，他们重视自己的个性和尊严。谁需要有一个高高在上的领导来指挥一切，不妨就让他去试试吧。

中央委员会仅限于向所有人通报情况，但不能发号施令，它要服从委托人的意志。

每个人都将维护自己的个性和独立性，每个人都能自己处理自己的事。这就是本次代表大会发出的骄傲心声。

社会主义不是封闭性的帮会，而是对一切有用人才广开大门的学派。

诺森伯兰矿工代表、英国工联议员芬威克公民指责社会民主联盟一味大哄大嗡，企图把劳动者的地狱用魔术棒一指就变成虚无缥缈的人间天堂。

他认为，根据工联的主张，前进不宜过快，必须按照自己付出的努力来预计可能取得的成果。为了求得进步，最好的办法是加强教育，而工人所缺少的恰好正是教育。必须对工人进行全面的理论和技术教育。

必须使所有人学会法语或英语，这样将使今后的讨论更加简短和更有意义。

他最后重申，格林伍德关于建立一个国际性的统计委员会的意见已经足够，不必按社会民主联盟的代表海德门的办法去做。

会议至此休会。

讨论将在下午的会议上继续进行。

第九次会议
(7月19日下午)

会议于2时30分开始，由比利时代表布朗瓦莱公民和巴黎代表菲力浦公民主持；助理为英国代表约翰·白恩士公民和阿尔及利亚代表苏莱里公民。

拉维公民担任书记。

上次会议的纪要在宣读后获得通过。

英国代表团声明，它拒绝接受关于议程第一个问题的决议草案中的第六项条款，因为他不同意任何加班加点。

拉维公民宣读7月18日上午会议提出的下列动议：

"将成立一委员会，其使命是接受、翻译和分发有关劳动者社会状况和生产状况的各项情况通报。"

格林伍德公民表示，他主张补充海德门的动议，而并非如芬威克公民所说，用另一个动议去代替。为了突出该动议的性质，行文应这样开始："委员会……"

伊夫利公民提出以下草案：

"代表大会提出以下希望：

希望国家和市镇机关通过的法律用英法两种通用语言发表，希望在英法两国中学里同时教授英法或法英两种语言，在其他国家，则至少应采用一种通用语言，如德英、德法、荷英、荷法、意英、意法等等，具体办法可视本国的愿望和需要而定。总之，两种国际通用语言中的一种，英文或法文，应在各国与本国的语言同时教授。"

伊夫利公民进一步指出，英语是各国间的商业语言，法语是外交语言，应该使所有人都能够使用这两种语言。

这两种语言由于它们具有优美的文学，是可以被各国所接受的。这一建议在英国获得各界的欢迎。首相已答应给予关心。

英国代表的建议在表决时获得一致通过。

拉维公民宣读书记处的报告。报告指出，截至当天，法国代表团包括521名代表，分别代表227个工会和社会问题研究小组。外国代表共91名，代表124个工会和工会小组。总计有369个工会和工会小组和620代表出席了大会。

比利时代表韦里肯宣读大会组织委员会就第二个问题提出的建议：

"代表大会希望在各国组织间建立经常的联系，但决心不损害这些组织的独立。

为此决定：

1. 各国社会主义组织间的经常联系应予建立，但这些联系在任何情况下都不得以任何借口损害各民族组织的自主，因为各国对自己国家所应采取的策略能做出最好的判断；

2. 向各行业工会团体发出邀请，敦促它们组织全国性和国际性的联合会；

3. 各国社会主义政党协商创办一份由多种语言出版的国际通讯刊物；

4. 各工人组织应向其会员发放会员证，以便更换地址时能让其他各国的工人兄弟了解其身份；

5. 凡尚未建立全国委员会的各国应尽快建立，已经建立的，应在行业、政治和社会等方面保持国际联系；

6. 各国的全国委员会每年将轮流履行国际通讯的中央机构的职能。该机构不得作出超过其职能的决定。"

组织委员会的报告由出席会议的各国代表团一致通过。

阿列曼公民要求，海德门的修正案不再提付表决。拥有自主权的各国可自行决定是否需要由一个或两个委员会负责国际联系。

大会决定，关于第二个问题的决议的第六项以及格林伍德提出的补充应作以下解释：

"该委员会的使命是接受、翻译和分发有关劳动者社会状况和生产状况的各项情况通报。"

该决议的一份抄件将寄送工联代表大会议会委员会，请它于1889年9月在邓迪举行的年会上提出。

S. 黑丁利公民告诉代表大会说，英国代表团对大会投票通过的各项决议印象很好。英国代表认为，这些决议将使国际组织以崭新的面目出现。

美国代表沃德比公民提出以下决议草案，并获得大会通过。

"国际劳动代表大会宣布，关于缩短劳动日和限制女工和童工的决议，以及各项保护措施只能被认为是关于工业改革的完整纲领的反映。

这些措施在目前是为了保障现时生活，改善劳动状况和让劳动者有必要的休息、教育和组织，而其最终目的则是要让工人能监督和掌握全部生产资料。我们坚信，只有这样才能使劳动者争得全部权利。"

大会接着通过了美国代表鲍恩公民提出的下列动议：

"国际劳动大会谴责把移民当做解决工业危机的办法；这个办法在原则上是错误的，在实践中是残酷的，它只是对迁出国有利，而使迁入国蒙受严重损失。

这对欧洲国家来说是个临时的应急措施，在实现生产资料国有化和正确分配劳动产品后，这就会毫无用处。

大会赞同美国关于禁止包身工入境的法律，希望每个国家的政府在各自的领土上禁止制订包身契约，凡用欺骗手段制造劳工外流者，将严惩不贷。"

西班牙公民富尔盖洛索公民建议创办一份报刊，用多种语言宣传社会主义原则。他建议把为此通过的决议送交负责主办下次国际代表大会的组织委员会。

创办一份以多种语言出版的报刊将大大便于社会主义的国际联系。

大会接着讨论议程的第三个问题：**雇主的同盟和当局的干预**。

科莫公民指出，雇主和资本家往往结成同盟，以挫败劳动者关于增加工资和缩短工作日的要求。政府当局在这些冲突中有干预的义务，但不应像通常所做的那样向劳动者开枪射击。

英国代表赫伯特·伯罗斯说，英国有一些专卖铜器和其他金属的辛迪加。

他认为任何法律都不能阻止这些辛迪加的存在。相反，它们必须予以保存，因为它们是资本的最后杰作。当它们垮台时，生产资料公有化的时机也将成熟。

他宣读了以下的意见：

"大会承认，在资本主义的现状下，很难用法律阻止同盟的成立。大会宣布将尽一切努力推动劳动者组织起来，以便在时机成熟时，利用现有的垄断创造的条件，及时掌握生产资料和交换资料，并使生产资料和交换资料为劳动者服务，而不是为一个阶级服务。"

     提案人 英国玻璃瓶工人代表罗伯特·汉特
        社会民主联盟代表赫伯特·伯罗斯
        美国劳动骑士团代表保罗·鲍恩"

阿列曼公民建议大会于7月20日开三次会议。大会决定仍照常开两次会议。

会议于5时休会。

第十次会议
(7月20日上午)

会议主席是西班牙代表巴尔多梅罗·奥列尔公民和法国代表巴塔耶公民；助理是英国代表库珀公民和阿尔及利亚代表罗日埃公民，书记由奥热公民担任。

在宣读和通过会议纪要后，大会开始讨论议程的第三个问题：**雇主的同盟和当局的干预**。

比利时工人党布鲁塞尔联合会代表洛朗·韦里肯首先发言。

雇主和资本家同盟在比利时十分强大。雇主随心所欲地提高日用必需品的价格和压低工人的工资。必须从所有制方面击中雇主的要害，否则雇主仍将为所欲为。他们把被认为危险的工人逐出工地，通过在工人手册上写上虚伪的评语，使这些工人永远不得录用。在比利时，永远不得就业的工人达两三百人之多。

大多数罢工不能取得成功。于2月开始和在昨天刚结束的克那斯特红石矿工人罢工就是个证明。不幸的罢工工人在饥饿的逼迫下只得屈服。经费有限的比利时工人党做些什么呢？每天送四五百公斤面包给1500名罢工工人？这就要花3000法郎。如果外国工会都能节省开支，支持比利时的罢工伙伴，不仅红石矿的罢工工人，而且整个比利时和全世界的劳动者都能战胜雇主。榜样已经有了。雇主不惜以饥饿威胁工人，迫使工人就范。

如果各国工会互相支援，帮助罢工工人坚持到胜利，资本家必将屈服，工人的收入普遍都能提高。

因此，我们要建立同盟，成立工会和互相支援，胜利与否取决于此。

蒙马特尔高地研究小组代表 J.-B. 尼克公民说，雇主机构应该由国家、州省和市镇当局的行动所替代，后者将收回出让的企业自己经营。他举例说，某些雇主、工头和工长对接待前来视察工地和市镇建设的市镇议会议员十分客气。

国家和市镇应该自己管理公共建设，工价由工会确定。作为过渡，必须强迫雇主接受工会确定的工价，违者处以罚款。

拉维公民解释说，市镇议员没有视察市镇工程和私人工程的权利，因为市镇议会不掌管工程承包书的起草工作。但他又说，市镇当局设有承包商管理委员会，该委员会可确定不准承包市镇工程的营造商名单。

伦敦粗木工代表乔治·迪夫公民提出以下决议案：

"代表大会希望各国分别制定法律，凡不同意按工会的要求支付工人工资和限制工作时间的营造商，不得承包国家和市镇委托的工程。"

他补充说，在伦敦，受雇为国家工作的工人每小时工资比受雇于资本家的工人少15—20生丁，这是故意压价的结果。他又说，在座的贝赞特女公民和库珀公民是世俗学校采购和维修委员会委员，他们只是在雇主同意付工人较高工资的条件下采购货物和交托工程。由白恩士公民任议员的伦敦郡议会也采取了同样的决定。

乔治·迪夫公民甚至要求，这些条件应写入营造工程承包书中。

在伦敦市的泰晤士河航运业，船员仅工作8小时。（鼓掌）

雕塑工代表拉辛认为，在请求当局干预前，必须先取得工人的同意，以便挫败雇主的同盟。工人应首先建立本国的工会，然后再建立工会间的国际联系。当一个地方发生罢工时，各国的有关工会都将接到通知,并采取必要的行动。

报告人阿列曼公民代表会务委员会就第三个问题提出以下决议案:

"考虑到只有当世界无产者组织起来夺取生产力和根据人类集体的利益组织产品的生产和交换时,才是各国和国际的金融同盟和雇主同盟的真正末日;

考虑到工人组织需要作出长期的努力和及早开始;

大会决定:

各国工会组织应迫使当局根据现行法律阻止建立和反对各种旨在垄断原料、日用品或劳动的同盟。"

美国代表伯罗斯公民指出,**托拉斯**作为垄断的一种特殊形式,是资本家为建立单一市场和攫取高额利润的机构。例如,就食盐而言,只容许有一个买方、一个卖方和一个制造人。

托拉斯拥有巨大的力量,但它在有力地影响经济秩序的同时,也促进技术进步和降低生产成本。

例如,美国原有 3000 家炼油厂,今天已集中在一个资本家手里,其余的都已破产。

这些事实上的垄断的出现是资本主义发展的结果。

这些垄断遏制了自由派"经济学家"奉为金科玉律的竞争,使工人面对无所不包的产业主。工人从这里看到,为了求得解放,只有两种手段:一个是过渡性手段,即推行合作化;另一个是彻底的手段,建立公共事业。

目前,一场大战正在进行中,矛头针对着小资本家和小资产者,力图把他们推向无产者的行列。

如果人们要用法律阻止小工业家破产,就会使雇主想到要用法律阻止工人的斗争行动。

当世界的资本集中在微不足道的少数人手里时,社会问题将会变得简单，正如假如只有一个国君时政治问题也变得简单一样。

因此，他建议在决议案中加上以下条文：

"考虑到在资本主义现状下很难用法律制止托拉斯的成立。

大会敦促劳动者尽力组织起来，以便在时机到来时夺取现有垄断资本独占的生产资料和分配手段，并用来为全体国民谋利，而不是为特权阶级谋利。"

让·巴·克莱芒公民认为雇主同盟的形成在法国不同于美国，它们的危险已足以使当局执行现行的立法。他建议制定法律，查究和惩治妨碍组织工会的雇主。禁止雇主为代替罢工的本国工人而雇用外国工人。

此外，他要求各省发放救济，给罢工工人提供资助；当工人面临雇主同盟的威胁时，当局应该为工人仗义执言；禁止向雇主提供武装力量；雇主给外国工人的工资不得低于本国工人；关于同盟问题的法国刑法典第414条和第415条应予废除，投标制应改为定价劳动；追查囤积居奇者；政治团体应取消有损公共产权的契约，取消对公益事业的垄断；反国际法应予废除。

经简短的讨论后，大会一致通过了由伯罗斯公民作了修正的会务委员会决议案。

会议于1时休会。

第十一次会议

（7月20日晚间）

会议于9时开始，许多公众列席旁听。

英国代表贝赞特女公民和拉维公民当选主席；比利时代表德弗内公民和法国公民勒诺尔芒为助理，奥热公民为书记。

主席拉维说，公民们，在上次会议上，我曾告诉你们，都柏林的同志把采自芝加哥烈士墓的一束花草交给了会议组,大会决定将把它奉献在1871年烈士墓前。我们应把这束花草很好保存。巴黎第九区出席本届大会的代表、编筐工斯塔萨尔公民自告奋勇为花束制作了一个框架,现在已经做好。

花束被安放在框架内,呈斧子形,表示将用这把斧子打碎旧世界和建立正义和平等的新世界。

如果大家愿意的话,在外国朋友出发前,我们先确定日期和时间,以便一起把这一纪念物安放在流血牺牲的烈士墓前。

大会决定,明天星期日(7月21日)下午3时在莱克赛朗大厅集合。

大会接着开始讨论第三个问题:**确定下次代表大会的日期和地点**。

德弗内公民以比利时代表团的名义提交下列动议:

"根据本月9日致大会的信件的精神,比利时代表建议下次国际工人代表大会于1891年在布鲁塞尔举行。

比利时工人党全国委员会将负责大会召集事宜。各国凡能证明有6个月存在历史的社团均将接到邀请。

从现在起就确定,代表的委托书必须经过大会代表分国进行审查,遇有争议可向大会申诉。总之,负责召集巴黎国际工人代表大会的组织委员会遵循的惯例均将得到尊重。"

帕涅尔公民要求,"迄至1890年尚不存在的团体不得被接纳参加1891年代表大会"。

书本装订工代表吉拉尔公民发表了一篇布朗热主义的演说,在大会的一片嘘声中结束。他要求仅由各工会负责筹备下次代表大会。

热莱兹公民反对这一建议,指出这无非是为了把社会主义无产阶级的战士排除在今后的代表大会之外。

安特卫普代表哥特夏克指出,他不能同意让工人不谈政治,相反,他将不会参加没有红旗飘扬的代表大会。

大会对比利时代表团的建议进行表决，决议被一致通过。

比利时代表布朗瓦莱公民接着发言，他说：

公民们，我代表社会主义的比利时，感谢诸位确定下届大会在我国举行。我们将满怀信心地和诚挚地迎接我们的社会主义兄弟。我们将不能在市政厅招待你们，也不能举行像昨晚那样美好的庆祝活动，我们将在自己家里，即在属于我们的"人民之家"接待你们，在我们工人用日常生活中节衣缩食省下的钱购置的产业中接待你们。

你们从比利时所得的印象将不同于我们在世界文明之都所得到的印象；但你们至少将会感到，你们生活在决心为无产阶级思想的胜利坚决奋斗的真正社会主义的大众联合之中。（鼓掌）

作为比利时人民的代表，作为比利时无产者的代表，我还想利用这次发言的机会，以在座的全体外国代表的名义，向法国工人党表示我们的感谢。我认为，法国工人党在本届大会期间给各国社会主义者如此美好的接待，将载入无产阶级的史册，永远受到人们的赞颂。

我们应向法国工人党致敬，我个人更有幸亲自表达这种感情，特别对法国工人党全国委员会在本届大会的各项讨论中表现的委婉、周到和分寸表示敬意。（鼓掌）

法国劳动者站在维护社会主义思想斗争的前列。因此，在大会即将结束时，让我们高呼：法兰西万岁！革命公社万岁！国际万岁！（长时间的鼓掌）

下列决议在鼓掌声中被通过：

"国际劳动大会委托会议书记通知纽约美国劳工联合会主席赛米尔·龚帕斯公民，大会已接到他的来信，感谢他向大会提供了有益的情况。

书记向龚帕斯公民表示，强烈希望美国劳工联合会于1890年进行的争取八小时工作日运动将能够取得成功。"

根据议程要求，大会将指定1891年代表大会开会前负责国际通讯工作的全国委员会所在国。

贝尔希公民建议法国，一名英国代表附议。

海德门公民建议比利时。丹麦代表团建议法国。

法国代表阿列曼公民说，比利时和法国一样，都有企图把独断领导强加于世界无产者的马克思主义派。

比利时代表布朗瓦莱回答阿列曼公民说，比利时工人党绝不接受马克思主义派的命令，因为它建立在真正的工会团体的基础上。大会决定选择比利时。包括法国在内的5个国家投票赞成比利时，2个国家投票反对。意大利在投票中弃权。

勒诺尔芒公民代表理发工人团结工会要求大会表达以下意见：在各国取消职业介绍所这一资本主义剥削制度。这个意见获得各代表团的一致通过。

英国主席贝赞特女公民感谢法国方面对外国代表的热情接待。欧美工人代表在国际代表大会会议期间通过了极其重要的决议。例如，缩减工作日至8小时将使工人摆脱牛马般的生活。

社会主义者要求的自由同资产者给予的自由不能相比，前者将解放人类，后者使穷人变成富人的奴隶。

各国无产者的目光注视着革命思想的萌芽地——法兰西。如果共和国蒙受一群无耻之徒的威胁，外国人将在人类唯一的旗帜——红旗——的召唤下，前来援救共和国。

贝赞特女公民的雄辩演说获得与会代表的热烈鼓掌欢迎。

拉维公民以法国代表团名义感谢贝赞特女公民刚才说的话。法国工人党为隆重举行国际代表大会已尽一切可能。分裂之所以发生，对立派代表大会的出现，过错在于一些知名人士企图用指挥棒操纵文明世界的无产阶级。法国工人党问心无愧，因为他们已完成了自己的义务。

今晚的会议由贝赞特女公民主持，这表明大会怀有解放妇女的愿望。

目前，法国正经历着可怕的危机。尽管出现了巴黎1月27日的失败，但共和国绝不会垮台，因为社会主义者决不会放弃自己强烈的信念。

人民将如同1792年、1848年和1871年那样保卫共和国。在完成这一义务的同时，人民将促使社会共和国的早日到来。（长时间的鼓掌）

根据贝赞特女公民的建议，代表大会决定向1889年大会的总书记拉维公民、向法国革命社会主义工人党以及向英国代表和翻译S.黑丁利公民致谢。

以下建议被大会鼓掌通过：

"考虑到经济改革只能是劳动者获得彻底的政治自由和选举权的结果；

考虑到许多国家，例如奥匈帝国，处在压迫和专制制度之下；专制制度不但阻碍社会主义思想的发展，而且用流血和取缔压制劳动者的不满；

大会重申必须在所有国家实行普选制，并向蒙受专制政府压迫的各国社会主义者致以诚挚的敬意，热情支持他们的英勇斗争。

本届大会的会议纪要将付印出版，以成本价出售；参加大会的每个团体应先付5法郎印刷费，以后再领取大会的小册子。"

俄国代表发言指出，由于不能代表俄国工人党（在俄国目前情况下，任何代表都代表不了整个俄国工人党），他不得不在大会讨论的各项问题上投弃权票。

但是，在各社会主义政党之间建立经常联系的问题上，俄国代表由其团体授权声明，赞同大会采纳的建议。他认为必须让各国党保持自主地位，并宣布准备为力促大会决议的实现而努力。

拉维公民在午夜宣布1889年国际工人代表大会结束，与会代表齐声高呼："公社万岁！""国际万岁！""社会共和国万岁！"

告别宴会

第二天，全体代表举行最后一次聚餐。《工人党报》刊载如下报道：

"大会代表于晚6时半在多雷门多梅尼大街275—277号举行盛大宴会。

应邀出席宴会的有350人，其中包括许多妇女和儿童。前来出席代表大会的各外国代表团均派代表参加。

人们注意到，在巴黎市议会的一些议员周围，聚集的人特别多。

大厅装饰着工人党各团体的旗帜和载有无产者伟大业绩和'社会共和国万岁'的条幅。

全体宾客对宴会的招待称赞不已；接待人员的热情周到堪称无微不至，皮科公民的表现尤其引人注目。

英国代表S.黑丁利代表被公推为友谊聚餐会的荣誉主席，法国代表普吕当·德维莱尔和比利时代表布朗瓦莱任主席。

在荣誉席就座的有匈牙利代表多罗西公民，西班牙代表希里盖拉公民，葡萄牙代表菲格雷多公民，意大利代表克罗切公民，比利时代表韦里肯公民，丹麦代表J.延森公民，波兰代表利马诺夫斯基公民，瑞士代表波拉尔公民，法国代表阿韦公民，巴黎工会代表多巴奈公民，外省团体代表利穆赞公民，阿尔及利亚团体代表马谢拉尔多公民，全国委员会代表拉维公民和阿韦公民；巴黎市议会代表法伊埃公民，劳动协进会代表布吕内公民。宴会结束时，布朗瓦莱和S.黑丁利公民首先发言，他们的充满幽默感的演说激起了狂热的掌声。

拉维公民在即席演说中向各外国代表致谢，感谢他们促成了大会的圆满成功。

宴会很晚才结束，劳动协进会接着又举行鸡尾酒会，每个人在告别时都带着这次亲切的庆祝活动的美好回忆，这正是国际代表大会闭幕的象征。"

附　录

国际工会代表大会报告

(1888年11月6—10日于伦敦)

前　言

在大不列颠举行的第一届国际工会代表大会刚刚闭幕。过去在法国曾经举行过几次类似的大会。最近这次在伦敦举行的大会，其起因是英国工联代表大会书记 H. 布罗德赫斯特议员先生收到（巴黎的）M. 扎布斯奎尔的来信，他在信中敦促1883年的诺丁汉大会迈出推进工会组织之间良好的国际理解的第一步。这封邀请参加1883年在巴黎举行的大会的信是以法国工人党全国委员会的名义发出的。这封信接着说，会议将讨论如下主题：第一，"关于就工作条件、工作时间、作坊和工厂卫生进行国际立法的可能性"；第二，"工人，特别是工会会员，能够在其他国家而不是自己的国家工作的前提条件"；第三，"在各国废除那些给工会之间持久的国际关系制造障碍的法律的措施"。随后，M. 扎布斯奎尔的信接着说，没有经济组织极其完善和极其有力的英国工会的出席，法国工人将不能处理好上述主题。

随后，诺丁汉大会授权议会委员会，如果对于信中提议的巴黎大会以及打算参加这次大会的代表们的诚意感到满意，就任命一个代表英国工联代表大会的代表团出席巴黎大会，并要求它代表英国工会。议会委员会最终指派议会委员会主席 A. W. 贝利先生、司库 J. 伯内特先生以及书记 H. 布罗德赫斯特议员先生出席1883年10月29日的巴黎代表大会。来自伦敦排字工人协会的 C. J. 德拉蒙德先生、G. 西普顿先生、E. 科尔森先生以及 H. R. 金先生代表工联伦敦理事会，而 E. 特罗先生代表北英格兰钢铁工人，戴维先生代表成衣工协会，以及其他等等。

这次代表大会的结果是组织1886年8月在巴黎举行另一次大会。在这次大会上，大不列颠工联代表大会议会委员会由J. 莫兹利先生代表，工联伦敦理事会由C. J. 德拉蒙德先生和W. 琼斯代表，机械修理工联合会由J. 伯内特先生代表，铁路服务员由E. 哈福德先生代表，伦敦排字工人协会由J. 加尔布雷思代表，钢铁工人由E. 特罗先生代表。

在巴黎的这次大会之后，法国工人委员会送来了一个议题提纲，要求英国工会在英格兰组织一次国际大会进行讨论。对此，议会委员会向赫尔工联代表大会提交了一份有关问题的特别报告，会议对这一问题进行了讨论并通过一项决议，决议认为适宜于1887年在英格兰举行一次国际工会代表大会。

然而，议会委员会未能找到组织这样一个大会的方法，它决定把这一结果报告给1886年9月举行的斯旺西代表大会。报告被提交大会，它最终作出决议，指示议会委员会于1887年在伦敦举行国际工会代表大会，并明确规定，英国工联代表大会的议事规则——无论是有关出席大会的外国代表的资格，还是有关程序形式的规定——应该受到严格的遵守。随后，议会委员会以英语、法语和德语发出邀请通知，它包括英国工联代表大会议事规则的摘要，指明参加大会的条件。接受这些条件被视为将会遵守它们。包括会议的详细记录的1883和1886年巴黎代表大会的报告已经出版。

国际工会代表大会致工会联合会及工会理事会官员

先生们：

我们必须提醒你们国际大会即将召开，它将在伦敦西邮区纽曼街、牛津街圣安德鲁大厅举行。我们恳请你们在附上的证明材料表格中填上你们代表或代表们的姓名和住址，并在10月22日前寄回本办公室。

大会将于11月6日（星期二）举行。大会的官方语言是法语；不会讲法语或英语的代表必须自己对翻译事宜作出安排。

议会委员会主席将主持大会开幕式，并发表欢迎外国代表的讲话。随后大会将选举自己的官员，并任命一个委员会审查所有证明材料，以确定它们是否符合邀请条件。

以法语或英语撰写的关于各有关国家劳工状况的报告，将由各代表国家提交。

讨论的主题将包括：

第一，消除外国自由结社障碍的最有效手段。

第二，各国工人结社的最有效方法。

第三，缩短劳动时间对生产的限制。

第四，是否欢迎国家对劳动时间作出规定。

对于每一主题，代表只能作一次发言。宣读文件者或提出决议者允许发言半小时，其他发言人不能超过15分钟。

投票按国家进行。

大会每天早10点召开,下午1点休会,2点继续,5点休会。

在大会召开前一天,即星期一晚,英国工联将举行外国代表招待会。

您诚挚的

英国工联代表大会议会委员会

G. 西普顿,**主席**　　T. 伯特威斯尔

E. 哈福德,**副主席**　J. M. 杰克

H. 斯莱特,**司库**　　W. 英斯基普

J. 莫兹利　　　　　　J. 英格利斯

W. 克劳福德　　　　　J. 绥夫特

Hy. 布罗德赫斯特,**书记**

1888年9月于伦敦斯特兰德白金汉大街19号,西中央邮区

特别提示

10月22日后不再接受任何证明材料。除非直接寄往大不列颠和爱尔兰工联代表大会书记——Hy. 布罗德赫斯特,伦敦斯特兰德白金汉大街19号,西中央邮区,否则任何信件都无法得到关注或知悉。

参加1888年11月于伦敦举行的国际工会代表大会代表的姓名和住址，协会名称及成员人数

英国代表

协会名称	成员人数	姓名及住址
英国工联代表大会议会委员会	……	西普顿，G.，伦敦怀特弗莱尔大街2号，东中央邮区 哈福德，E.，伦敦科尔布鲁克街55号，北部邮区 斯莱特，H.，太平绅士①，曼彻斯特 C.-on-M. 迪西路69号 莫兹利，J.，太平绅士，曼切斯特大安考兹大街布洛索姆路3号 克劳福德，W.，议员，达勒姆北路14号 伯特威斯尔，J.，太平绅士，阿克灵顿圣詹姆斯大街尤班克大厅 杰克，J.M.，格拉斯哥圣以诺广场28号 英斯基普，W.，莱斯特锡尔街17号 英格利斯，J.，格拉斯哥布坎南大街172号 绥夫特，J.，曼彻斯特托马斯大街市场大厦 布罗德赫斯特，Hy.，议员，伦敦河岸区白金汉街19号，西中央邮区

---

① 太平绅士（Justice of the Peace，简称 J. P.）是由政府委任民间人士担任维持社区安宁、防止非法刑罚及处理一些较简单的法律程序的职衔，又译为治安法官、治安官。——译者注

(续表)

协会名称	成员人数	姓名及住址
全国鼓风工人联合会	4500	斯诺，W.，米德尔斯伯勒艾伯特路 20 号
全国锅炉和铁船制造工联合会	26500	奈特，R.，泰恩河畔纽卡斯尔耶斯蒙特区阿奇博尔德巷 28 号 艾伦，T.，伦敦波普勒区不伦瑞克街布莱尔路 22 号，东邮区
装订工联合会，伦敦	923	金，H. R.，伦敦哈顿公园区柯比大街 20 号，东中央邮区
牛皮纸账户装订工联合会，伦敦	400	洛克，E.，伦敦哈克尼伦敦路格兰斯登大道 20 号，东邮区
装订妇女雇员协会	250	怀特女士，伦敦索霍区麦克斯菲尔德大街 5 号，西邮区
制鞋工协会	4000	查普曼，W.，伦敦波普勒区哈克尼路不伦瑞克街 25 号，东邮区
全国制鞋铆工和修整工联合会（伦敦市分会）	1824	弗雷克，C.，伦敦哈克尼路斯考费尔街 103 号，东邮区
砖匠协会（伦敦市分会）	6754	科尔森，E.，伦敦萨瑟克桥路 46 号，东南邮区
细木工协会	1200	摩尔根，J.，伦敦伊斯灵顿特伯顿大街 30 号，北邮区
细木工联合会	1150	帕涅尔，W.，伦敦皮姆利科区西伯恩大街 26 号，西南邮区

(续表)

协会名称	成员人数	姓名及住址
细木工联合会（第5、6和37支部）	180	霍伊东克，A. A.，伦敦海格特区哈格雷夫公园路约克公馆1号，北邮区
木工总联合会	2000	马特金，C.，伦敦西肯辛顿公园苏尔格雷夫路161号，西邮区
雪茄制作工协会	838	库珀，B.，伦敦士得利园170号，东邮区
纸烟制作工和烟草切割工联合会	249	罗什曼，M.，伦敦商业路克里斯蒂安大街30号，东邮区
联合王国四轮马车制造工协会	4800	金盖特，C.，米德尔塞克斯哈罗区哈夫洛克路莫德尔别墅
达勒姆郡煤矿机车工协会	1184	兰布顿，W. H.，达勒姆西希尔26号
达勒姆煤矿技工协会	1500	特罗特尔，L.，达勒姆阿瑟顿大街6号
伦敦排字工人联合会	7400	明特，R. W.，伦敦坎贝威尔格雷斯路16号，东南邮区 德拉蒙德，C. J.，伦敦弗利特大街拉凯院3号，东中央邮区
纺织工人联合会	16844	阿什顿，T.，奥尔德姆罗克大街纺织工办事处
纺织工人地方联合会	4000	鲁宾逊，J.，博尔顿圣乔治路77号
女装裁缝、女帽及斗篷工人联合会	35	阿迪斯女士，伦敦马里勒伯尼路129号，西北邮区

（续表）

协会名称	成员人数	姓名及住址
机械修理工联合会	52635	伊夫利，W. H.，伦敦老查尔顿区查尔顿巷利宅，东南邮区
机械修理工（博尔顿区）联合会	1176	曼，T.，博尔顿迪恩斯盖特街96A号
机械修理工（西伦敦支部）联合会	255	白恩士，约，伦敦巴特西区威克斯雷路56号，西南邮区
毛毡帽制作工——制帽工联合会	1900	鲁宾逊，F.，伦敦老肯特路达尔文大楼131号，东南邮区
全国无色玻璃制作工友好协会	2000	莱斯特，J.，伦敦贝尔韦代雷路新月街1号，东南邮区
郎达谷家用煤协会	1273	威克斯，M. W.，庞特普里斯塔夫大街15号
大不列颠钢铁工人联合会	6000	特罗，E.，达灵顿格兰奇路8号
铸铁工友好协会	12000	海伊，W. H.，伦敦新肯特路200号，东南邮区
平板印刷工人联合会	1950	凯利，G. D.，曼彻斯特上布鲁克大街73号
火柴女工联合会	666	查普曼，萨拉，伦敦哩尾天鹅广场2号，东邮区 贝赞特，安妮（女士），伦敦弗利特大街布弗里街34号，东中央邮区
达勒姆矿工联合会	30000	威尔逊，J.，达勒姆北路14号 卡林，P.，泰恩河畔布拉格登

（续表）

协会名称	成员人数	姓名及住址
诺森伯兰矿工联合会	12000	伯特，T.，议员，泰恩河畔纽卡斯尔洛瓦伊内街35号 芬威克，C.，议员，莫珀斯西维尤
北约克郡和克利夫兰郡矿工联合会	2000	罗兰，R.，约克郡索尔特本（临海）鲁比街19号
郎达矿工联合会	15000	亚伯拉罕，W.，议员，庞特普里斯彭特街
西坎伯兰矿工联合会	2500	夏普，A.，坎伯兰马里港约翰街56号
全国矿工联合会	50000	科韦，E.，约克郡诺曼顿沙勒斯顿煤矿 扬，R.，泰恩河畔纽卡斯尔皮克顿广场17号
爱尔郡矿工联合会	1000	哈第，J. K.，爱尔郡卡姆诺克矿工联络处
印刷工人联合会	260	皮科克，W.，伦敦沃尔沃思东大街222号，东南邮区
苏格兰铁路服务员联合会	3250	泰特，H.，格拉斯哥西里真特大街65号
船木工联合会	4057	威尔基，A.，泰恩河畔纽卡斯尔圣尼古拉斯大楼3号
联合王国船木工混合联合会	5000	米灵顿，W. G.，赫尔阿盖尔大街16号
铁匠合作联合会	500	怀特，R.，盖茨黑德阿伯特街98号
裁缝混合联合会	15409	基尔，G.，曼彻斯特皮卡迪利区布斯大街卡克斯顿大楼8号

（续表）

协会名称	成员人数	姓名及住址
裁缝（西伦敦区）联合会	1500	帕里什，W.，伦敦乔克农场贝尔蒙特大街102号，西北邮区 麦克劳德，E.，伦敦克拉珀姆公地马尼路49号
苏格兰全国裁缝贸易保护互助会	2866	麦克莱恩，N.，爱丁堡达尔赖路62号
马口铁工人（伦敦）联合会	620	迪恩斯，J.，伦敦商业路安特克里夫街8号，东邮区
布里斯托尔、西英格兰和南威尔士互济会	2600	福克斯，J.，布里斯托尔坎伯兰路阿尔比恩广场3号
工联赫尔理事会	4000	麦迪逊，F.，赫尔圣约翰林亚历山德拉路橙树道6号
工联伯明翰理事会	3100	坦纳，J.T.，伯明翰爱德华大街弗洛伦斯广场
工联博尔顿联会理事会	8600	菲尔丁，J.，太平绅士，博尔顿圣乔治路77号
工联布拉德福德及地区理事会	3000	霍林斯，J.，布拉德福德哈夫洛克大街48号
工联爱丁堡及地区理事会	7500	布莱基，T.，爱丁堡圣约翰大街13号
工联利兹及地区理事会	4000	贾奇，J.，利兹科堡大街6号
工联莱斯特理事会	2276	霍姆斯，J.，莱斯特米尔斯坦巷11A

（续表）

协会名称	成员人数	姓名及住址
工联伦敦理事会	25320	凯格尔，W.，伦敦商业路瓦尔登大街28号，东邮区 加尔布雷恩，J.，伦敦克莱肯威尔区圣约翰广场银行会所50号
工联设菲尔德联合理事会	4370	厄特利，S.，设菲尔德皮茨摩尔路145号
工联绍斯波特及地区理事会	550	思雷费尔，T. R.，绍斯波特萨塞克斯路19号
工联斯旺西理事会	709	比万，W.，斯旺西鲁丁公园路87号
伦敦妇女工会理事会	450	西姆科克斯，E. J.，女士，萨塞克斯梅菲尔德区伍德莱
米德兰郡工会联合会	2000	尤金斯，R.，斯塔福德达拉斯顿新大街60号
布莱克本纺织工人联合会	10000	布朗，E.，布莱克本剑桥大街36号

比利时代表

协会名称	成员人数	姓名及住址
根特建筑业联合会	355	范贝韦雷，埃德蒙，根特特勒诺夫大街
比利时全国雪茄制作工联合会	1000	文德尔曼，亚历克西，安特卫普巴斯大街146号工人联络处
根特纺织工人协会	500	博得维恩，P.，根特菲尔斯市场福尔茹特楼
亚麻纺织男工女工协会	500	贝尔布洛克，查理，根特菲尔斯市场福尔茹特楼

(续表)

协会名称	成员人数	姓名及住址
裁缝熟练工联合会	200	阿洛伊斯,斯图伊克,布鲁塞尔帝王大道14号
全国制铁工人联合会	1327	皮埃龙,埃瓦里斯特,布鲁塞尔尼诺路52号
拉埃斯特尔阿贝尔煤矿矿工联合会	200	卡夫罗,斐迪南,拉埃斯特尔煤矿
印刷工人自由联合会	690	德尔波,安东,布鲁塞尔吕布洛克大街31号
根特印刷工人联合会	85	安塞尔,爱德华,根特让邦大街88号
比利时木工联合会	565	萨斯,弗朗索瓦,布鲁塞尔林内大街94号

荷兰代表

协会名称	成员人数	姓名及住址
砌砖工联合会	600	范吉尔斯特,A.,海牙马拉卡大街92号
细木工协会	104	约什,威廉·弗里德里克,海牙科林大街505号
荷兰木工协会	750	范阿斯多克,A,海牙拉格温大街50号
海牙铁工联合会	1783	范登斯塔特,P.,Jbr.,海牙库格范德岑
油漆工协会	385	范埃默内斯,A.,海牙左戈利特大街225号
阿姆斯特丹油漆工协会	600	克森迈耶尔,J. H.,阿姆斯特丹布勒特大街13号
阿姆斯特丹制糖工人联合会	280	沃兹玛,F.,阿姆斯特丹宾能多默大街19号
荷兰烟草工人联合会	960	特梅尔斯,E.,雅科布·范勒内普大街24号

(续表)

协会名称	成员人数	姓名及住址
"一切为了大家、大家齐心努力"海牙印刷工人协会	123	弗里恩，W. H.，海牙拉格温大街42号
社会民主主义印刷工人联合会	261	格斯特曼，G.，海牙德根大街87号

丹麦代表

协会名称	成员人数	姓名及住址
丹麦工会联合会	20000	克里斯滕森，P.，哥本哈根罗梅大街9号 延森，J.，哥本哈根艾尔默大街22号

意大利代表

协会名称	成员人数	姓名及住址
意大利工会联合会	20000	拉查理，康斯坦丁诺，米兰卡迈恩路

法国代表

协会名称	成员人数	姓名及住址
全国妇女联合会卢瓦尔区联合会，联合会办公室和社团小组	3250	西莫内，古斯塔夫，圣艾蒂安奥古斯丁·杜普雷大道1号 德维兹，路易，肖汀马朗内路普罗隆热公馆
细木工工会	700	拉莫特，J. B.，巴黎巴斯弗洛街10号
木工协会	450	托尔特利耶，—，巴黎米尔拉街24号

（续表）

协会名称	成员人数	姓名及住址
制桶工人协会	180	雷尼耶，—，塞纳，小沙托沙朗通街
铸铜工人工会	1779	博纳尔，E.，巴黎阿曼迪耶街35号
小学教师联合会	95	拉维，A.，巴黎德让街7号
雇员联合会	2223	热利，A.，巴黎17区马里耶区11号
技工联合会塞纳分会	1500	蒙塔，阿道夫，巴黎梅尼孟丹街84号
铁工联合会	309	杜布瓦，A.，巴黎圣安东郊区137号
巴黎劳工介绍所	140	黑彭海姆，—，巴黎圣菲尔若街67号
法国凸版印刷工人联合会	5500	科伊费尔，A.，巴黎博瓦索纳德街
塞纳制铁工人联合会	14772	圣马丁，巴黎商业街12号
卢瓦尔矿工联合会	3000	龙代，M.，卢瓦尔圣艾蒂安阿朗广场
（铜木）乐器制作工人联合会	150	穆森，—，巴黎欧仁·休街16号
全国工会联合会	10000	菲尔若，G.，里昂圣塞巴斯蒂安坡21号
钢琴及管风琴制作工联合会	775	当蒂，J.，巴黎圣雅克街175号
水暖工和镀锌工协会	200	图纳，T，阿夫里库尔拉弗洛利亚街13号
雕刻工人互助会	384	戈特，让-巴蒂斯特，圣皮埃尔·阿姆洛路13号

主席致开幕词

各位代表同事：

我非常高兴在此以议会委员会主席的身份，代表联合王国工联主义者向我们的外国朋友到访大不列颠表示诚挚和友好的欢迎。

委员会也希望我向英国代表们表达我们真诚的感谢，通过委派到会的人数众多的代表，他们和他们所代表的组织的利益与这次大会的进行明显地联系在一起。

我们相信参加这次大会的代表会觉得在我们首都的短暂停留是惬意的，相信我们希望相互传达的有关各个代表国的工人的实际情况对于彼此都将是有用的，相信我们商议的结果将会成为各国辛勤的劳动者更快走向富足的行动的实际基础。

这是在我国召开的第一个具有自己特色的大会。它是在组织起来的工联主义者的要求下召开的，而且我们已经声明，只有那些持有类似立场的人才会对它作出回应。因此，在这种情况下，在我不揣冒昧向你们作的讲话中，我想请求大家注意我们今天所发现的那些隐藏在深处的促使工联主义发端和发展的更伟大的历史事实；我想谈谈工会给整个社会共同体带来的有益之处，并指出我认为工联主义在未来的工作是什么——而不试图大谈详细的方法来耽误大家的时间。我会——在把我的意思表达清楚的同时——尽可能简短地指出那些构成我们民族进步的伟大路标的事件。

到会的英国代表还能清楚地记得，在政府于 1874 年更替之后，一个由英格兰最高法院首席法官亚历山大·科伯恩男爵担任主席的皇家专门调查委员会被委派来调查某些劳工法的执行及结果。次年该委员会的报告被提交议会。这个报告在很多方面都极有价值,但它的结论和建议却遭到我国有组织的工会的强烈反对。然而,后来的内务大臣理查·克罗斯男爵——现在是克罗斯子爵了,把整个报告抛在一边,向议会提出了种种随后得以通过成为法律的措施,而这些措施大部分比委员会提出的建议有过之而无不及。看来我有必要简短地谈一谈这个报告,因为它既包含该委员会委员们的重要言论,也包含几个世纪以来压迫我们劳动人民的种种法律的证据。这至少在某种程度上能够使我们认识到我们劳苦大众现在的处境与多年以前的处境的巨大差异,使我们把注意力放到令我们的社会改善到现在的程度的那些手段,也告诉我们,在那段漫长而痛苦的日子里,我国法律对我们劳动人民的先辈们所作的规定和控制是何等令人发指。

我们的一个大作家说过,你可以轻而易举地教会一个学童记住并背诵一长串国王的名字,告诉你打赢或输掉的大战,但你很难培养出一位会描写导致人们的习惯和环境发生彻底变革的巨大的社会变化的历史学家。

历史学家通常很少或者压根不会谈到工人阶级,如果我们想了解有关他们的事情,我认为正确的方案——这是我今天的目的——是,洞悉那些不时被颁布来对付工人的法律的特质。然后人们就会明白,这种特殊立法的意图是无情地压迫和野蛮地对待我们工人——无论是在职的还是失业的工人,而且它也确实是这样做的。

在我国通过的第一个对劳工产生影响的法律是在爱德华三世在世时通过的——他于1327年登基,法令的名称是爱德华三世23年法令。在我刚刚提到过的那份委员会委员们的报告的序言中,委员们承认,该法令是为了在人口因过去被称为"黑死病"的瘟疫而减少的情况下专门对付劳动人民而通过的。在很多城镇，这种可怕的疾病夺走了半数居民的生命，导致对劳工的巨大需求，这自然致使工人阶级要求更高的工资。

然后委员们使用了这样的字眼：

"为了领主和土地所有者的利益，它得以制定……"

现在来看看法令本身奇特的语言。它这样说：

"每一个有劳动能力和60岁之内、不经商、不从事任何手工业、没有自己的谋生手段、没有自耕地、也不为他人工作的男女，在被提供正常的工资的情况下必须工作。

如果他拒绝——他将被押送监狱，直至他找到将从事的工作的担保人；如果他在约定的期限前离开工作，他将被监禁。任何人不得支付高于旧工资的薪水，违者以罚没其所支付薪水的两倍处罚金论处；如果工人得到高于旧工资的薪水，将被押送监狱；高出的部分将被用于抵减该镇或区直接上缴国王的商业税。"

根据两年之后通过的另一个被称为爱德华三世25年第2号法令的法律的规定，运货马车夫、扶犁手以及其他雇工应该整年工作，而不是按日工作，不得离开他们冬天居住、夏天劳作的城镇。畜牧业雇工以及某些技工的工资由该条例规定。皮匠和鞋匠必须以爱德华三世20年所规定的方式售卖皮鞋。如果雇工和技工离开他们的工作到其他郡县，治安官应发出传票，将其逮捕并带回。

我讲完了对1875年委员会报告的评论，但还有一项在这位国王在位时期通过的被称为爱德华三世37年律目3的法律，它值得尤其注意一下。这个法令首先确认约翰国王颁布的宪章，继而对各种商品的价格和各个阶级的服装作出规定。在这一点上，该法律的目的看来是刺痛那些以劳动为生的人。法令宣布：

"一切私人财产或动产不足 40 先令的人除了每码 12 便士的毯子和植鞣胚革，不得穿戴任何一种布料，他们应系与其财产相符的亚麻腰带，他们的饮食应符合他们的身份，不许逾矩。"

对于该法令的这一部分，一位辛辣的作家不无讽刺地评论说：

"因此很清楚，那时的统治者担心普通百姓犯暴饮暴食之罪①。"

你我可以确定地说，这样的法律现在不再是必要的了，但是过去的立法者们似乎迫切希望那些大部分由劳工组成的人应该通过他们粗糙和廉价的衣物来感受到他们的地位。随后在理查三世时期也通过了种种法令，其目的是不让劳工离开居住地到其他地方去寻找工作，并对他们应该劳动的时间和应得的工资作出规定。

造成修道院遭到镇压的大革命使许多人在这个国家以乞讨为生，这无疑导致极度残酷地压制流浪的法律得以一个接一个地制定。有劳动能力的人必须工作，如果他们拒绝，法律不会对他们心慈手软。所有的作家都赞同不劳动就应受惩罚和监禁。

在引用 1875 年委员们的报告时，我试图表明那些足够幸运得到工作的人们受到怎样的对待，现在让我把你们的注意力集中到那些不能找到工作的绝大多数人的身上。为此目的，如果我以法令本身的蛮横的语言读一下爱德华六世登基之年通过的一项法令的节录，人们或许会更加深刻地认识到这一点。该法令规定：

"鉴于懒惰和流浪是一切偷窃、抢劫，一切罪恶行为以及其他事端的泉源，

---

① 暴饮暴食是天主教所说的七宗罪之一。——译者注

兹规定如下：除非残疾、无劳动能力，年事过高或身患疾病无法工作，任何一个人，不论男女，像无主之仆或像乞丐一样连续三天无所事事地在路边或街上闲逛，如果没有人带走他们、给他们工作以赚取饮食，或者是他们被带去工作之后，在他们和他们的雇主议定的期限中随意离开工作，这样的人应因游手好闲被扭送最近的两位治安官，后者应让人在游手好闲者胸口上用烙铁烙上'V'字①，并把他判给扭送他来的人做两年奴隶，主人只用给上述奴隶面包和水，或者少量的酒，不用给肉食，通过鞭打、链锁以及其他方法，让上述奴隶干最恶劣的工作或劳动。如果上述奴隶逃跑，两位治安官应让人用烙铁在这名奴隶前额或脸颊上烙上'S'字②，并判处逃跑奴隶永为上述主人的奴隶。如果该名奴隶再次逃跑，那么每次逃跑都应被判处重罪，这样逃跑的奴隶应被视为重罪犯，判处死刑或其他重刑。"

这样的情况已经成为过去，最终这种立法被通盘废除，为伊丽莎白女王执政时通过的一项名为《劳工法》的法令所统一。尽管这项法令在一定程度上针对游手好闲，但其主要目的是强制工作和就近工作。在各个国王统治期间通过了一系列残酷的法律，这些法律一直生效到上世纪来临。

人口增长，由于不同原因造成的变化了的社会条件，加上政治变革，致使我上面提到的立法阶级为其他类型的阶层取代。然而，在乔治一世统治期间，在一项名为乔治一世7年律目13的法律中，议会批准了一项控制"熟练成衣工"的措施，这项措施宣称成衣工一方争取更高的工资或减少工作时间的一切尝试都是非法的，任何犯这种罪的人都应被送到感化院做两个月苦工。法令随后对他们的工作时间和薪水作出规定。他们在春季应得到每天不高于2先令的工资，其他9个月的工资

---

① "V"是英文"vagabond"（游手好闲）的第一个字母。——译者注
② "S"是英文"slave"（奴隶）的第一个字母。——译者注

不得高于每天1先令8便士。他们应从早上6点工作到晚上8点。雇主被禁止提供优于上述规定的待遇，违者予以处罚。

因此，摆在我们面前的事实是，在400年过去之后，劳工几乎没有取得什么进展，实际上处于雇主阶级奴隶的境地。我们同样看到，作为乔治一世时期标志的那种对工人阶级的敌对和排斥精神恰恰就是过去400年立法的特征。

尽管劳苦大众表面上屈从于几个世纪以来通过的不公正的立法的暴行，但抗拒它的决心已经在悄无声息地凝聚起来。在上世纪期间，对我们的今天的生活条件产生强烈影响的那些因素已经开始活动。

乔治二世20年律目19的法令把一个新的原则引入这个部门的法律，为延续到我们时代的那种立法奠定了基础；我们许多在这个大厅中的人都参加了为废除这个法令而进行的鼓动活动。

这项法令赋予治安官从速处理主人和法令中列举的各种仆役之间争端的司法权，它后来被乔治六世31年律目52的法令延伸到各种工人。

直到上世纪最后几年，我们现在的工会的实际雏形才明显地展露出来，它的目的是对付这种影响工人的法律。随后，积极而明确的进展无论如何都开始了。在工人阶级中，一种新的精神——一种决心参与制定他们的劳动待遇和条件的精神——展现出来。

虽然法律反对一切具有工会目的的组织，不过工人还是在全国各地组成了某种类型的地方联合会，这些联合会有时不顾法律的惩罚反抗雇主的暴行。在组成这些联合会时，我们已经从每个工人孤立的状态走出来融为一体。尽管这些联合会力量不强，但它们很快就能使工人相互沟通看法，并把过去激励前人不断斗争的一种个人英雄主义的传统传递下来。但在这一时期之前，为我们现在享受的自由所付出的个人牺牲却是无穷无尽的，我们只能通过我们所知道的真实事例来推测工人阶级所曾遭受的苦痛。

概括性的语言并不总是有说服力的，如果我举出一起上世纪老贝利街①对一些伦敦图书装订工的起诉的例子，可能更为合适。图书装订工联合会于1780年成立。工人们走出的第一步是努力把他们每天的工作时间减少一小时。如果我把几篇这些工人公布的文件的复印件的简短摘要读一下，他们在100多年前采取的方针将得到最好的说明，并且与我们当前的斗争形成对照。

几乎伦敦所有的熟练图书装订工都参加了在博街绿人酒吧举行的第一次重要会议，他们全体一致表决通过了减少1小时工作时间运动。最后，这些协会为此目标组成了各个委员会，决定于1786年3月在4家最大的工厂使用新工作时间，提前一周通知工厂主，不管他拒绝与否。这个举动遭到每一个工厂主的拒绝。接下来发生的事情从下面一份刊印在大布告上、后来刊登在1786年5月《先驱晨报》上的对公众的讲话摘录中可以看出来：

"80多人在没有被提前告知的情况下遭到解雇，仅仅是因为他们行业内的少数人支持或认为，在他们辛苦的行业中，一天工作13个小时已经足够长了——规定的工作时间是从早上6点到晚上8点，一般的工资为每周15至18先令，少数工人是1基尼。"

讲话接着说，工厂主们并不满足于此，他们使这些工人不断被其他工厂主解雇，并——大量雇用妇女折叠和装订书页——"夺走他们的妻子谋取生计的工作"，还让"治安官逮捕了24名工人，他们中的一些人曾遭受上述对待"。讲话继续说：

"他们在任何时候都想听从他们的主人行事，认为自己处于一种从属状况。然而，他们忍不住会想到他们是人，是会感觉到工作劳累的人。他们希望任何人都不要认为他们受到与他们雇主的利益作对的动机的驱使，或者是要妨碍他们的生意。他们拒绝任何与公正不符的思想，除了平等的原则，他们不以其他任何要求为基础。"讲话最后让一个"公正和不带任何偏见的法庭"来决定他们

---

① 英国中央刑事法庭所在地。——译者注

的意图是否无辜，他们的理由和他们的整体行为是否公正。

另一方面，在1786年的4月6日的《早晨纪事报》上发表了"伦敦和威斯敏斯特市书商"的下列声明，声明说，听说工厂主抱怨联合会的熟练图书装订工逼迫他们缩短平常的工作时间，在仔细考虑这些熟练工提出的理由之后，他们认为"工厂主们的反对是有充分理由的，工人们的借口是无理的"，并得出如下结论：

"因此，图书商决定给予图书装订工厂主一切合法支持，通过在时间方面尽可能给他们宽限，在他们的能力范围之内反对这种联合会，直到他们的熟练工人通过充分认识到他们当前行为的愚蠢和轻率，或者通过已经明智地提供了对这种冒犯秩序和仁慈的政府的行为的恰当处罚的法律的介入，正确地意识到他们的职责和利益。"

拒绝减少工作时间的工厂主组成了他们自己的协会，抵制缩短工时，起诉这些人图谋不轨。他们中有24人受到起诉，并于1786年5月1日因此罪行被拘留，直至交保。其中5人被判有罪，因为根据法律当时的规定，他们无疑是有罪的。审判他们的法官说，他不会随后宣读判决，而是让他们保释，直到法庭下一次开庭。如果他们不重新返回自己的工作，他会宣读一份严厉的判决。他们没有重返工作，法官没有食言，判处他们每人在新盖特监狱与重罪犯一起服刑两年。人们不能不钦佩这些人的不屈不挠。他们知道，如果他们坚持下去就会面临严厉的判决——而任何期限的监禁在我们监狱当时的卫生条件下，是一种危及他们的健康，或许是危及他们的生命的惩罚；确实，在监禁中他们的人数少了一名，一位工人死于狱中。然而他们坚信自己是对的，的确对他们坚信的神圣职责坚定不移。

他们的名字是：托马斯·阿姆斯特朗，威廉·克雷格，帕特里克·利尔本，托马斯·费尔伯恩，威廉·伍德（死于狱中）。

当这些就职于更为高级的一个行业的图书装订工在伦敦的中心为更合理的工作时间进行斗争时，从事更为低级的体力劳动的一些工人还处于同样或者更为恶劣的条件中。对于在座的许多人来说，这听起来会觉得奇怪，在苏格兰矿区，矿工以及他们的妻子、孩子和家庭，在煤矿变更所有权时，全部都被随之一起出售。直到本世纪第二年，一项法律才得以通过，制止这些人像真正的奴隶或农场的牲畜一样被出售。随着1824年"结社法"废除，工联主义获得了极大的推动力。下面谈谈我们时代通过的法律。

就在做了7年学徒之后，我成为一名工联主义者，并发现这些遍布全国的协会致力于两个目标。一个是使建立工会合法，一个是实现废除主人与仆役法。通过全国同仁差不多20年的鼓动，才使英国国会下院任命了一个特别委员会，调查主人与仆役法产生的效果。无论如何，在已故的亚历山大·麦克唐纳先生的提议下——他后来成为代表斯塔福德自治镇的下院议员，这个委员会于1866年得到任命。这项法令的实质简直声名狼藉。按照它的规定，即使在理由十分正当的情况下，工人违约也是一种犯罪行为。他被通缉逮捕，如果违约行为得到证实，治安官必须处以他监禁和苦役的惩罚。另一方面，如果雇主违约，即使非常恶劣，他也只能通过民事诉讼而受到传唤，对他的惩罚不过是罚款而已。

直到最近的1865年，仅在这一年间，1100多人根据这项法令遭到逮捕，在同一年间，这些被捕的人中有800多人，包括男人、妇女和儿童，被判处监禁。

为了说明这个法令的目的在于多么严厉的处罚，请容许我讲述1866年——国会下院特别委员会成立之前——发生的一件事。几年之前，伍尔弗汉普顿镇马口铁公司的工人举行罢工。罢工期间，一名来自利物浦的工人被这个公司雇用，签署了一份工作期限为12个月的合同。没过几天，这个工人收到他妻子的来信，说他孩子中的一个——小女儿——患上了热病，如果还想在她生前见她一面，他必须马上回家。这个工人立即前往利物浦去看他的孩子，但就在他到家之时却看到她去世了。孩子的母亲和另一个小孩也患了同样的病，两人都躺在床上，没有食物，无人照顾。这个人所有的几文先令很快就被花在他患病的妻子和孩子上，为了防止传染病蔓延，他去附近的工厂要了几块木板来做一个简陋的棺材，把死去的孩子放到里面，直到地方行政区当局把她下葬。在他做这个临时的栖身之所时，一个警察带着因违约而逮捕他的拘捕令来到他家，把他抓回伍尔弗汉普顿。他被带到治安官那里，治安官非常同情这个人，因此违反法律，没有马上把他送往监狱，并同意处以他41.1 先令的罚款，包括警察把他从利物浦抓来的费用。由于他身无分文，在他面前可以选择的只有监狱，这真是对他所遭受的苦痛的一个嘲讽。不过，工联主义者决定不眼睁睁地看着一个倒下的人陷入毁灭，他们支付了罚金，并请求雇主允许他回家。

人们可能会得出这样的结论，即我们所谴责的那种法律只对成人实施。事实并非如此。1867 年，两个男孩——萨塞克斯郡肖勒姆金斯顿造船厂学徒工，名叫大卫·韦伯的男孩家住费舍盖特，18 岁；名叫乔治·瓦尔特·塞尔梅斯的男孩住在南维克洛克路 19 号，19 岁——于中午 12 点 30 分在金斯顿的工厂被捕。他们立即被西萨塞克斯警察局的一名警察押送肖勒姆。负责此事的治安官司各脱·斯通豪斯先生于当天下午 2 点 30 分在济贫院对他们进行审判。他们被拒绝获得一位在场的友人对他们提供专业援助的可能。他们同样被拒绝找来证人以驳斥证据，尽管在一英里半的范围内，可能找到很多证人。

这两个男孩被指控不服从他们主人的命令，而不是不干他们的工作。他们被指控的不服从行为是，当他们被吩咐去堵船上风舷的裂缝时，他们去堵船下风舷的裂缝。孩子们否认了这一点，并说他们只不过是去干活，他们选择了船的下风舷，因为天气十分恶劣。他们分别被判处了 7 天和 14 天监禁，在他们父母知道他们去哪儿——实际上是期盼他们回家吃饭——之前，这两个孩子正在佩特沃斯监狱服刑。

当地各个阶层的居民向内务大臣请愿免除徒刑，但徒劳无功。他们服满刑期。

  我说过的那个特别委员会的建议导致了对这个法令的修正，这是对旧法令的一个极大的改进。修正后的法令从1867年至1875年生效，尽管它有两条糟糕的条款，但在这一时期，8年间共有774人被定罪，而就在10年以前，一年有800多人被定罪。

  这项新法令的第9条赋予治安官强制工人履行合约的权力，第14条判处所谓的"严重违约"以监禁。

  不久之后，我们最担心的事情成为现实。

  一个家住设菲尔德名叫库特勒的工人，与黑格氏公司签订了5年期制作火钩的工作合同。在这个合同中有一条条款规定，虽然工人计件工作，他的工资最高应为每周30先令，最低25先令，并且，如果其他公司同类工作的工资提高，他的工资也将获得适当的提高。全国的工资普遍从20先令提高到30先令，但雇主无论如何都拒绝给库特勒加薪。因此，他离开公司，觉得理由是正当的，因为雇主已经违约。然而，他遭到传讯，理由是他旷工3周造成共计15英镑的损失。在审讯时，领薪治安官①判决他支付雇主的损失11英镑10先令。他再次被传唤去完成他的合同。作为一个手艺灵巧的工人，雇主并不希望失去他提供的服务。他拒绝完成他的合同，为此被判处并服刑3个月。

  他的大儿子在他被释放出狱的前一天去世，由于这起家庭悲剧，雇主写信说他们不会在此时提出他们的要求，但暗示他们很快会采取行动。不到3周，这个人收到另一张完成他合同的传票，不过他的服刑成为对此的障碍。他的雇主决定再次起诉索赔，治安官判决再赔偿他们

---

① 英格兰和威尔士历史上有两类治安官，一种是上述太平绅士，他们一般为民间人士，自愿工作，政府不支付薪水；一种是领薪治安官（stipendiary magistrate），为治安法庭的专业审判官，从政府领取薪水。——译者注

11 英镑 8 先令，作为他 3 周旷工的补偿。这个人卖了家具来赔罚金，倾家荡产，离开这个小镇去其他地方找工作。即使这样，设菲尔德的雇主追着他从一个地方到另一个地方，威胁其他雇主，如果给这个人工作，他们将遭到起诉，所以他真的又服刑了一段时期。这就是 1868 年的那个法律之前诚实而勤劳的工人的处境。

不过，在此期间我们的全国工联代表大会粗具雏形，并获得坚实的力量。通过它，我们能交换看法和意见，就共同的政策达成一致，以在任何时间，在联合王国的任何一个选区或任何一个地方像一个人一样行动。

从这个时期开始，我们取得了极大的进步。从那时起，我们宣传并使议会通过了不下 20 个法律，它们既有利于我们工人的利益，也废除了那些侮辱性和压迫性的法律。1872 年，伦敦煤气工人举行罢工，大约 40 人被依据主人和仆役法以违约为理由送进监狱。上述工人中 4 名被称为罢工领袖的工人不仅被指控违约，而且在我国历史上他们第一次被指控——依据习惯法——与他人一起密谋违约。因此，他们被判处 12 个月监禁，而不是该法令规定的最高徒刑 3 个月监禁。

虽然这些人并不是任何工会的成员，但工联主义者立刻继续他们的事业，不仅在他们被囚禁期间抚养他们的妻子和家庭，而且成功地使他们的刑期从 12 个月减到 4 个月。后来，根据议会最近于 1871 年通过的刑法修正案，男女工人和童工在全国各地再次被定罪并监禁。正是依据这个可耻的法律，伦敦的细木工人因现在的法律认为我们有正当理由做的事情而被关进监狱。

我指出这些事实是想表明，对待工人的那种旧的专制精神依然存在，并准备付诸实践，只是我们工联主义英明的指引力量使我们不再陷于封建时代的那种斗争和耻辱之中。

对于英国工人来说，1875 年是不同寻常的一年，也许它理应被视为在为这项使命奋斗 500 多年之后，工人从对他们的社会劳动的刑法干涉，或者说通过国家法律对他们行动的规定中解放出来的时期。除了废除近年的一些刑法以及记录在法令全书中的一切有害的法令外，工联主义者还发起和完成了一些伟大的社会变革。其中最有价值的是减少了工作时间，这使工人能够投身于层次更高和更高尚的领域。这不只是一纸声明，而是能够为事实证明的事情。

让我们从 1872 年的伦敦图书装订工以及工联主义者从那时起努力进行的干预说起，人们将认识到工联主义者突出地代表了一种削减我们工人的工作时间，使我们工人劳累的工作人性化的力量。为了使我们工人能像现在一样站起来，在我们的法庭上站在平等的基础上，他们进行了独一无二的必要工作，付出了必要的代价，通过这些，臭名昭著的主人与仆役法被从法律全书中废除，关于劳动争议的密谋法停止使用。

谈到缩短工作时间，工联主义者曾经把这个问题作为他们行动的中心。如果我们想起蒸汽的发现和应用以及蒸汽机的发明导致了雇主与雇员关系的社会革命，这一点将得到最好的说明。我们工业系统的变革给这个国家的中产阶级带来了举世震惊的财富和权力，格莱斯顿先生因此在利物浦的演讲中说道，我们作为一个国家在过去的 50 年间挣到的钱已经超过了此前 500 年间的总和。但财富的巨大增长并没有给绝大部分劳动人民的家庭带来长久的幸福，正因如此，在财富不断增长的过程中，我们在 1832—1833 年间作出巨大的努力，以限制工厂童工的劳动时间。于是，工联主义者，正如我们现在也许能发现的那样，不仅与他们的敌人作斗争，而且也同自己阶层中的叛徒作斗争。我们工业的迅速扩张带来了无穷无尽的不幸、贫困和屈辱。

1830 年，政府任命了一个委员会调查我们工厂工作人员的状况。在这些委员们后来的报告中，他们是这样说的：

"从我们掌握的证据看，我们发现，首先，在整个王国制造业的主要部门儿童受到雇用，与成人干同样长时间的工作。有些儿童5岁就开始在工厂干活。工厂中6岁的儿童也不少见。不少在7岁以下，8岁以下的更多，大部分在9岁以下。"

他们接着说道：

"这些极度疲惫的可怜的小孩不吃晚饭就躺上床，不是在晚上无力脱下衣服，就是在早晨无力穿上衣服。"

我让我们干过实际工作的工人听众自己想想，这些可怜的孩子会成为什么样的人，在这样极其悲惨的条件下长大，没有充分的教育以养成良好的习惯，或者受到教育也没有从中得益。让我们看一下他们的娱乐活动，那个时期一位有才干的历史学家——我们在座的很多人都与他有过私交，他是这些情景的活着的见证人——写道：

"什么是这些工作过度、营养不良、住房条件差、没有受过多少教育的群体的娱乐？很多劳动人民参加集市和节庆。在节庆上，套袋跳远、爬杆取物、把头伸进马颈圈做鬼脸赢香烟、抓尾巴抹了肥皂的猪，是广受欢迎的消遣。当周六夜晚降临，一直持续到周日晚的狂欢开始。小提琴演奏的曲子在四处飘扬，无精打采的男人和面色苍白的女人挤满酒吧，摇摇摆摆、蹦来蹦去，直到他们在夜深之时酩酊大醉、放纵喧嚣地走回大街。在周日一早，酒吧再次人流汹涌，晚上的放纵带来的口干舌燥也许消掉了……事实上，安静的工作，交替以醉酒狂欢、复活节和圣神降临周的放纵，以及在一些广受欢迎的'节庆'的偶尔爆发，伴随着工厂工人的整个人生。"

在这个国家的矿区，妇女和儿童，包括男孩女孩，受雇在地下最恶劣的条件下工作。

改变和改善这种状况是工联主义者的工作，他们中最明智的那些分子决定以努力限制妇女和儿童的劳动时间作为起点。他们受到主张实行被称为"十小时工作法"的议会斗士奥斯特勒、萨德勒和菲尔丁先生的帮助。已故的舍夫茨别利伯爵（后来的阿什利勋爵）对这个工作进行了支持。

但是，除了这样的努力，伪经济学作家的论调也必须受到迎击和回应。这些论调让工人相信，任何对供求规律的干预都会毁掉这个国家，使行业向海外转移，使工人的妻子和孩子在大街上无所事事；这些论调还让工人相信，短的工作时间意味着低工资以及其他许多不幸。

工人对所有这些论调作出回应，他们说，如果需要的话，他们会接受更低的工资，因为他们决心——无论如何，这也成为工会的决心——不让他们的妻子和孩子再干这种残害他们生命的极度辛苦、报酬极低的工作。

上面的那位见证人写道：

"有一次，他们展示了一幅工厂童工们刚刚下班走在大街上的队伍的画面——身材矮小变形，面色苍白，像幽灵一样，是自从劳动变成生活的责任以来人们在地球上最悲伤的景象。工厂童工的队伍是在某个周六的下午，在奥斯特勒和萨德勒先生去曼彻斯特访问时，出现在大街上的。在队伍行进时，排列在大街上的人们看来肃然起敬；在彼得卢——他们去那里听上述两位绅士的演说，当唱起圣歌请神赐福于这些为他们的利益奔走的人时，他们哀怨的声音听起来像是在呼唤天父把他们从所遭受的沉重压迫中拯救出来。听到此，无论男女的眼泪都夺眶而出，尽管缩短工时法被拖延多年，但从那时起，它就肯定将获得通过。"

我同样必须提醒你们，尽管工联主义者寻求通过立法缩短妇女和儿童的工时，但他们更为坚决地反对用这种方法来缩短他们自己的工作时间，在这个方向上，他们做得还更成功。最近围绕议会将通过的一个把工作时间限制为每天 8 小时的法律出现了一些喧嚣，似乎这是一个未知的问题，或者说对英国工联主义者是一个新事物。为什么？我可以给大会一份差不多 70 个镇的名单，在这些地方，建筑行业的一些部门的工时多年以来平均仅为每天 8 小时。后来这种做法被带到那些极好和有力地组织起来实施这些条件的行业中。在这个国家，任何一个行业都有可能以同样的方法来实现相同或者更好的条件。但是，如果你发现某行业工人总数达 16 万人而加入工会者不到 6 万人，另一个行业工人总数达 22 万人而加入工会者不到 15000 人，或者某行业工人总数达 6 万而加入工会者不足 3000 人，另一个行业工人达 10 万，而工会成员不到 3000 人，我也许能问，这些产业抱怨，或者说正确地抱怨它们深受血汗制度之苦，是令人吃惊的事情吗？但什么是真正的解决之道？我们争取到结社法的废除，经过几个世纪，千万男女为此付出生命之后，现在有了组织工会的合法权利。这是为了什么？是为了弃这个有力的工具不用，倒退回国家法律的监管？我们刚刚从这种监管中解放出来，为我们做些我们自己能做的事情，我们已经为自己这样做了，并且做得更好。我们在多大的程度上从国家的奴役下解放出来，就在多大的程度上获得富裕，并在同样的程度上扩大我们的自由。国家在多大的程度上放松它对工人的桎梏，它就获得多大的财富和力量，并在同样的程度上扩大了影响。工联主义者不仅积极和带头致力于直接造福工人的措施，而且同样为国家进步的其他任何一个目标劳作和付出。为了我们的教育制度、公园或开放的图书馆，他们做了他们应做的那份，并且作为这个国家我们工人的极少数，他们所做的已经超过了他们所应做的。

　　我提醒大家注意的这些事实主要涉及我们为废除阻止或妨碍我们社会的进步所做的工作。我也满意地指出这样一个事实，即在我们社会兴衰变迁的整个过程中，大不列颠的工人阶级——有幸与其他阶级的有识之士联合起来——从来没有忘记我们对于人类政治自由的责任。无论对于流亡的皇帝、流亡的国王还是流亡的共产主义者，大不列颠都是世界上任何一位诚实的政治家的庇护所。为了坚持这个原则，工联主义者——我坚信——准备付出一切。这不是昙花一现的感想。仅仅在几年之前，当一个强有力的首相试图损害这个神圣的权力时，他的政府就被人们发自内心的愤怒而掀起的力量赶下台。

这样，沿着一条以众多的牺牲和苦难而且常常以无名烈士的鲜血为标志的道路，我们从奴隶走向农奴，从农奴走向工业自由；尽管这种自由可能还存在瑕疵，整个世界都还不是平等的，即使在美利坚合众国。

英国工联主义者永远都能接受以事实为依据的意见和建议。但是，如果我对他们的理解是正确的，那么，如果他们不能遵守任何一个国家——在这些国家，辛劳的工人每天的工作时间长于我们国家，工资及其购买力远远低于我们，公共集会、自由言论、工人组织或者政治自由受到专制压制或者闻所未闻——的信条，他们必须得到谅解。

工联主义的政策——我认为它应该是这样——也许能用这样一句话来概括，即任何改变都必须通过法律——法律的任何改变都必须是多数民众的意愿。这是开明民主。因为，除非我们争取到大部分人认可我们的改革措施，否则这些措施将得不到保障，由一小部分人通过权力来实行这些措施将成为专制。

我所说的一切，还有很多我没有谈到和现在所没有认识到的，都指出了工联主义给这个国家的劳工和繁荣带来的间接利益。由于环境，工联主义者与非工联主义者相比是这些利益的好得多的支持者，原因在于，工联主义者的时间、思想和金钱都用在尽力提高他的阶级整体的地位，而不是用来仅仅使他个人致富。他的一生致力于为他的所有后继者创造一个更好的未来，而不是把工业创造的财富浪费在那些瞧不起劳工的人身上。非工联主义者，由于他与其他人隔绝，因此不能这样做，他的生活只是把文明进步的所有东西用在他自己身上，而不顾把不公正的事情留给自己的孩子。

工联主义者是何等的忘我,这在下面不多的几个数字中得到生动的表现,为了方便起见,我只简短地举出了几个数据,但它们可以被延伸到成百上千的协会,而不仅仅是我能够获得其报表的这 26 个协会。

以这 26 个协会为例,我发现它们拥有的会员共计 265218 名,它们去年一年用于失业救济的支出为 209880 英镑,用于医疗救助的支出为 130084 英镑,用于行业保护的支出为 64853 英镑,用于退休补贴的支出为 70620 英镑,用于意外救济的支出为 8768 英镑,用于工具损失补贴的开支为 1839 英镑,善款和给其他协会的援助为 9071 英镑,用于安葬去世会员的支出为 33524 英镑,全年共计支出 528639 英镑。① 以同样的这 26 个协会为例,我发现从它们成立至今,尽管它们成立时间可能有长有短——平均时间为 23 年,它们把用自己辛苦挣来的工资积攒起来的基金用于下列巨额支出:失业救济 3559401 英镑,医疗救助 2006539 英镑,无能力工作而退休的补贴 753149 英镑,会员及其妻子的安葬 663783 英镑,维持和提高工资以及缩短劳动时间 708483 英镑,重大不幸事件救济以及对其他处于困境的行业的援助 168888 英镑,置换遗失或损坏的劳动工具 84808 英镑,会员寻找工作旅费 17144 英镑,共计 8276735 英镑。

工联主义的巨大作用在于,它不是作为一个慈善机关,而是作为工人因自愿联合的方式而享有的一种权利,出现在工人和极其需要帮助的人中间。通过这种方式,他们学习到伟大而宝贵的自我管理方法,这样,他们取得权力时就有实践的经验和知识来明智地管理它。因此,这就是我们的收获,没有任何力量能够把它从我们这里夺走。以这种方式给应受支持和贫困的工人提供的这种帮助同样已经给这个国家的社会生

---

① 此处有几个数字与 350 页附表中的数字不一致。——编者注

活带来稳定和信心。我引用知名的金融家、工人之友约翰·拉伯克爵士提供的实例作为证据。这是一份对伦敦市罗巴茨、拉伯克先生银行支付总额的分析。总金额达 1900 万英镑，其构成如下：

支票　　　　1839.5 万英镑 = 95
现钞　　　　48.7 万英镑 = 2.5
硬币　　　　11.8 万英镑 = 0.5
────────────────────────
　　　　　　1900 万英镑 = 100.0

从这位权威人士那里我们得知，通过伦敦市票据交易所进行的商业和贸易交易到 1887 年 12 月底为止全年达 607709700 英镑，比 1886 年提高了 175172000 英镑。但即使这些数字也仅仅有限地代表了全国进行的同样的交易。

第一组数字表明这个国家以现金进行的交易的比例是何等之低，按照约翰·拉伯克爵士的说法，现在的比例比这些数据所表明的还要低，以致 99% 以上的交易是以代表公共信用的支票进行。这个国家社会的不调和会破坏这种信用，使劳工的工作陷于瘫痪，并摧毁公众的信心。工会对于维护这种秩序的作用有多大，它们已经在多大程度上与进步联系在一起，人们通过试一试合法地解散它们，没收它们的基金，使它们受法律禁止，了解这样做英格兰离内战还有多远，也许可以确定。但是所有工人，特别是工联主义者，都关心秩序和公共信用的维持。

还有另一个突出的例子，即尊敬的戈申先生采取的重大措施表明了英国信用达到的程度。

这位财政大臣于去年 3 月提议把利息为 3% 的政府公债在 1903 年前转为一种新的利息为 2.75% 的公债，而后利息转为 2.5%。利息为 3%

的公债的总额（大致）达55800万英镑，现在仅剩下约4250万英镑有待偿还。这是朝着正确方向发展的一场财政革命，因为到1903年为止，普通资本家每年将损失139.5万英镑，而纳税人和工人每年将节约139.5万英镑。1903年后将节约280万英镑，所有这些本来最终都是落到工人身上，由他们支付的。这不仅证实了这样的事实，即这在世界上其他任何一个国家都是不可能的，而且再次以实例证明了英国财政信用的异常稳固。

  英国工联主义者使全国承认了劳工被人蔑视的权利；正是通过他们的影响和工作，我们今天不是通过秘密地规避法律，而是以宪法的权利为依据，在法律的承认和保护下在此相聚。

  我希望那些当前在非常残酷无情地迫害它们的工人的政府认真地对待这些事实。这些政府不愿意完成人民的社会解放，又不敢完全压制工人为自己的解放所作的努力。我相信这些处于困难之中的工人会得到英国工联主义者深切和诚挚的同情。

  现在，有人会问，英国工联主义已经到达它的极限了吗？或者说，它现在工作的进一步发展会到达一个极限吗？我认为不。工会当前的政策肯定必须得到坚持，无论工人阶级中的任何一部分在防止他们的利益被资本家或无组织的工人的利益从外面淹没方面可能取得多么令人满意的进步。实现全世界工人的同时进步显然是不可能的。英国人和印度人，美国人和中国人，法国人和他周围生活水平低的人，在经济上不可能步调一致、肩并肩地前进。但是，如果这是不可能实现的，那么人们如果不采取一些措施来捍卫工人提高了的地位，这些工人肯定会有损失，而他们的损失将会对其他工人产生影响。

  我已经尽力表明这个国家的熟练工人现在的地位怎样逐渐从中世纪的野蛮状况中提高起来，以及在最近70年间，它怎样受到我们组织的工作的推动。让我在最后指出几个发展的目标，我认为，它们将成为我们工会未来的工作。已经提高并且正在提高的生产能力、工业生产中科学的应用、人口的增长将使劳动时间缩短到对于稳定的社会秩序十分必要的程度。但我坚信，在我们将来朝这个方向能够取得极大的进展之前，在本世纪之初交通和通信设施使远东像爱尔兰离我们一样近之际，确实还需要缩短这个大陆的工作时间，尤其是在那些与外国竞争激烈的行业。

工人充分和合理地分享他创造的财富的权力是毋庸置疑的。所有的工人一道承担起我们共同的责任，将使非工联主义者不复存在，然后在不久的将来，我们必须为劳工的国际主义实行一种切实有效的模式，创造共同行动的基础，但是，没有相似——如果不是相同——的国家组织的话，这肯定是不可能的。

因此，工联主义是一种广泛和持久适用的社会政策。如果时间允许的话，我能表明，它不过是与我们身边的野蛮状态作斗争的普遍性的文明政策的一个阶段而已。

我们非常容易低估或忽视这样一个事实，即科学在其发展进程中不仅带来新的福祉，而且也带来新的危险——行善的力量和作恶的力量。用新哲学的语言说，由于知识的进步，我们周围的事物在迅速改变，如果我们行为的调整不能与之同步，不幸就必然接踵而至。任何一位有思想的工联主义者都不会认为只要交了他的会费和领了给他的补贴，他就履行了他的职责。如果他那样想的话，那他就不过是一名工会会员，而不是一名工联主义者。我们尤其对资本流动和劳动的变化，对世界工业国家最有用的应用感兴趣。但工联主义者感兴趣的不止于此。过去，他们主要把注意力集中在他们劳动的市场价值上，为了维护这种价值，他们不得不竭尽所能。今后，我希望工联主义者把他们的精力集中在提高劳动的道德价值上，集中在把资本家和工人联合为一体、把个人联合为一体上。无须革命、暴力或征收个人财产的计划，这就能够做到，而且很容易做到。指出现在劳动的道德价值怎样可能得到提高，不在我的职责范围之内；但我想极力主张，我们不应该受到那些其主要欲望是低价购买我们的劳动并维护他们凌驾于我们之上的优越地位的人的恶言的影响。当我们能够用我们可能和应该得到的工资来进行有效的储蓄时，工业的权力将从资本家手中转移到我们手中，不到这一天，工业的斗争将不会停息。我们更高尚的生活、更真实的快乐，必须以工人的一个范围更大的组织为前提，以经常的贡献来维持，以对彼此的宽广的同情心和明智的信任为指导，而不论种族、信仰和国籍。然后，这种在健全的经济媒介中发挥作用的感情将使我们的工业体系发生巨大和有益的变化，给靠自己的劳动生活的大众带来和平、幸福和富裕的物质条件。

附表

26 个大工会 1887 年各种救济支出表

单位：英镑

工会名称	失业救济	医疗救济	安葬补贴	意外补贴	退休补贴	工具补贴	行业保护	善款
技工联合会	80458	31138	9021	1850	36163	129	4858	2989
木工联合会	32814	17228	2951	1370	3797	1510	4487	786
蒸汽机制造工人联合会	5989	2729	745	100	1714	……	1051	49
铸铁工人互助会	21801	6192	2307	613	7692	……	100	13
锅炉和铁船制造工人联合会	22165	20539	3452	1815	4657	……	1131	……
联合王国四轮马车制造工人协会	4006	453	1070	76	3623	……	……	……
熟练砌砖工联合会	……	4766	977	116	127	……	102	10
苏格兰铁模制作工人联合会	8908	……	1843	……	3073	……	……	……
伦敦排字工人联合会	4819	……	992	……	1165	25	743	211
伦敦装订工人协会	790	502	……	……	50	……	……	21
铁匠联合会	1991	1071	198	……	185	……	……	……

（续表）

工会名称	失业救济	医疗救济	安葬补贴	意外补贴	退休补贴	工具补贴	行业保护	善款
纺织工人联合会	15775	……	702	1499	1011	……	2226	254
铁路乘务员联合会	2068	278	……	……	1003	……	8222	1677
石工联合会	1402	3442	2264	125	4191	……	150	……
室内装修工协会	……	693	137	……	……	……	21	25
木工协会	……	2530	369	100	521	200	120	……
约克郡玻璃瓶制造工联合会	1511	……	160	……	308	……	933	52
诺森伯兰矿工联合会	2559	……	195	……	……	……	39666	251
肯特和萨塞克斯工人协会	……	8457	1383	……	……	……	……	2000
砌砖工协会	25	……	601	530	……	……	……	……
全国泥水匠联合会	125	1008	311	174	182	……	……	……
水暖工联合会	365	1325	331	440	……	……	239	……
平板印刷工人联合会	1028	462	164	……	……	……	……	……
苏格兰海员联合会	……	1323	515	……	547	……	……	817
海员协会	1280	9688	2836	……	511	……	804	35
达勒姆矿工联合会	……	16060	……	……	……	……	……	……
共计	209880	130084	33524	8768	70620	1864	64853	9244

救济款共计 528837 英镑

26个大工会各项救济支出、持续时间及1887年12月会员人数

工会名称	1887年12月会员人数	支付持续年份	失业救济（英镑）	工具补贴（英镑）	医疗救济（英镑）	安葬补贴（英镑）	意外补贴（英镑）	退休补贴（英镑）	行业保护（英镑）	求职差旅补贴（英镑）	善款（英镑）	共计（英镑）
技工联合会	51869	37	1407791	……	617162	191247	47400	403757	84669	……	66489	2818515
木工联合会	25497	28	300585	21047	206984	37617	22570	17484	79596	……	16289	702136
蒸汽机制造工人联合会	5080	35	181889	……	55001	16048	7815	19370	……	……	5215	185338
铸铁工人互助会	11718	57	691619（57年）	……	195528（57年）	57239（56年）	31894（43年）	95304（52年）	……	……	……	1071584
锅炉和铁船制造工人联合会	25100	21	297870	……	253403	44629	20415	39321	61272	2630	……	719540
联合王国四轮马车制造工人协会	4688	21	105411	……	4641	29076	4644	42910	……	……	……	186682
熟练砌砖工联合会	6693	19	……	……	45120	11520	764	533（6年）	4928	……	861	63726
苏格兰铁模制作工人联合会	5455	17	146790	……	……	25960	……	26092	……	……	……	198842
伦敦排字工人联合会	7025	40	82730	475	15101	……	8769	22055	7868	17612	154610

（续表）

工会名称	1887年12月会员人数	支付持续年份	失业救济（英镑）	工具补贴（英镑）	医疗救济（英镑）	安葬补贴（英镑）	意外补贴（英镑）	退休补贴（英镑）	行业保护（英镑）	求职差旅补贴（英镑）	善款（英镑）	共计（英镑）
伦敦装订工人协会	923	32	20910	……	10033	……	……	1565	1560	……	783	34851
铁匠联合会	1628	30	31633	……	24213	4798	2347	1563（12年）	……	……	……	64554
纺织工人联合会	15416	9	118084	……	……	5081	9685	4379	99793	1791	4985	243798
铁路乘务员联合会	10830	16	10911	……	1413	……	18329	……	8992	……	6970	46615
石工联合会	10238	48	90996	……	112998	88540	31136	75581	91217	……	11573	502041
室内装修工协会	1087	15	……	……	5120	1050	……	……	213	……	231	6614
木工协会	3877	26	……	7704	49508	10231	6750	2571	14029	……	……	90793
约克郡玻璃瓶制造工联合会	1484	21	27925	……	……	6749	……	2978	21074	……	4546	63272
诺森伯兰矿工联合会	12748	17	40124	……	……	2293	……	……	74952	1293	23935	142597
肯特和萨塞克斯工人协会	9040	16	13691	……	94784	13974	……	……	……	2772	7314	132535

（续表）

工会名称	1887年12月会员人数	支付持续年份	失业救济（英镑）	工具补贴（英镑）	医疗救济（英镑）	安葬补贴（英镑）	意外补贴（英镑）	退休补贴（英镑）	行业保护（英镑）	求职差旅补贴（英镑）	善款（英镑）	共计（英镑）
砌砖工协会	1275	21	9208	……	……	23898	33416	……	12319	……	……	78841
全国泥水匠联合会	1532	12	……	……	18867	5966	4493	3565	……	……	……	32891
水暖工联合会	3003	20	2258	……	12900	3367	*	3750	6642	……	……	28917
平板印刷工人联合会	1854	9	5477	……	2323	891	……	……	……	790	……	9481
苏格兰海员联合会	2853	6	……	……	8595	2079	……	1790	216	……	……	12680
海员协会	14305	19	23157	……	113246	38567	……	1867	20004	……	2080	198926
达勒姆矿工联合会	30000	14	50342	55582	174736	27862	72882	……	104952	……	……	486356
共计	265218		3559401	84808	2006539	663783	314540	753149	708483	17144	168888	

共计 8276735 英镑

* 包括在医疗救济中

会议记录

在国际工会代表大会于牛津街和纽曼街的圣安德鲁大厅举行之前，英国工联代表大会议会委员会于 11 月 5 日星期一傍晚在威斯敏斯特宫宾馆为出席会议的外国代表举行了招待会。派代表参加大会的国家有法国、意大利、比利时、荷兰和丹麦，丹麦代表于周五抵达伦敦。把参加这次招待会的可敬的外国工人召集在一起是一件非常困难的事情，与英国代表们汇集在一起时，区分他们的标志真的只有他们独特的蓄须方式。外国工人与他们的英国兄弟的友爱之情欢快地迸发，通过他们共同的集会提供的翻译，不同国家的人一汇聚在一起，就像一家人一样相处。工联伦敦理事会执行委员会成员到场，当雪茄点燃、茶点送上，招待会充满了友好的气氛。英国工联代表大会议会委员会主席西普顿先生主持会议，议会委员会委员 H. 布罗德赫斯特先生、G. 豪威耳先生、H. 克伦普顿（出庭律师）以及其他工联领导人出席。主席说，工联代表大会议会委员会请他向他们的外国友人致以衷心和诚挚的问候。他们欢迎外国代表来到英国，在这个国家里，他们把自己的生命奉献给他们所属的阶级的事业，他们相信他们的朋友在他们各自的国家里也为这个事业作出了贡献，尽管他们的法律也许使他们在完成他们的社会解放方面采取不同的方式，但他们面前都有一个共同的目标，也就是劳工地位的普遍提高。在这一周里，他们会有机会研究他们之间存在的差异，他相信他们会得到明智的、男子汉式的和全体一致的结论。他们的方法不同，但原则却无不同。他们不仅把外国代表作为工联主义者欢迎，而且作为政治家（这个词的最好意义）欢迎。英格兰一直是政治流亡者的庇护所，因此，他们有共同的基础，能够在此基础上对他们的差异进行论证和讨论。这个晚上最美妙的事情是在代表中进行友好的谈话，他现在为他们外国朋友的平安到达、为他们的健康和幸福、为他们代表的男女的进步干杯；他相信他们会一再相聚，直到他们使世界相信他们是人民中每一个美好的事业的使者。黑彭海姆先生（巴黎）回应说，如果说在法国他们为了实现他们的解放不得不诉诸暴力手段，这并不意味着他们与暴力是联系在一起的，因为暴力不是利害攸关的原则，而是偶然使用的。当一种论点是为了工人阶级的利益而得到使用时，法国人是会愿意相信它的。（欢呼声）克罗尔先生（荷兰）说，当王公贵族们从一处到另一处在欧洲各国制造混乱时，工人阶级的代表却为促成这样的一些社会变革相聚在一起，这些变革通过消除贫困和不幸，带来和谐和全球的和平，这是一件光荣的事情。（欢呼声）安塞尔先生（根特）、克里斯滕森先生（哥本哈根）以及其他代表在会上致辞，然后代表们演唱了英国和外国歌曲，在唱了马赛进行曲之后，招待会在主席的致谢声中宣告结束。出席人数约为 250 人。

第一天

（11月6日，星期二）

星期二一早，伦敦的外国人聚居区，从菲茨罗伊广场到牛津大街，到处都是成群聚集在一起热切讨论大会前景的代表和他们的外国朋友们。他们挤进了一家法国旅馆，早早在上午 8 点就举行了一次非正式的会议。在极其平静的气氛中，人们开始讨论大会事务，在工联代表大会议会委员会主席 G. 西普顿先生发表长篇讲话时，气氛始终如此。

代表名单表明 79 名英国代表和 44 名外国代表出席了会议。

然后开始了大会的第一次争执。有人提议选举一名英国主席、两名外国主席主持一周的会议。然而，外国代表们大声抗议说，主席应该由每天选举出来的不同国家的代表依次担任。一些英国代表反驳说，在巴黎时他们也像巴黎人那样做了；但他们的反对者回答说，在巴黎举行的那次大会的召集人在会议一召开就把他们的所有权力转交给了大会。这一事情最终被交投票表决，由于持不同意见的人大致相当，人们不得不举行了几次投票，以确定哪一方获得多数。表决最终表明，60位代表赞同英国的方法，56位代表同意外国人的做法。因此，两位候选人被提名为英国常务主席——C. J. 德拉蒙德和J. 威尔逊先生提名的G. 西普顿先生和两名外国代表提名的约·白恩士先生，后者获得48票（其中39票来自外国代表，9票来自英国代表），前者获得61票（全部来自英国代表）；黑彭海姆（巴黎）被任命为当日外国主席。

下午，对议事规则委员会的任命发生了同样的争执。有人建议该委员会由4名英国代表和5名外国代表（每个外国国家1名）组成。许多荷兰、意大利和法国代表强烈抗议这一他们所称的不公平的提议，并且说，为了使会议从始至终都是国际性的，各国在委员会中有必要有同样的代表人数。英国主席指出，对于选举这一委员会的长时间的争议是没有必要的，因为它不过是会议事务委员会，除了协调大会的工作之外没有任何权力。它不能推翻或撤销大会的任何职能，并且这5名外国代表将占据委员会的多数。支付大会的各项杂费，安排印刷等，是委员会的英国委员能够最好地完成的事情。这一建议的提出真的是为了外国代表的方便。然而，几个代表的观点不同的发言带来了更多的混乱，这时一个英国代表建议他们最好休会12个月。英国主席说，如果这种状态继续下去，他有责任请英国代表考虑他们的立场。

因此，一个英国代表建议，另一位附议：

"英国代表退出会议。"

英国主席说,他不想仓促地提出这个决定,但是如果不得不这样,他就必须提出。

经过激烈的讨论,决定得以作出:议事规则委员会由 4 名英国代表、5 名外国代表组成。随后选举产生如下委员:英国:J. 威尔逊,矿工,达勒姆;C.J. 德拉蒙德,排字工人,伦敦;W. 帕涅尔,细木工,伦敦;以及 J. 贾奇,制鞋工,利兹。外国:安·热利,法国;F. 萨斯,比利时;P. 克里斯滕森,丹麦;康·拉查理,意大利;以及 G. 格斯特曼,荷兰。太平绅士斯莱特先生被任命为司库,H. 布罗德赫斯特(议员)先生和 M. 雷尼尔先生被任命为书记。

宣读来自瑞士印刷协会、柏林排字工人和美国劳工联合会的贺信和慰问信后,大会休会。

第二天

(11 月 7 日,星期三)

星期三上午,代表们再度在圣安德鲁大厅聚会。G. 西普顿先生为英国主席,根特印刷工人联合会的爱·安塞尔先生为外国主席。

会议开始阶段主要是考虑议事规则委员会提交的一份中期报告。委员会发现,昨天出席会议的 3 名代表没有证明文件,当然也就没有资格参加大会。然后,通过他们获得的消息,他们把 2 名外国代表(M. 维拉雷和 M. 吉格,纺织工人,里昂)叫来,发现他们除了衣服之外别无他物。("喔!")他们承认是中介的雇员。其次,委员会认为其他两名代表——代表火柴女工联合会的贝赞特女士和代表伦敦妇女工会理事会的西姆科克斯女士——不是人们正常接受的意义上的工人。委员会认为他们有责任将这些情况向大会报告。

贝赞特女士坚持认为，根据先例，她完全有权利出席。

威尔逊先生（议事规则委员会主席）回答说，委员会就是根据先例处理的；贝赞特女士和西姆科克斯小姐不是，而且从来都没有做过一般意义上的女工。

贝赞特女士认为，委员会没有权力对她们的名称提出质疑。

西姆科克斯小姐声称，她是议事规则委员会的那种字面意义上的代表，因为她是一个工会的领薪工作人员。她是伦敦妇女工会理事会的一名积极的成员，并且曾经在一小段时间里担任过衬衫制作工联合会会员和工作人员。她认为这个解释应该为委员会接受。

M. 维拉雷说，他和 M. 吉特抱着这样的信念，即他们的工人称号不会受到质疑，不远万里从里昂过来，他们发现他们被委员会以他们不是工人的理由取消资格。他们坚持认为，参加工会运动的工人联合会、工会社团部分是由工人和中介的工人组成的。在工人和工头之间没有什么区别。（"喔，喔！"笑声）

随后人们进行了长时间的讨论。

主席宣读了下列信件：

"亲爱的先生：

本联合会在公开报刊上刊载的一份声明中看到伦敦的约翰·白恩士和博尔顿的威廉·弗里斯特为出席您们大会的技师联合会代表，我们的执行委员会请求对此给予坚决否认。他们不是这个联合会的代表，也没有得到授权以本协会的名义或代表本协会发言。威廉·亨利·伊夫利——联合会执行委员会主席——在大会上代表整个联合会。

技师联合会办公室

（签名）秘书长：罗伯特·奥斯丁

11月7日于斯坦福德大街89号"

最终，议员布罗德赫斯特先生在回答白恩士先生时说，在白恩士先生和弗里斯特先生的证明文件中没有什么能够说明委员会对他们的质疑是有道理的。

在主席的建议下，人们同意，代表的真实性问题重新交给议事规则委员会，它的决定将为大会接受。

关于主席的开幕演讲是否应该被作为英国方面关于英国劳工的报告，在约·白恩士和 G. 西普顿先生之间出现了尖锐的争论。

最终人们同意麦迪逊先生（赫尔）的下述提议：

"大不列颠代表宣布搁置他们向大会提交一份关于联合王国劳工状况的正式报告。"

议事规则委员会报告说，他们仔细检查了所有证明文件，断定英国代表为69名，法国19名，比利时10名，荷兰9名，丹麦2名，意大利1名，共计110名。这些代表的证明文件都被发现是正确的。有2名代表的证明文件不能被接受，即 M. 维亚尔（非熟练工人，巴黎）和纽曼先生（国际制靴熟练工协会，伦敦），两人因此退出。

有一个问题被提出，即为什么德国和奥地利的代表被排除在外。

西普顿先生说，议会委员会一直有一条长期有效的规定，即只有**真正的**工人，或者曾经是工人的人，才有权代表工人或以工人阶级的名义发言。如果他们背离这条规定，工人阶级将会被中等阶级的成员代表。

安塞尔先生用有力的语言反对议会委员会的原则，并且敦促说，如果不是英国议会委员的这种狭隘的看法，许多来自德国的代表本来会出席大会。许多德国的编辑本来都会到场，他们曾经是工人，但通过努力得到提高，正是德国进步的力量和支柱。他声称，他们如同按照上述解释现在不再是工人的西普顿和布罗德赫斯特先生一样，有同样的作为劳工利益的代表出席的权利。他知道真正的德国工人，他们为了热诚的邀请将不怕监禁的惩罚——名叫贝贝尔的就是一个。

西普顿先生回答说，安塞尔先生显然受到错误的蒙蔽。没有一位英国代表是离开了他的行业而从事另一种工作的。他本人除了在他的行业工作，或者为那些每天工作的人（这些人给他支付薪水，每年选举他担任领导职务）工作之外没有做过其他事情。布罗德赫斯特先生的情况同样如此，在被其同事选为他们的议会书记之前，他从事熟练石工工作。另外，波特先生是一名真正的矿工，一直到他的同事把他选到现在的领导岗位。至于芬威克先生，在诺森伯兰矿工把他选为议员的那天，他还确实在一个煤矿工作。哈福德和英国议会委员会的所有其他成员的情况都同样如此。德国和奥地利从未指派任何曾是工人或工会会员的人，否则他们就会被接受。

德尔波先生（布鲁塞尔）读了一份精心准备的关于比利时工人情况的报告。他表明，仅有2%的人参加议会选举，工人阶级无法影响这些选举，因为他们没有选举权。近年来，工资在整个比利时平均下降了10%。比利时工人党成功地把工人的工会集中在一起，他们的力量在与日俱增。他希望与英国更为紧密的联系可能会使会费得到更正常的缴纳；但是，如果英国在这方面很强大，那么，他们没有更好地利用工人阶级在英格兰享有的巨大的政治权力就是令人遗憾的了。然后，他逐一列举了他的国家的主要行业，报出劳动时间和平均工资。工资如此之低而劳动时间是如此之长，这些数字在英国代表中引起了许多叹息和"可耻"的谴责。

以丹麦代表的名义发言的克罗尔读了一份报告，报告表明，在荷兰，工人阶级对于这个国家的立法也没有任何影响。因此，工人的税负比其他阶级更重。教育不是义务性的；那里没有充足的学校或教师，技术指导课看起来不过是一种奢望。公正不过是名义上的，法律面前的平等被认为是一种令人高兴的虚构之物。根据民法法典第1634条，雇主针对工人的证词和证据无需证明即可接受。户外公共集会受到禁止，警察可以自行决定解散室内集会。工人的工资被降到低得不够糊口的程度。最富裕省份的农业工人每天工作 14 小时仅能挣到 1 先令 2 便士。在纺织业，工作时间极长，但工资仅为每周 7 弗罗林①。幸运的是，在过去 10 年间，社会民主党工会的力量获得增长；在他们的影响下，多梅拉·纽文胡斯一从监狱释放，就被选入荷兰议会。报告在最后极力主张，只有土地和资本国有化，社会问题才能获得解决。但是作为朝这个方向前进的一个阶梯，国际八小时工作日的法案将非常有助益，他们为英国工联为了讨论这样的法案而召开大会感到由衷的高兴。

  代表法国作报告的热利说，在巴黎公社惨遭镇压的两年之后，各个行业开始把他们自己组织成会社。第一次代表大会于 1876 年举行；在 1879 年的马赛代表大会上，工人党得以成立。从那时起，它就在成长壮大。在法国，保护劳工的法律并不多，也没有什么效果。它们只涉及有机器和雇用 20 名工人以上的工场。但是，不管这样的工场条件可能如何糟糕，它只要不雇用妇女儿童就可以逃过法律措施了。为了迫使政府采取措施，一个强有力的工人政党是必要的。至少在市政选举中，他们已经成功。他们使巴黎市政当局创建了一个大型的劳工介绍所，目前 140 个工会在那里有自己的办事处。在与巴黎镇签订的合同中，合同商被迫支付比工会工资标准更高一些的工资，并把每天的工作时间限制在 9 小时之内。在沙勒维尔、尼姆、蒙吕松、圣埃蒂安、马赛以及其他城镇，劳工介绍所正在建立，这给予工会运动极大的推动。现在，法国工人就像在 1848 年和 1871 年 3 月 18 日一样，准备作出任何牺牲，以在进步的先锋队中发挥领导作用。

  主席宣读了来自挪威的一个劳工组织的电报，其中说到："愿社会

---

① 英国从前使用的价值 2 先令的硬币。——译者注

革命成功"。对此人们报以笑声和欢呼声。一封来自克里斯蒂安尼亚①工人党的表示赞同大会目标的电报也得到宣读。

其他事宜受到处理，大会休会。

＊　＊　＊

很多代表回应大会组织者的邀请，在怀特查培尔区的汤因比大厅进晚餐。

第三天

(11月8日，星期四)

星期二大会的讨论议题被写在当日议程上，议程供人们考虑的第一个问题是："消除在外国自由建立协会的障碍的最有效的手段。"大会主席声明，荷兰木工协会的A. 范阿斯多克先生被外国代表选为当日外国主席。经过活跃的讨论后，大会拒绝了丹麦代表提出的会议记录应该使用荷、英、法语的提议。大部分发言的人在讨论中使用法语，为了方便英国代表理解，每一个发言都有翻译。

雷尼耶先生宣读了法国代表团的集体报告。他控诉说，资本主义垄断了一切，甚至垄断了没有判断力的孩子的头脑，它在他们的感情中培养对外国的仇恨和蔑视。看来可能出现一种一模一样的欧洲人，世界上的工人必须组织起来阻止这种事情的发生。表明小资本家经常崩溃的破产报告，证明金融封建制正在多么迅速地形成。但已经建立起来的大工厂和大商场将会成为对他们希望组织的国有化产业的有助益的类型。他读了比利时、荷兰、葡萄牙、西班牙、法国、波兰以及其他国家工人政党的章程的序言，这些序言表明它们都宣布了同样的原则和理想。是法

---

① 即奥斯陆。——译者注

律，而且只是法律，把不同国家的工人阶级分离开来。在法国，反对第一国际的 1872 年杜弗尔法案①以及刑法典反对结社的第 414 条和第 415 条必须废除。1884 年通过的工会组织法在法国的很多大工业中心还没有生效；但也应该被废除，以免一些反动政府利用该法律授予它们的权力。合作生产的企业在法国完全没有实现自己的目标，它仅仅生产出小资本家，他们与大雇主相比是更坏的暴君。国际组织本身能够解决劳工问题，因为它是最好的实现土地和生产工具社会化，最终实现各尽所能、各取所需的理想的最佳手段。

安塞尔先生（印刷工人联合会，根特）描述了比利时代表来参加大会时满怀希望的情感。当天的会议证明他们的希望是有道理的，只要他们有勇气要一个国际，就会出现一个国际。但他们必须消除弥漫在工人阶级中的那种冷漠的心态。让那些享受了自由结社并从中获益的工人告诉他们的外国兄弟他们获得的益处，告诉他们自由是以什么方法获得的——让他们向我们表明，哪里的工联主义是最强有力的，他们将能把其他国家最冷漠的工人从萎靡不振中唤醒。另一方面，这些小册子②应该表明，比利时工人的低工资和长工时对于收入更高的英国工人是一种威胁；因为资本家已经准备好把他来自塞纳银行的订单交给柏林，如果必要的话，去找到更便宜的劳工，他们准备输入吃点大米就能活下去的中国人来代替英国工人，后者必须进行斗争，因为他们的生活离不开牛排。所有国家的工人之间必须有更紧密的团结；所有工人都必须感到，给世界上某一个地方的工人的打击就是给世界上任何地方的任何一个工人的打击，他们必须准备好对这种暴行感到愤慨。为了能够切合实际，

---

① 法国杜弗尔政府于 1872 年 3 月 14 日颁布法律，禁止人们参加第一国际。——译者注
② 指比利时代表团向大会提交的书面报告。——译者注

他将提出一个可行的提议。在 1889 年以及其后每年 5 月的第一个星期天，在英国、比利时、美国以及其他任何国家的工人中举行全球性的游行示威。如果可能的话，就在同一天，同一小时，让工人列队行进到一些大型的聚会广场，举着印上同样标语的旗帜，从相似的广场同时提出相同的支持结社自由的决议，没有这一权利，他们几乎不能说拥有生存的权利。这将成为新国际成立的基石。它将向欧洲的专制国家表明抗拒这一勃兴的浪潮——一种并非无法无天、而是通过造福工人来造福世界的浪潮——的愚蠢和危险。让英格兰、比利时以及美国——在这些国家存在结社权——的政府向那些不存在这种权利的国家的政府强调，工人结社的自由对于所有人的福祉是必要的；世界的自由和全球安全要求在所有国家应该永远废除那些不利于工人利益的法律。

克里斯滕森先生（丹麦）极力主张透彻理解所有国家中影响工人的法律的必要性，克罗尔先生要求对一些荷兰雇主表达愤慨，他们以解雇威胁两名丹麦代表不要参加大会。

西格诺尔·拉查理（意大利代表）说，他的同胞并不喜欢政治——治理人民的艺术，或者说像领羊一样地领导他们的艺术。他们最需要的是教育，因为，据 1884 年的统计数据，55% 的人既不能阅读，也不能书写。在工人中这一比例可能达 80%。因此，正是演说和公共聚会能够对他们施加最好的影响。资本主义在意大利并没有非常完全地发展起来，工人也许仍然希望成为小雇主。无论如何，在意大利已经成立了一个工人政党。这个政党并没有对改革法律的必要性施加大的压力。要避开法律是件容易的事情。重要的是赢得多数人的支持。他也不认为有必要重建国际。最有必要的是提高全世界工人的地位，使他们上升到同样的水平；为了实现这一目标，在意大利不得不比在其他国家做得更多，因为在意大利，他们的地位已经低得不能再低了。

托尔特利耶先生（巴黎木工协会）说，工联主义和结社自由只可能为熟练工人服务。机器的进步是不可避免的，甚至对于熟练工人，也没有任何政治法律能够使他们避免被新机器推进失业大军。失业的非熟练工人应该成为他们关心的主题。任何立法或民间的努力都不能缓解他们的不幸。那些正在饿死的人已经指出了唯一的手段。近来的罢工是不是与原来的那些罢工不同呢？这些罢工流露出轰轰烈烈的革命的气息。如果工人太过于文明以致不会战斗，如果他们没有斗争的勇气，那就让他们停止工作。当土地不再得到耕种、当面包不再得到烘烤、当工人在死亡判决书上签下自己名字时，他们将看到资本家没有他们的劳动怎样在自己豪华的住宅里生活。如果工人的地位非常低贱，那么这是由于他们的环境。一场赋予所有人同等权利的革命将使每一个人重获新生。

拉维先生对意大利代表提出的有点无政府主义的理论是否正确进行质疑，他批评了托尔特利耶先生的话。如果自由只对熟练工人有利，他主张他们拥有代表他们的非熟练工人兄弟行动的合法权利。鼓吹大罢工不过是宣扬赞成暴力革命。所有国家的工人都为起义做好准备了吗？如果他们能取得胜利，他们有能力从中获益吗？或者这样一场起义不会导致已经享有的权益被撤销，劳工受到进一步的压制，其领导和组织者被杀害或监禁呢？

科伊费尔先生（巴黎凸版印刷工人联合会）不赞同集体主义或无政府主义理论，但无论如何支持重建国际。

白恩士先生起来否认在英格兰存在完全的结社自由，在转而描述威尔士罢工期间警察和军队的行动时，被裁定脱离议程，因为讨论的主题只涉及大陆国家。一些外国代表反对这一裁决，在旁听的走廊出现了一次有点吵闹的示威，这使主席威胁关闭这条向公众开放的走廊。

蒙塔（巴黎技工联合会）补充说，最近法国政府强迫在法国的外国居民登记他们的名字的法令，是一项完全违背真正的共和主义感情的法令，他的联合会积极抗议这样一项法令。他认为，国际应当得到重建,但它的总部或理事会不应该干涉各地和各国支部的策略。

会议到此结束,关于决议的表决被延期。

* * *

傍晚,工联伦敦理事会代表伦敦市组织起来的工会在霍尔本饭店举行晚宴招待大会代表。G. 西普顿先生主持,布罗德赫斯特议员先生、克劳福德议员先生、伯特议员先生、亚伯拉罕议员先生、芬威克议员先生以及工联理事会执行委员会的其他委员出席。主席在音乐间歇时说,代表27000名伦敦熟练工人、他在其中做过多年书记的工联伦敦理事会请代表成为今晚的嘉宾。理事会已经同意支付这一招待会的款项。他应该提出的唯一的祝酒词是:"祝劳工地位普遍提高,祝全球工会成功,祝它们全体会员身体健康、幸福如意!"人们兴高采烈地为此干杯。晚上接着是在和谐的气氛中度过的;在宴会上,克里斯滕森(哥本哈根)感谢英国工联为外国代表提供的款待。法国代表兴高采烈地为"德国工人"干杯。

第四天

(11月9日,星期五)

会议在星期五继续进行,G. 西普顿先生(英国主席)主持;P. 克里斯滕森先生(丹麦代表)当选大陆国家主席。

瑞典工会联合会的来信受到宣读,该信对它不能接受议会委员会参加大会的邀请表示遗憾,因为有关参加大会的规定的条件会导致该国工联主义分子的巨大损失。

在克里斯滕森先生的提议、J. 扬森的附议下,如下决议得以通过:

"大会要求各国工人政党把废除一切禁止或妨碍工人在一国之内或国际上的

自由联合和结社权的法律列入纲领,并通过鼓动工作为之努力。"

基尔·哈第先生提议:

"为了促进工人中有效率的组织,大会建议:第一,一个国家中一个行业的所有协会联合起来选出该国该行业的执行的中央机关。第二,各国不同行业的中央机关选出一个所有国家所有行业的总委员会。第三,各国不同行业应每年举行一次会议;国际代表大会应至少三年举行一次。"

弗雷克先生赞同。

贝赞特女士对此表示反对,她轻蔑地抗议英国工联主义分子的狭隘和小气,他们把自己当成某种工人贵族,常常看不起非熟练工人,而资本家可以利用这些工人来对付技术熟练工人的不完整的组织。制火柴的女孩们在一次次罢工后遭到镇压,陷入饥饿,她慷慨激昂地说:"你们工联主义分子做了什么事情来帮助她们?组织她们的事情被留给我——一个中产阶级的妇女。如果没有我,这个联合会将已经不复存在;当我作为她们委派的书记来到这里时,你们质疑我出席的权利。"她提出一个修正案:

"第一,邀请所有工人把自己组织成不同的工团主义团体。第二,邀请工团主义和合作社团体——无论是否得到市政当局的支持——组织劳工介绍所,这将使他们为所有职业或统计问题联合起来。第三,面对一切政治党派,有组织的工人应该在某种政治或经济的基础之上把自己组成政党或阶级,以促进工人在市镇、政府部门或国家获得公共权力。第四,各国各个政党应组成一个全国委员会,这些全国委员会应经常联系,以建立各国工人之间对涉及他们的所有问题的谅解。第五,每年应举行一次国际代表大会,在拥护这个组织的国家举行。第六,在下一届国际代表大会上,应讨论与各国的全国委员会有关的国际组织的问题。"

西姆科克斯小姐作出回应，她提醒贝赞特女士她在很久之前就已经开始进行这项事业，帕特森女士一直受到男工联主义分子的最热情、最实际的支持。

麦克莱恩和伯特威斯尔先生对贝赞特女士的发言表示抗议。

卡林先生极力主张，在尝试任何庞大的国际组织体制之前，那些地区中心或工会必须得到加强。必须少说空话，多做实事。他想和其他人一起否认那种工联主义分子看不起非熟练工人的说法。他所代表的有力的组织本身就是非熟练工人的组织，他们捐献了 8000 英镑帮助威尔士矿工组织他们的力量。

坦纳先生（伯明翰）说工联对失业工人完全漠不关心，这遭到了一些大声的反对。

讨论之后进行了投票，法国的决议以 5 国赞同、1 国反对的多数得以通过。大陆国家代表全部赞同决议，而在英国代表中，12 人赞同，30 人反对修正案。

在西格诺尔·拉查理（意大利代表）的提议下，决议上增加了下面一句话：

"大会要求各国所有工人的联合组织抛弃会导致不同国家的工人分裂的一切民族主义和爱国主义思想。"

随后，"国家对劳动时间作出规定"问题受到考虑，几项决议被提出。

帕涅尔先生提议、萨斯先生（比利时代表）附议下面的决议：

"大会认为，由于资本的集中、工会与工人人数相比相对软弱，没有国家的帮助，进一步缩短工作时间是不可能的，在任何情况下，8 小时应该是工作时间的极限。"

在 5 点钟，依照议事规则，西普顿先生宣布休会，早晨 10 点继续进行。一些外国代表对大会英国主席的随意离席表达了不满，大会外国主席克里斯滕森先生试图继续会议，但这导致很多抗议，他未再坚持。

第五天
（11 月 10 日，星期六）

代表们在星期六早晨结束会议，G. 西普顿先生主持，安塞尔先生任大会外国主席。

大会着手讨论议程上的某些决议，讨论是否欢迎"国家对劳动时间作出规定"。

芬威克议员先生起来作了一个个人说明。他说，从他个人来说他非常反对这样的立法；他个人认为对此发言反对是他的职责；但是，作为矿工的代表，他收到投票赞同的命令，很遗憾，他觉得自己不得不履行这一职责。

莫兹利先生说，议会委员会去年曾试图就八小时工作日问题举行一次会员表决。结果非常含混，令人不能满意，以致委员会不知道该怎样进行。在进行第二次组织得更好的会员公决之前，英国工联迄今为止一直关心的这个问题也许应被搁置起来。议会委员会委员不希望在投票时对这一问题预设立场，因此他主张对这一问题不作任何讨论。他提出原来的问题。

凯利先生附议。

该问题被提交英国代表表决，结果为正反两方票数相同——均为23 票。在举行的第二轮投票中，上一问题的结果是英国代表中 22 人赞同，20 人反对。但提交外国代表表决时，他们一致反对，因此讨论继续进行。

麦迪逊先生赞同八小时工作日，宣称他对政治经济学的学习使他懂得，在目前的状况下把这种权力交给国家并不安全。

莱斯特先生坚持说，在玻璃行业中其后果是灾难性的，他抱怨说已经进口了17000吨外国玻璃。

怀特女士同样发言反对。

白恩士先生说，这个问题被列在议程上这一事实证明，离开政治行动和国家行动，工联主义没有能力实现把工时缩短到工人所要求的程度，同时，在组织得最好的行业中也没有能力阻止加班。他说："我们最艰苦的——我认为不可能完成的——任务是使我们的组织团结在一起，保持我们已经取得的成果，只能通过提高我们的会费来加强我们沿着工联的方针做好事的力量，这在今天是不可能的。为了避免这样，什么是比把雇主打倒在地而战胜他们更容易的做法呢？这就是把战斗从工作台和作坊转移到立法舞台。我们正在失去对世界市场的控制。节省工资的机器在取代劳工，一场危机不可避免。我们要求你缓解它。不要受到资本家的批评的影响，他们说的同工联主义的先驱们一样，也就是诸如节俭之类。"

弗雷克先生提出一个对决议的修正案，凯格尔先生附议，大意如下：

"鉴于工人中对于这个议题存在不同意见，大会建议，在一切私人公司中，建议雇主和雇员达成最友好的协议，但在政府和大公司每天工作8小时应该被严格遵守。"

大会现在着手对此——提交给它考虑的最重大的问题——进行表决。弗雷克先生的修正案在提交英国代表时，以23票赞成12票反对获得通过。外国代表团通过其大会主席解释说，他们愿意投票支持这一决议，以使大会达成一致，如果这样做不会妨碍他们投票赞成国际八小时工作日的议案的话。然而，英国主席说，采纳弗雷克先生的修正案将解决整个问题，这使他们不能再通过关于同一议题的其他更为全面的决议，而后，外国代表一致投票反对该修正案。于是人们对托尔特利耶提出的修正案进行表决。该修正案内容如下：

"鉴于期望立法机构把通过某些以缩短劳动时间来改善我们状况的法律作为目标是没有用的，这些立法机构为了保住他们的特权，使你们处于奴役地位是他们的利益所在，代表们决定依靠他们自己的力量来获得他们的自由。"

共有32名英国代表投票赞同这个决议，只有9名英国代表反对；外国代表团除意大利外都反对托尔特利耶先生的提议。最后对帕涅尔先生提出的最初的决议进行表决，它得到4票赞同。

随后，大会未经讨论一致同意了伯特议员先生提出、威尔逊先生附议的提议：

"鉴于欧洲各政府维持的庞大武装构成对世界和平的持久威胁，并使工人阶级承担巨大的财政负担，大会建议民主国家授权他们的代表，以仲裁原则取代用战争解决政府之间的争端。"

在拉莫特（法国细木工工会）的提议下，大会通过与前一天通过的建立国际联系的决议有关的决议：

"1889年在巴黎举行的国际代表大会必须明确接受已经作出的规定，即1886年在巴黎举行的国际会议作出的决定。"

大会主席在把这一提议提交表决时说这涉及相当大的责任，但提议被一致通过。

西姆科克斯小姐提出、科伊费尔附议如下决议，它被一致通过：

"本次大会对于德国、奥地利或俄国工会没有任何代表出席深感遗憾,希望向这些国家的工人传达代表们对于他们不得不与困难进行搏斗的深切同情,代表们最诚挚地希望这些困难会通过联合的行动得到消除,并且保证,未来的任何一届大会都会敬佩任何一个觉得有可能匿名参加这样的大会的真正的工人的信心。"

在西格诺尔·拉查理(意大利代表)的提议下,大会通过一封抗议书,抗议在学校把民族感情培养成煽动性的对其他民族的憎恨。

主席拒绝考虑一个大意是应该创办一份国际性的工人报纸并以4种语言出版的提议,尽管一些外国代表施加了压力。这份报纸应该以英文出版的建议也遭到同样的命运。他同样拒绝允许通过一项决议,对英国团体用英语和法语发布一份会议记录作出指示。

随后,西普顿先生祝愿外国代表返程愉快,大会解散,并宣布下届国际大会将于1889年在巴黎举行。

国际工会代表大会议程和提案

会议议程

(1888年11月9日，星期五)

一、消除外国自由结社障碍的最有效手段

1. 各国工人应该把自己组织成具有纲领的与其他政党相区别的政党，只是在行动方法上因各国的法律、规矩和习俗造成的必要而有所不同。

雷尼尔

2. 鉴于一切工人的自由联合在资本主义制度下是不可能的，代表大会代表致力于实现全球大罢工的计划，其目标是使一切自然的和生产性的资源公有，使人们变得平等，并应他们的需要自由联合，也就是自由组织会社。

托尔特利耶

3. 大会作出下述决议：
（1）所有职业联合会、工会和其他工人协会要求议会和地方当局

通过保护劳工，反对雇主以阻止劳工结社为目标的专断行为的法律、决议、法令；要求给迫使其雇员离开联合会或工场的雇主予严厉的惩罚。

（2）在工人联合会得到市民认可的国家，要求废除限制他们本国同胞联合的权利的措施，或者限制外国人成为联合会会员或管理委员会成员的权利的措施。

（3）工人的联合组织将进行积极的宣传，目标是在目前不存在此类组织的地方创建职业性的联合会或其他联合组织。

（4）所有工人，无论本国工人还是外国工人，都将获得不带有排斥或偏袒的同等保护，只要他们坚持根据当地惯例形成或工人联合组织接受的工资标准计酬。

（5）工会承诺在3个月之内公布其成员包括其工资名单，以向雇主证明这些协会已经有能力通过它们的组织为其成员谋取利益。这些数据以英语、法语和德语印刷。与会所有工会承诺支付印刷成本10法郎。

（6）英国工联委员会（议会委员会）被授权指挥这些劳工和组织。

（7）在1889年5月的第一个星期天将在所有存在结社自由的国家的最适合的中心地区举行群众示威游行，以支持不存在结社自由的国家的结社自由。示威者将提交其代表和政府一份请愿书，各国请愿书意思相同，在请愿书中示威者将要求他们各自的政府对没有结社自由的国家进行外交干预，以支持结社自由。在禁止游行示威的国家，工人将组织集会，在集会上将通过请愿书，请愿书要求结社自由，并告知他们的政府在其他国家将举行工人游行示威。

（8）永不停止斗争或赐福工人间的"阶级"精神。

弗兰索瓦·萨斯

4. 鉴于当前的社会是靠把人分裂成阶级的手段、靠统治阶级在各国之间竖立起来的边界来维持的，大会宣布：

大会要求各国工人政党把废除一切禁止或妨碍工人在一国之内或国际上的自由联合和结社权的法律列入纲领，并通过鼓动工作为之努力。

而且，一切对公民权利的限制都必须被取消，以致任何人都不用履行任何手续，就被视为他所选择定居的任何一个国家的公民，与在该国出生的公民一样享有同样的政治权利和公民权。

P. 克里斯滕森
J. 延森

二、各国工人结社的最有效方法

1. 为了促进工人间的有效组织，本次大会建议：

第一，一个国家内某一行业的所有工会联合选举该国该行业的一个执行的中央机关；

第二，各国不同行业的中央机关选举一个所有国家所有行业的总委员会；

第三，各国不同行业应每年举行一次会议；国际代表大会应至少三年举行一次。

基尔·哈第
爱·安塞尔

2. 法国代表团多数代表提议下述各国工人最好的组织方法：

（1）邀请所有工人把自己组织成不同的工团主义组织或团体。

（2）邀请工团主义组织和合作社团体——无论是否得到市政当局的支持——组织劳工介绍所，这将使他们为所有职业或统计问题联合起来。

（3）面对一切政治党派，有组织的工人应该在某种政治或经济的基础之上把自己组成政党或阶级，以促进工人在市镇、政府部门或国家获得公共权力。

（4）各国各个政党应组成一个全国委员会，这些全国委员会应经常联系，以建立各国工人之间对涉及他们的所有问题的谅解。

（5）每年应举行一次国际代表大会，在拥护这个组织的国家举行。

（6）在下一届国际代表大会上，应讨论与各国的全国委员会有关的国际组织的问题。

安德烈·热利

*　*　*

会议议程

（1888年11月10日，星期六）

三、缩短劳动时间对生产的限制

（a）为了避免当前的窘境，我们建议大会要求：

第一，一项禁止雇用14岁以下儿童的法律。

第二，一项控制妇女在矿山、工厂和作坊工作的法律，防止她们被雇用从事这种可能有害健康的工作。

第三，一项根据工人的需要和各地情况确定最低工资的法律。

（b）鉴于缩短劳动时间不一定会限制生产，资本家有能力在更短的工作日中雇用更多的工人，以按照他们个人的愿望和利益进行生产；

鉴于当前的过度生产是私人利益不顾需求造成的混乱的生产状态的结果；

大会决定要求各国一切有组织的工人尽力组织公共服务、市镇、乡村或国家的不同生产部门，尽力组织其需求本身对生产起控制作用的生产部门。在等待这一希望完全成为现实的同时，要求这些团体尽力立即实现下列改革：

第一，建立八小时工作日、每周休息一天、以各地生活必需品的价格为基础的最低工资制度。

第二，禁止农业合同和计件工作。

第三，男女同工同酬。

第四，禁止外国工人为低于他们所在国家的工会议定的工资工作。

安·杜布瓦
安·热利

(c) 大会同意下列提议：

第一，在国家干预下建立八小时工作日、每周休息一天的制度。

第二，禁止农业合同和计件工作。

第三，通过逐步把妇女从工业工作中撤出而使她们重返家庭。

第四，不得不工作的妇女（寡妇或无生活来源的女孩），与男子同工同酬。

第五，禁止同时占有一个以上工作岗位。

A. 科伊费尔

(d) 大会建议：

第一，禁止农业合同和计件工作。

第二，建立总体国家的社团；市政当局与这些团体以缩短了的工作时间以及根据情况的必要性确定的工作日为条件签订公共工作合同。

第三，将所有工人团结到与他们相关的各个社团中。

第四，尽可能组织公共服务、生产和消费。

第五，农业特别法律。

阿·蒙塔

四、是否欢迎国家对劳动时间作出规定

（a）鉴于各国工人的组织在工人物质条件方面的任何改善能够得以实现之前是绝对必要的，鉴于有效组织的主要障碍是他们工作时忙时闲的性质以及他们极低的工资，本次大会承诺尽一切合法的努力，以实现在市政和国家的控制下失业工人的有效组织，建议英国工联代表大会议会委员会竭尽努力使之在这个国家成为现实。

T. 曼
威·帕涅尔

（b）生产受到限制所造成的国民财富的减少，会通过减少民众本来应该能够得到的物品的供应而加剧民众的贫困；人们认为的由生产过剩造成的市场上的供过于求，是由当前的产业制度造成的，这种制度剥夺劳动者对于他们辛苦生产出来的产品的全部控制，造成了这样一种不正常的现象，即财富的成功生产导致生产者工资的降低。

安妮·贝赞特
约翰·白恩士

（c）大会认为，由于资本的集中、工会与工人人数相比相对软弱，没有国家的帮助，进一步缩短工作时间是不可能的，在任何情况下，8小时应该是工作时间的极限。

威·帕涅尔
弗兰索瓦·萨斯

（e）鉴于许多工人由于没有工作而穷困潦倒，而其他工人不得不加班加点工作，大会决定应该为把工作日限制到 8 小时，或者每周 48 小时，在全世界着手进行积极宣传。

（f）① 为了把持各种主张和宗教的工人吸引和团结到完成上述提议的运动中，大会决定八小时工作制将于 1890 年 5 月 1 日实行。

E. 皮埃龙

（g）鉴于与资本主义暴政作斗争的实际手段不充足，因为为缩短劳动时间或提高工资而进行的局部和全国罢工，因雇主使用失业工人从事他们罢工的同事的工作，或者从外国获得他们的商品，仍然没有持久的效果，大会宣布为了在国家干预下获得八小时工作日的实行，所有国家的一切有组织的工人之间的国际理解是必要的。

J. 延森

（h）伦敦国际代表大会决定：

第一，必须进行国际劳工立法，工人保证他们的代表采取他们认为必要的措施来迫使他们国家的政府批准此类规定；

第二，这种立法的目标是：（a）禁止雇用 14 岁以下儿童；（b）限制妇女和未成年人的工作，对他们特别加以保护；（c）在工场采取卫生、清洁和安全措施，以保护工人的健康、身体的发育、道德和生存，以及采取措施给他们上意外事故保险；（d）工人组织对矿山、工厂、作坊、造船厂进行检查；（e）确定成年工人的正常工作日及最低工资；（f）对不遵守法律的每一雇主处以罚款——由工会裁决；（g）建立工人和工业数据的国际记录机构，作为国际立法扩大和汇编

---

① 原文如此，无（d）。——编者注

的工具。

J. B. 拉莫特

（i）鉴于期望立法机构把通过某些通过缩短劳动时间来改善我们状况的法律作为目标是没有用的，这些立法机构为了保住他们的特权，使你们处于奴役地位是他们的利益所在，代表们决定依靠他们自己的力量来获得他们的自由。

托尔特利耶

（j）大会认识到国家是并且只能是一个没有能力为工人的经济问题提供充分和公正的解决方法的特权机构，大会相信缩短劳动时间必须由工人有组织的力量单独实现，国家对无产阶级利益的任何干预都是不公正的和危险的。

西·拉查理

五、仲裁

鉴于欧洲各政府维持的庞大武装构成对世界和平的持久威胁，并让工人阶级承担巨大的财政负担，大会建议民主国家授权他们的代表，以仲裁原则取代用战争解决政府之间的争端。

T. 伯特
J. 威尔逊

德国工会

本次大会对于德国、奥地利或俄国工会没有任何代表出席深感遗憾，希望向这些国家的工人传达代表们对于他们不得不与困难进行搏斗的深切同情，代表们最诚挚地希望这些困难会通过联合的行动得到消除，并且保证，未来的任何一届大会都会敬佩任何一个觉得有可能匿名参加这样的大会的真正的工人的信心。

西姆科克斯小姐
科伊费尔

劳工期刊

（a）本次大会认为应该开办一份非政治性的英文日报，该报应刊载有关各国工人运动的报道；它将禁止虚假的资本主义广告，以此来使所有国家的工人中产生兄弟般的感情。

M. 罗什曼

（b）大会认为，创办——更确切地说，以在世界上占主导地位的4种语言（英语、德语、法语和荷兰语）出版——一份国际性机关报，将是外国工人之间团结和联合的最主要手段。

A. 范霍伊东克

大会报告

大会决定大会主席开幕词和所有决定以法语和英语印出，并送给所有出席大会的团体。

F. 卡夫罗

大会闭幕

鉴于社会主义本身能够解决社会问题，鉴于为了能够实现这一点拥有牢固的国际理解是不可或缺的,我们希望这次大会在这个意义上通过明确的决议,在本次大会闭幕之际立即讨论下次大会的准备工作。

T. 坦纳

P. 克里斯滕森	**C. J.** 德拉蒙德	
康·拉查理	**J.** 贾奇	
G. 格斯特曼	安德烈·热利	议事规则委员会
J. 威尔逊,	弗兰索瓦·萨斯	
威·帕涅尔		

图书在版编目（CIP）数据

第二国际第一次（巴黎）代表大会文献／童建挺，邢艳琦主编.
—北京：中央编译出版社，2013.1
（国际共产主义运动历史文献／王学东主编；14）
ISBN 978-7-5117-1580-7

Ⅰ.①第… Ⅱ.①童…②邢 Ⅲ.①第二国际-会议文献-汇编 Ⅳ.①D145

中国版本图书馆CIP数据核字（2013）第019342号

第二国际第一次（巴黎）代表大会文献

出 版 人：	葛海彦
出版统筹：	贾宇琰
责任编辑：	苗永姝
责任印制：	刘　慧
出版发行：	中央编译出版社
地　　址：	北京西城区车公庄大街乙5号鸿儒大厦B座（100044）
电　　话：	（010）52612345（总编室）　　（010）52612335（编辑室） （010）52612316（发行部）　　（010）52612346（馆配部）
传　　真：	（010）66515838
经　　销：	全国新华书店
印　　刷：	北京印刷一厂
开　　本：	787毫米×1092毫米　1/16
字　　数：	320千字
印　　张：	25
版　　次：	2013年1月第1版
印　　次：	2018年7月第2次印刷
定　　价：	150.00元
网　　址：	www.cctphome.com　　邮　箱：cctp@cctphome.com
新浪微博：	@中央编译出版社　　微　信：中央编译出版社(ID: cctphome)
淘宝店铺：	中央编译出版社直销店(http://shop108367160.taobao.com) （010）55626985

本社常年法律顾问：北京市吴栾赵阎律师事务所律师　闫军　梁勤
凡有印装质量问题，本社负责调换，电话：（010）55626985